"我爱会计"实务速成系列

U0737997

手工全盘账及会计电算化实务

第三版

我爱会计 著

清华大学出版社
北京

内 容 简 介

本书从企业人才需求出发，以实务为导向，以培养会计人员手工全盘账及会计电算化能力为目标，内容涵盖建账、原始凭证、记账凭证、登记账簿、对账与结账、编制报表、会计档案、会计电算化 8 篇，共 22 项具体业务。

本书第一版于 2013 年 4 月出版，第二版于 2015 年 1 月出版，本次再版全面体现了"营改增""五证合一"等最新会计政策，采用升级后的增值税发票系统以及最新的财务报表。通过本书提供的账号，学员可登录"我爱会计"财会云学习平台进行在线学习与实操。

本书适合会计初学者使用。

图书在版编目(CIP)数据

手工全盘账及会计电算化实务/我爱会计著. —3 版. —北京：清华大学出版社，2017
("我爱会计"实务速成系列)
ISBN 978-7-302-47762-4

Ⅰ. ①手…　Ⅱ. ①我…　Ⅲ. ①会计检查 ②会计电算化　Ⅳ. ①F23

中国版本图书馆 CIP 数据核字(2017)第 166898 号

责任编辑：陈凌云
封面设计：毛丽娟
责任校对：刘　静
责任印制：刘海龙

出版发行：清华大学出版社
　　　　　网　　　址：http://www.tup.com.cn，http://www.wqbook.com
　　　　　地　　　址：北京清华大学学研大厦 A 座　　　　邮　　编：100084
　　　　　社 总 机：010-62770175　　　　　　　　　　　邮　　购：010-62786544
　　　　　投稿与读者服务：010-62776969，c-service@tup.tsinghua.edu.cn
　　　　　质量反馈：010-62772015，zhiliang@tup.tsinghua.edu.cn

印 装 者：三河市君旺印务有限公司
经　　销：全国新华书店
开　　本：185mm×260mm　　　印　　张：14.5　　　字　　数：280 千字
版　　次：2013 年 4 月第 1 版　　2017 年 12 月第 3 版　　印　　次：2017 年 12 月第 1 次印刷
印　　数：1～3000
定　　价：40.00 元

产品编号：074570-01

丛书 序

PREFACE

会计是商业的语言,在商业活动中发挥着不可替代的作用。通过它,可以学习甚至掌握任何一种商业的经营过程,可以使各种经济事务在企业内部,或者在企业之间、企业与政府等机构之间进行更好的交流。会计人才在维护市场经济秩序、推动科学发展、促进社会和谐等方面起着至关重要的作用。

"我爱会计"实务速成系列丛书,从实际业务出发,以会计学员真实需求为出发点,采用"情景—胜任"式的编写思路,以实务工作任务为驱动力,融入情景案例,带给学员身临其境的实务学习感受,逐步指引会计初学者掌握实务操作技能,迅速具备上岗能力,从而实现增强会计人员就业竞争力的目的。

本系列丛书配套的"我爱会计"财会云学习平台,是由行业精英团队耗时七年精心打造的。七年来,我们不断丰富课程内容,优化教材质量,集合全国会计培训机构、职业院校的实力与经验,精心打造出了涵盖出纳、手工账、商业会计、工业会计、纳税五大全新实务课程的教学体系。

"我爱会计"的教学体系和教学方式现已覆盖全国 300 多个会计培训教学点以及上百所职业院校,其影响力正在会计培训和职业教育领域逐渐形成。

一套有强大生命力的教材,应该以满足学员的实际需要为宗旨,并且要不断适应时代的变化。本系列丛书以就业为导向,以实训为目标,通过角色模拟的手段,强化学员的实际动手能力,切实提升学员上岗前的实际应用能力。为了突出实际工作特点,本系列丛书引入企业日常经营过程中经常发生的、真实的经济业务,扫描真实的凭证、单据,结合实例进行仿真操作,目的是让读者在学习时能够得心应手,从而快速提高实务技能。

衷心希望本系列丛书的出版能为我国会计教育事业的发展,特别是会计实务人才的培养作出贡献,这是我们孜孜以求的目标,我们将一如既往地为此努力。

我爱会计

2017 年 7 月

第三版前言

《手工全盘账及会计电算化实务》自 2013 年 4 月出版以来，深受院校和培训机构师生的欢迎。近年来，我国的会计法律、法规发生了很多的变化，特别是"营改增"的全面实施对会计工作产生了十分重要的影响。此外，增值税发票开票系统的升级、货物运输业增值税专用发票退出历史舞台等，也对会计实务工作提出了新的挑战。鉴于此，我们组织专家，对原有内容进行了修订。此次再版在保留原书特色的基础上，在以下三个方面进行了完善与升级。

1. 反映最新会计政策

此次修订全面体现了"营改增"政策，修改了"营改增"影响到的会计单据及税率。另外，随着"五证合一"的实施，新版教材中的营业执照统一换成了带 18 位社会信用代码的最新营业执照，同时删除税务登记证、组织机构代码证。其他常见的业务单据及报表，我们也根据最新实务工作要求进行了更新。

2. 更换最新业务单据

"营改增"全面实施后，原先使用的通用机打发票（地税）、货物运输业增值税通用机打发票全部退出历史舞台，随着增值税发票开票系统的升级，第三版统一换成了带二维码的增值税专用发票或增值税普通发票。

3. 创新学习方式

本书的前两版，我们在书后提供了体验账号，以便学员进行部分业务的在线学习与实操。第三版，我们充分利用互联网带来的便利，进一步加强了线上线下学习的结合。一方面，我们将部分纸质内容移至线上；另一方面，通过本书所提供的账号，学员可以登录"我爱会计"财会云学习平台，进行全部业务内容的在线学习与实操，而不再仅仅是体验部分内容。

希望本次修订能在业务内容更新、学习方式创新等方面给广大学员提供更好的帮助与便利。

我爱会计
2017 年 7 月

第二版前言

本书是《手工全盘账及会计电算化实务》的修订版,新增了"营改增"的有关内容。本书第一版自出版以来,深受广大培训机构和院校会计专业师生的好评。为顺应会计行业变化,优化业务内容,本书在充分吸取读者意见的基础上,进行了修订。

市场经济环境下,企业竞争日趋激烈,出于保护财务机密的原因,企业招聘会计人员时往往要求其具备一定的工作经验。因此,对于刚毕业的初级会计人员来说,理论与实务的融合显得尤为重要。

手工全盘账及会计电算化是会计实务与会计基础相结合的一门课程,既有助于夯实学习者的会计基础,又能帮助学习者掌握基本的会计实务,具备初步上岗能力。

经常有人问,现在都实现会计电算化了,为什么还要学手工全盘账呢?在电算化环境下,账簿、报表都是自动生成的,如果没有手工全盘账的基础就学习会计电算化,容易知其然不知其所以然。只有学会了手工全盘账,通过自己动手理解了账理,才能明白会计电算化的设计原理,真正胜任助理会计岗位,而不只是简单的计算机操作员。

为提高初学者的手工全盘账及会计电算化能力,我们编写了《手工全盘账及会计电算化实务》一书。本书的特点如下。

1. 实务性强

本书从企业人才需求出发,对手工全盘账及会计电算化的账务处理流程进行了有序的仿真演练,模拟了企业会计核算的全过程,理论结合实际,从而有效缩短了书本知识与实践能力的距离,为会计人员上岗奠定了扎实的理论和实务基础。

2. 仿真性强

本书所使用的原始凭证、账簿、报表等都是高度仿真的,学员在学习过程中就能够接触到真实的表单,获得真实的业务操作体验。

3. 教学设计思路先进

本书采用"情景—胜任"式的编写思路,综合情景案例、场景故事等多种教学方式,旨在提升初学者的实操能力,迅速具备助理会计上岗能力。

4. 职业能力构建导向清晰

本书将助理会计应具备的职业能力归纳为八个方面,为学员呈现了一个清晰的学习路径图。这八方面的能力分别是建账、原始凭证、记账凭证、登记账簿、对账与结账、编制报表、会计档案和会计电算化,几乎涵盖了助理会计日常所能接触到的所有业务。学员认真学完本书后,基本就能达到一般企业对助理会计的要求。

由于编者水平有限,书中肯定存在不足和疏漏之处,敬请广大读者批评指正。

2014 年 11 月

目 录

CONTENTS

助理会计职责

工作职责

- 做好各项建账准备工作,建立账簿;

- 编制、收集并整理各类原始凭证;

- 根据审核无误的原始凭证准确编制记账凭证;

- 登记明细账、总账等各类账簿;

- 定期进行对账、查账,清查公司财产;

- 期末编制财务报表;

- 按时装订凭证、账簿,妥善保管会计资料;

- 使用电算化系统,提高会计电算化水平。

助理会计也称会计助理,是指在企业中协助主办会计或会计主管搜集、整理会计凭证,填制审核凭证,以及登记各类账簿等工作的会计岗位。

能力要点

通过助理会计职责,我们可以看出,助理会计必须具备完成"单—证—账—表"手工全盘账的账务处理能力和会计电算化的账务处理能力。手工全盘账的账务处理流程为:原始凭证→记账凭证→各类明细账、总账→会计报表(见图 0-1)。会计电算化的账务处理流程为:初始建账→日常处理→月末处理→报表生成。

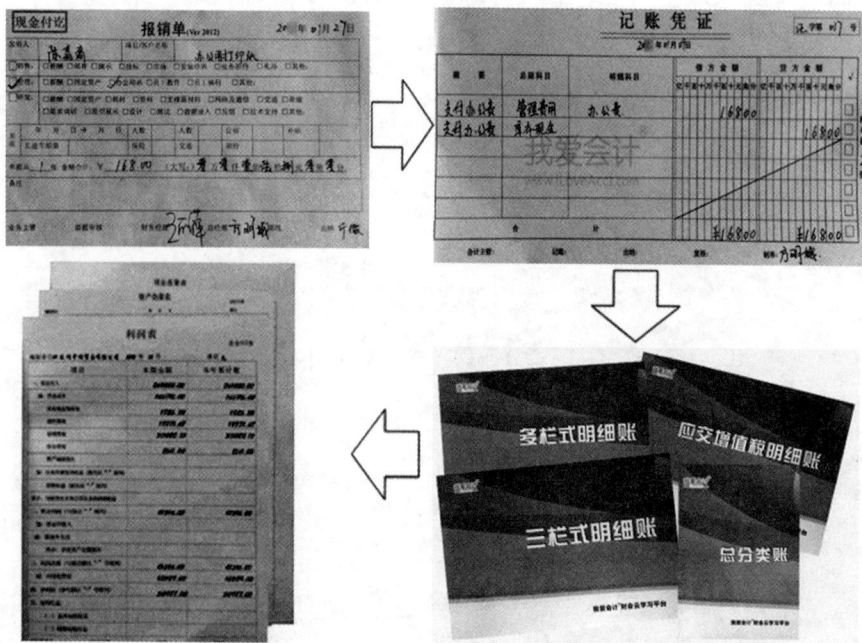

图 0-1　手工全盘账的账务处理流程

1. 建账

建账的内容包括:准备建账所需的凭证、账簿、报表等素材,收集期初数据等相关资料,根据企业性质选择科目、选择账簿、启用账簿等。

2. 原始凭证

原始凭证的内容包括:常见原始凭证的获取、整理与审核。

3. 记账凭证

根据审核无误的原始凭证及时填制记账凭证,并审核相关记账凭证。

4. 登记账簿

根据审核无误的记账凭证登记各类明细分类账和日记账、编制 T 形账与科目汇总表、登记总账并编制试算平衡表。

5．对账与结账

期末及时进行对账、财产清查等工作,更正发现的错账并结账。

6．编制报表

期末完成资产负债表、利润表、现金流量表的编制。

7．会计档案

按要求完成凭证的整理与装订、账簿与报表的装订。

8．会计电算化

会计电算化有助于减轻会计人员工作量,提高企业财务管理水平。会计电算化的内容包括初始建账、日常处理、月末处理和报表生成。

根据上述内容,我们可以将本书的能力要点归纳为图 0-2。

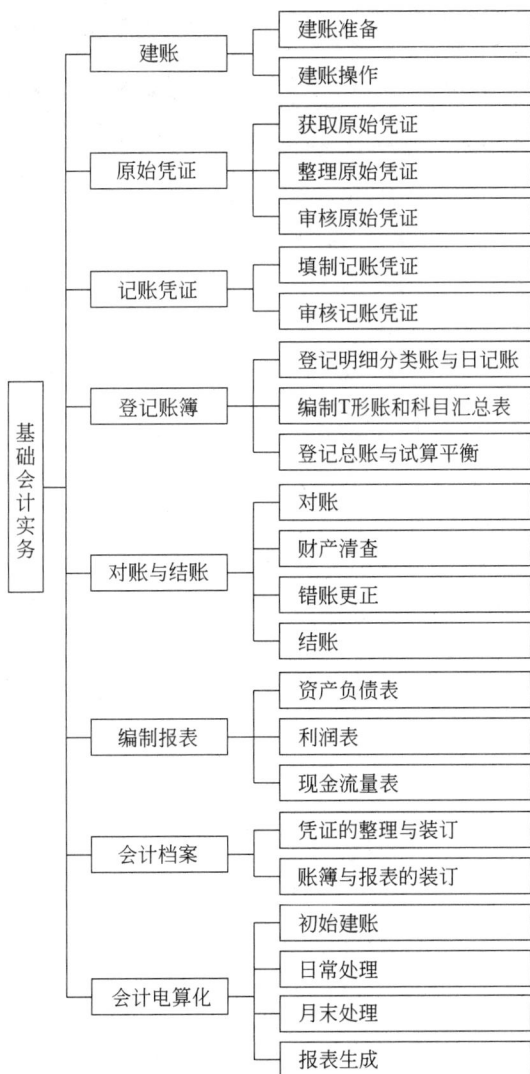

图 0-2 能力要点

重点难点

本书的重点难点见表 0-1。

表 0-1　重点难点

能　　力	学　习　重　点	重要程度	难易程度	建议学时
建账	建账操作	★★★☆☆	★★☆☆☆	2 课时
原始凭证	获取原始凭证	★★★★★	★★★☆☆	3 课时
记账凭证	记账凭证的填制	★★★★★	★★★★★	8 课时
登记账簿	明细账、总账的登记,科目汇总表的编制	★★★☆☆	★★☆☆☆	4 课时
对账与结账	对账、错账更正	★★★★☆	★★☆☆☆	3 课时
编制报表	资产负债表、利润表的编制	★★★★☆	★★★☆☆	3 课时
会计档案	凭证、账簿、报表的装订	★☆☆☆☆	★☆☆☆☆	1 课时
会计电算化	月末处理、报表生成	★★★★☆	★★★☆☆	4 课时
合　　计				28 课时

第一篇

建 账

能力目标

- 掌握建账所需素材的准备；
- 掌握建账时会计科目的确定、账簿的选择；
- 掌握后期更换账簿时账页的填写；
- 掌握新设企业启用账簿时账页的填写。

在实际工作中,为了核算企业发生的各项经济业务,应先进行建账工作。助理会计在开始建账工作前,必须事先准备会计凭证、账簿、报表等素材,准备完毕之后才能开始建账。

业务要点

企业建账主要包括以下两项工作。

1. 建账准备

建账前需要准备的素材包括:会计凭证、账簿、报表,以及工作中的常用工具等其他素材。

2. 建账操作

建账操作涉及的事项通常包括:确定会计科目,选择并启用账簿。

本篇的业务要点和知识要点见表1-1。

表1-1 业务要点和知识要点

能 力 要 点	业 务 要 点	知 识 要 点
建账	建账准备	会计凭证
		会计账簿
		会计报表
		其他素材
	建账操作	确定会计科目
		选择账簿
		启用账簿

重点难点

本篇的重点难点见表1-2。

表1-2 重点难点

业务目标	学 习 重 点	重要程度	难易程度	建议学时
建账准备	凭证、账簿、报表、其他素材的准备	★★★★☆	★☆☆☆☆	0.5 课时
建账操作	确定会计科目、账簿设置与启用	★★★★☆	★★☆☆☆	1.5 课时

业务 1　建 账 准 备

通过前面的学习,我们知道在实务工作中,助理会计首先要掌握的是手工全盘账的账务处理,即根据经济业务产生的原始凭证填制记账凭证,再根据记账凭证登记账簿并编制报表。而所有这些工作的起点就是建账。

情景案例

我爱会计贸易有限公司是一家刚成立的企业,本月准备建账。会计主管安排新来的助理会计去采购建账所需要的素材,物品清单见表1-3。

表 1-3　建账所需素材

常用素材	数量	备注
记账凭证	1打(12本)	
三栏式明细分类账	2本	
数量金额式明细分类账	2本	
多栏式明细分类账	2本	
库存现金、银行存款日记账	各1本	
总分类账	1本	
报表	各1份	国税、地税网站下载打印
红/黑色签字笔	各1盒	
胶水	1瓶	
凭证封面、包角、原始凭证粘贴单	各1本	
剪刀	1把	
回形针	1盒	
小刀	1把	
直尺	1把	
大、小夹子	各1盒	
装订机	1台	

会计主管特别叮嘱,购买时要记得索要发票。

情景案例中所列举的材料为公司建账所需的素材。这些材料可以归纳为四类：①会计凭证；②会计账簿；③会计报表；④其他素材。其对应的内容及用途见表 1-4。

表 1-4　建账所需素材的类型、内容及其用途

素材类型	素 材 内 容	用　　途
会计凭证	原始凭证、记账凭证	记录日常发生的经济业务
会计账簿	明细分类账、总分类账等	登记企业发生的经济业务
会计报表	资产负债表、利润表等	反映企业资产负债及经营情况
其他素材	原始凭证粘贴单、凭证封面、胶水、装订机等	辅助填制、整理、装订凭证

一、会计凭证

建账前需要准备的会计凭证包括原始凭证和记账凭证。原始凭证是做账的依据，而记账凭证则是记录会计分录的载体。

(一) 原始凭证

这里所讲的原始凭证是指企业自制的，用来记录经济业务的单据。其主要包括：报销单、付款申请书、出库单、入库单(见图 1-1)等。

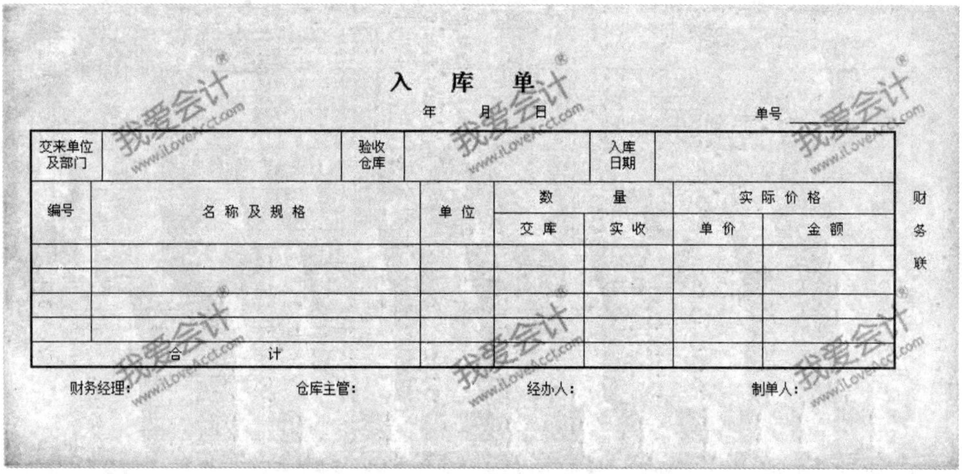

入　库　单

年　月　日　　　　单号

交来单位及部门		验收仓库		入库日期		
编号	名称及规格	单位	数量		实际价格	
			交库	实收	单价	金额
合　计						

财务联

财务经理：　　仓库主管：　　经办人：　　制单人：

图 1-1　入库单

实务中，这类原始凭证可以到办公用品店购买，也可以自己设置格式，然后找印刷厂印刷。一般来说，报销单、入库单、出库单都是必备的。在准备时至少先准备一本，等不够了再买。

(二) 记账凭证

记账凭证有专用记账凭证和通用记账凭证两类。专用记账凭证包括收款凭证、付款凭证和转账凭证，现在基本上不再使用。实务中，企业最常使用的是通用记账凭证（见图 1-2）。

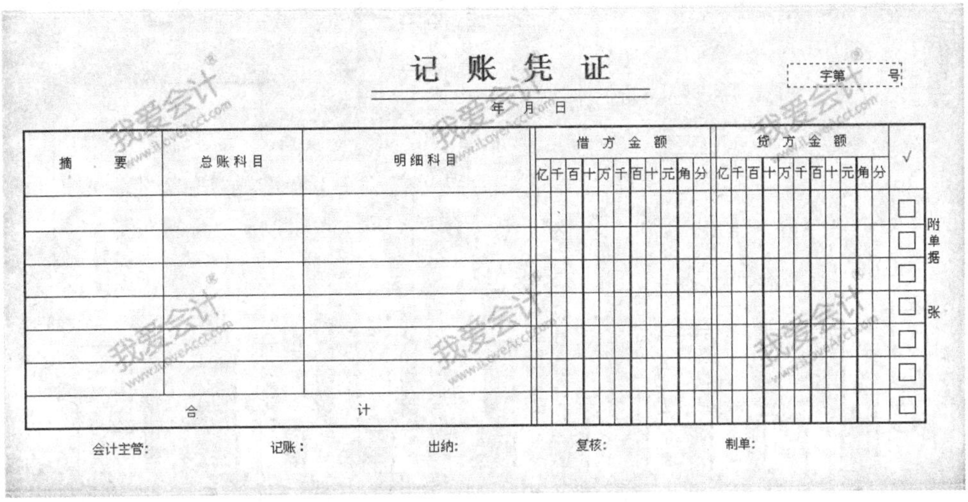

记　账　凭　证

字第　　号

年　月　日

摘　要	总账科目	明细科目	借方金额											贷方金额											✓
			亿	千	百	十	万	千	百	十	元	角	分	亿	千	百	十	万	千	百	十	元	角	分	
																									□
																									□
																									□
																									□
																									□
																									□
合　计																									□

附单据　张

会计主管：　记账：　出纳：　复核：　制单：

图 1-2　通用记账凭证

图 1-2 所示的记账凭证为单页形式，办公用品商店里销售的记账凭证一般都是整本的。

二、会计账簿

会计账簿的用途是全面、系统、连续地反映经济业务。根据相关法规规定，所有实行独立核算的企业都必须设置明细分类账（简称明细账）、日记账和总分类账（见图 1-3）。

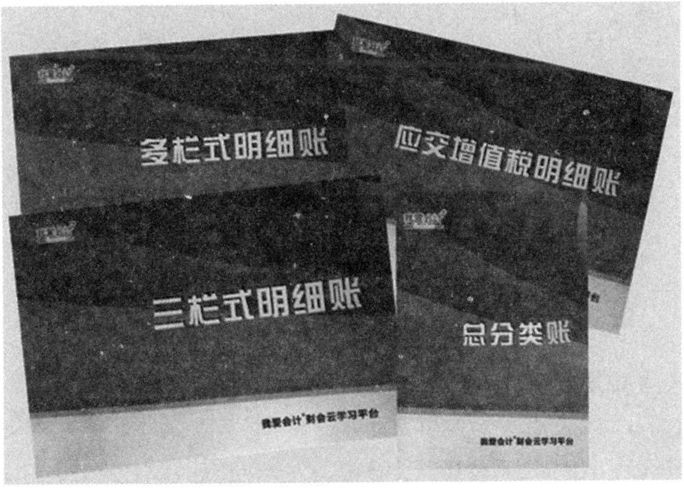

图 1-3　各类会计账簿（封面）

(一)明细分类账

明细分类账按账页格式不同可分为数量金额式明细分类账、多栏式明细分类账和三栏式明细分类账等。

1. 数量金额式明细分类账

数量金额式明细分类账又称为进销存明细分类账,设有"收入""发出""结存"三个栏次,并在每一个栏次分别设有"数量""单价""金额"三个专栏的明细分类账簿(见图1-4)。数量金额式明细分类账适用于存货类科目,如"库存商品""原材料""周转材料"等。

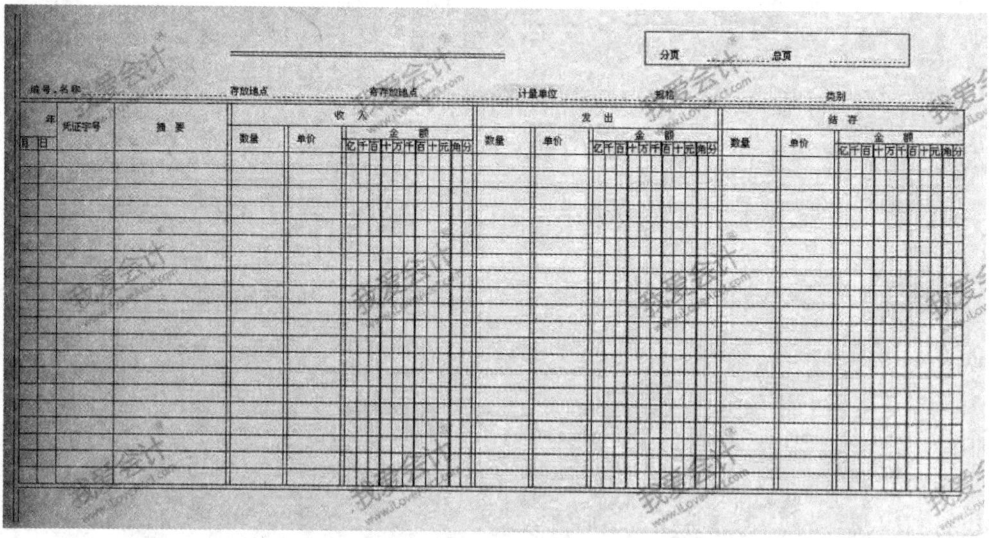

图1-4 数量金额式明细分类账(账页)

2. 多栏式明细分类账

多栏式明细分类账是指在同一科目下按不同明细科目设置专栏,以便集中登记这些明细项目全部金额的账簿(见图1-5)。多栏式明细分类账主要适用于成本、费用及应交税费——应交增值税等科目的明细核算。

多栏式明细分类账有"十二栏""十三栏""十七栏""二十一栏"之分,一般购买"十七栏"即可。实务中,应购买两本多栏式明细分类账:一本用于登记费用类账户;另一本专门用于登记"应交税费——应交增值税"科目(有专门格式的应交增值税明细账)。

3. 三栏式明细分类账

三栏式明细分类账是设有"借方""贷方""余额"三个基本栏次的账簿(见图1-6)。三栏式明细分类账适用于只需要进行金额核算的科目,如"应收账款""应付账款"等。

三栏式明细账通常是活页式的,在订本之前,可以随便增加,因此准备三栏式明细分类账时可以只准备一本,等不够了再买。

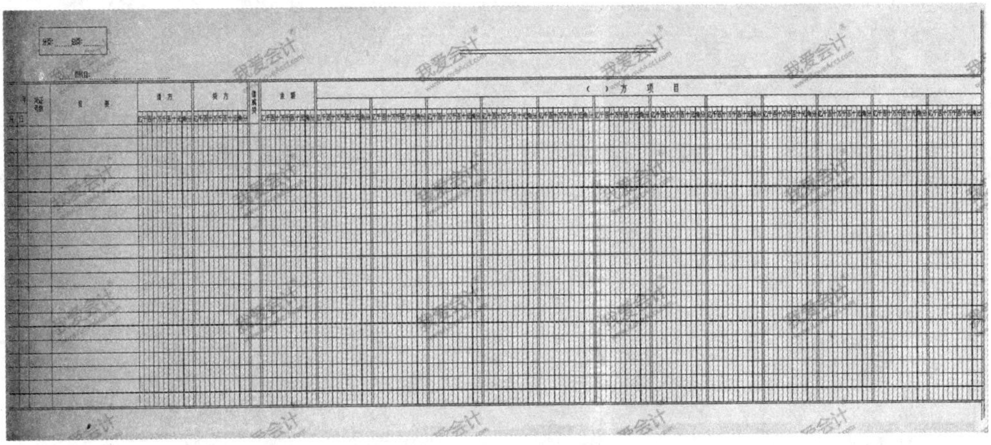

图 1-5 多栏式明细分类账（账页）

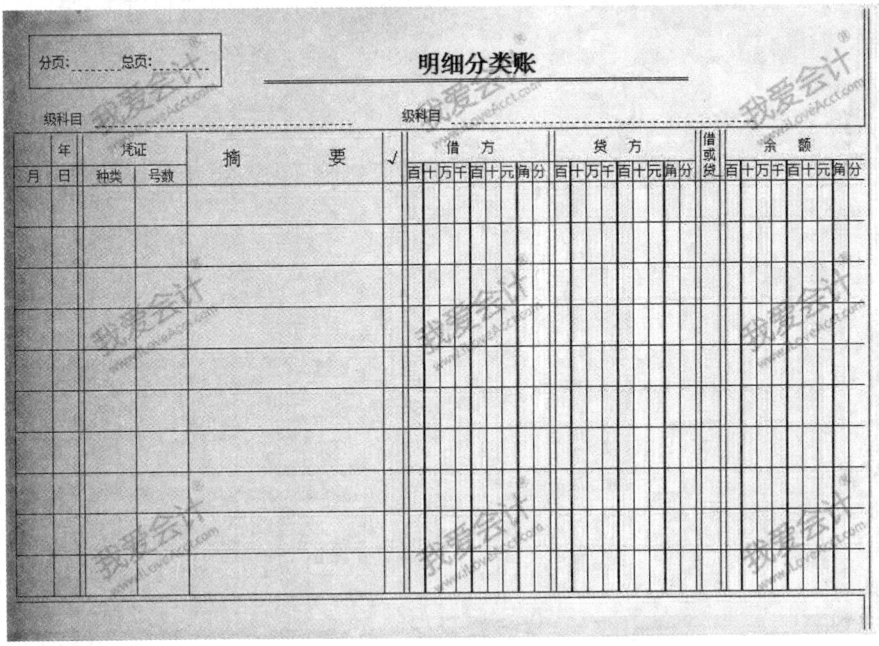

图 1-6 三栏式明细分类账（账页）

（二）日记账

日记账也称序时账,是按经济业务发生时间的先后顺序,逐日逐笔登记的账簿。实务中,日记账主要有库存现金日记账、银行存款日记账。

1. 库存现金日记账

库存现金日记账是用来逐日反映库存现金的收入、付出及结余情况的特种日记账(见图 1-7)。

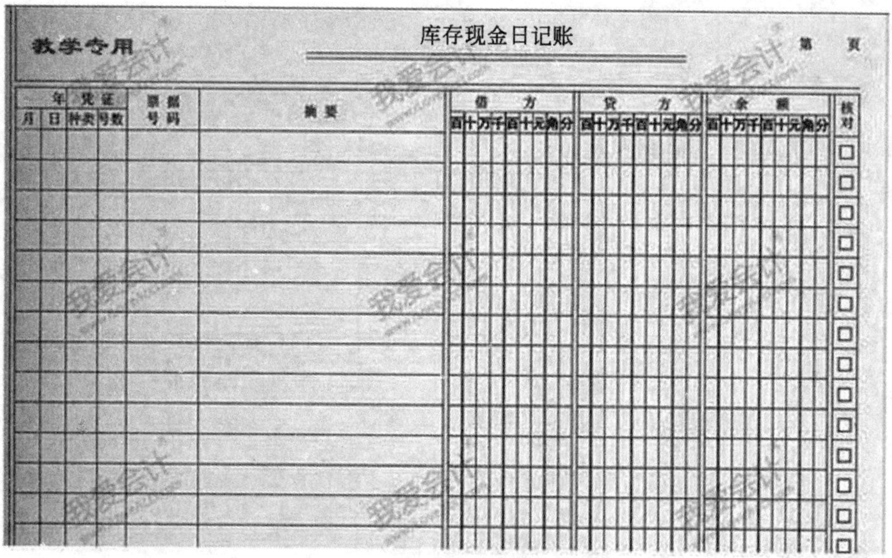
教学专用 库存现金日记账 第 页

年		凭证		票据号码	摘要	借方	贷方	余额	核对
月	日	种类	号数			百十万千百十元角分	百十万千百十元角分	百十万千百十元角分	

图 1-7 库存现金日记账(账页)

2. 银行存款日记账

银行存款日记账是用来逐日反映银行存款增加、减少和结存情况的特种日记账(见图 1-8)。

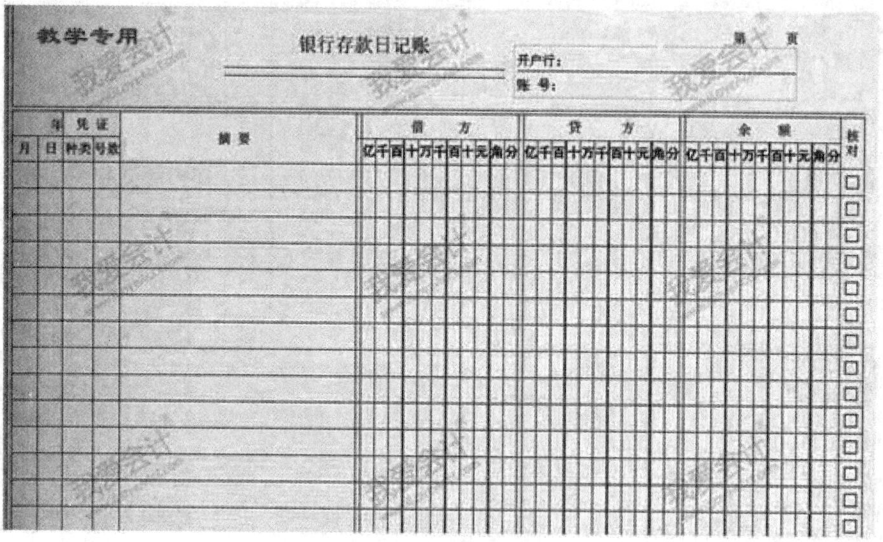
教学专用 银行存款日记账 第 页
开户行:
账号:

年		凭证		摘要	借方	贷方	余额	核对
月	日	种类	号数		亿千百十万千百十元角分	亿千百十万千百十元角分	亿千百十万千百十元角分	

图 1-8 银行存款日记账(账页)

(三) 总分类账

总分类账是根据总账科目(一级科目)开设账户,用来登记各科目当期经济业务总额的账簿(见图 1-9)。

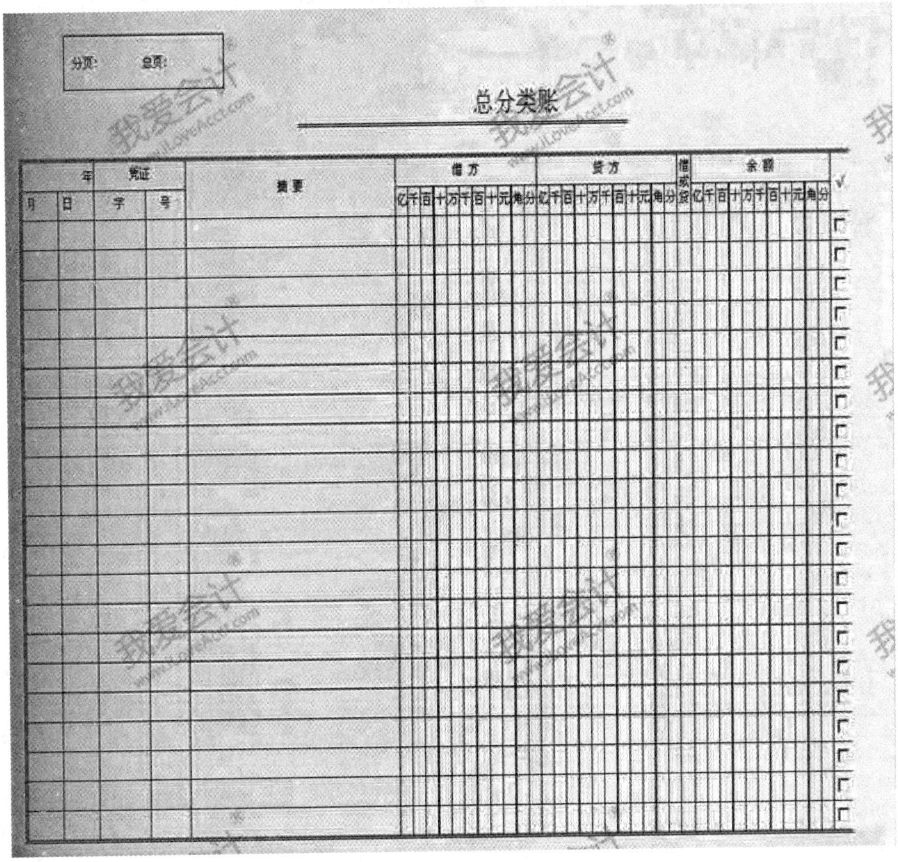
分页:　　总页:

总分类账

年		凭证		摘要	借方											贷方											借或贷	余额											✓
月	日	字	号		亿	千	百	十	万	千	百	十	元	角	分	亿	千	百	十	万	千	百	十	元	角	分		亿	千	百	十	万	千	百	十	元	角	分	

图 1-9　总分类账(账页)

实务中,总分类账一般只需准备一本。

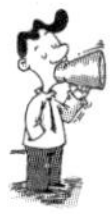
温馨提示

实务中,除了总分类账、明细分类账、日记账之外,企业根据自身的需求,还需要准备一些其他辅助账簿,如固定资产卡片账、台账、备查簿等。

三、会计报表

会计报表,是企业对内、外提供的反映其财务状况和经营成果等信息的报表,包括资产负债表、利润表、现金流量表等。

(一)资产负债表

资产负债表是反映企业在一定时点(月末、季末、年末)的财务状况,向税务部门、股东等报表使用者提供的主要会计报表(见图 1-10)。

资产负债表

编制单位：　　　　　　　　　　　　　　　　　年　月　日　　　　　　　　　　　　　会企01表
单位：元

资产	行次	期末余额	年初余额	负债和所有者权益(或股东权益)	行次	期末余额	年初余额
流动资产：				流动负债：			
货币资金	1			短期借款	32		
以公允价值计量且其变动计入当期损益的金融资产	2			以公允价值计量且其变动计入当期损益的金融负债	33		
应收票据	3			应付票据	34		
应收账款	4			应付账款	35		
预付款项	5			预收款项	36		
应收利息	6			应付职工薪酬	37		
应收股利	7			应交税费	38		
其他应收款	8			应付利息	39		
存货	9			应付股利	40		
一年内到期的非流动资产	10			其他应付款	41		
其他流动资产	11			一年内到期的非流动负债	42		
流动资产合计	12			其他流动负债	43		
非流动资产：				流动负债合计	44		
可供出售金融资产	13			非流动负债：			
持有至到期投资	14			长期借款	45		
长期应收款	15			应付债券	46		
长期股权投资	16			长期应付款	47		
投资性房地产	17			专项应付款	48		
固定资产	18			预计负债	49		
在建工程	19			递延收益	50		
工程物资	20			递延所得税负债	51		
固定资产清理	21			其他非流动负债	52		
生产性生物资产	22			非流动负债合计	53		
油气资产	23			负债合计	54		
无形资产	24			所有者权益(或股东权益)：			
开发支出	25			实收资本(或股本)	55		
商誉	26			资本公积	56		
长期待摊费用	27			减：库存股	57		
递延所得税资产	28			其他综合收益	58		
其他非流动资产	29			盈余公积	59		
非流动资产合计	30			未分配利润	60		
				所有者权益(或股东权益)合计	61		
资产合计	31			负债和所有者权益(或股东权益)合计	62		

单位负责人　　　　　　　　会计主管　　　　　　　　复核　　　　　　　　制表

图 1-10　资产负债表

（二）利润表

利润表是反映企业在一定会计期间(一月、一季、一年)的经营成果,向税务部门、股东等报表使用者提供的报表(见图 1-11)。

（三）现金流量表

实务中,现金流量表一般是在季度报税及年度报税时,税务局要求企业提供的报表之一(见图 1-12)。

利 润 表

编制单位：　　　　　　　　　　　　年　月　　　　　　　　会企02表
单位：元

项 目	行次	本期金额	上期金额
一、营业收入	1		
减：营业成本	2		
税金及附加	3		
销售费用	4		
管理费用	5		
财务费用	6		
资产减值损失	7		
加：公允价值变动收益（损失以"－"填列）	8		
投资收益（损失以"－"填列）	9		
其中：对联营企业和合营企业的投资收益	10		
二、营业利润（亏损以"－"填列）	11		
加：营业外收入	12		
其中：非流动资产处置利得	13		
减：营业外支出	14		
其中：非流动资产处置损失	15		
三、利润总额（亏损总额以"－"号填列）	16		
减：所得税费用	17		
四、净利润（净亏损以"－"号填列）	18		
五、其他综合收益的税后净额	19		
（一）以后不能重分类进损益的其他综合收益	20		
1.重新计量设定受益计划净负债或净资产的变动			
2.权益法下在被投资单位不能重分类进损益的其他综合收益中享有的份额			
（二）以后将重分类进损益的其他综合收益	21		
1.权益法下在被投资单位以后将重分类进损益的其他综合收益中享有的份额			
2.可供出售金融资产公允价值变动损益			
3.持有至到期投资重分类为可供出售金融资产损益			
4.现金流量套期损益的有效部分			
5.外币财务报表折算差额			
六、综合收益总额	22		
七、每股收益	23		
（一）基本每股收益	24		
（二）稀释每股收益	25		

单位负责人　　　　　　会计主管　　　　　　复核　　　　　　制表

图 1-11　利润表

现金流量表

编制单位:　　　　　　　　　　年　　月　　　　　　　　　　金企03表

单位:

项　目	本期金额
一、经营活动产生的现金流量	
销售商品、提供劳务收到的现金	
收到的税费返还	
收到其他与经营活动有关的现金	
经营活动现金流入小计	
购买商品、接受劳务支付的现金	
支付给职工以及为职工支付的现金	
支付的各项税费	
支付的其他与经营活动有关的现金	
经营活动现金流出小计	
经营活动产生的现金流量净额	
二、投资活动产生的现金流量	
收回投资所收到的现金	
取得投资收益所收到的现金	
处置固定资产、无形资产和其他长期资产所收到的现金净额	
处置子公司及其他营业单位收到的现金净额	
收到的其他与投资活动有关的现金	
投资活动现金流入小计	
购建固定资产、无形资产和其他长期资产所支付的现金	
投资所支付的现金	
取得子公司及其他营业单位支付的现金净额	
支付的其他与投资活动有关的现金	
投资活动现金流出小计	
投资活动产生的现金流量净额	
三、筹资活动产生的现金流量	
吸收投资所收到的现金	
借款所收到的现金	
收到的其他与筹资活动有关的现金	
筹资活动现金流入小计	
偿还债务所支付的现金	
分配股利、利润或偿付利息所支付的现金	
支付的其他与筹资活动有关的现金	
筹资活动现金流出小计	
筹资活动产生的现金流量净额	
四、汇率变动对现金的影响额	
五、现金及现金等价物净增加额	
加:期初现金及现金等价物余额	
六、期末现金及现金等价物余额	

单位负责人:　　　　　会计主管:　　　　　　复核:　　　　　　　　制表:

图 1-12　现金流量表

温馨提示

　　会计报表的格式非常多样，有些按照新准则设置，有些按照旧准则设置。会计人员准备会计报表时，可以到各地的国税、地税网站上下载最新格式的会计报表。

四、其他素材

　　实务中，会计人员在填制凭证、登记账簿等时，还会用到其他一些辅助素材。例如，在填制凭证、登记账簿时会用到红、黑两种颜色的笔、直尺等各类工具；在装订凭证时，需要准备好凭证装订机、凭证封面、装订线等。这些辅助材料（见图 1-13）一般都可以直接在办公用品店里买到。

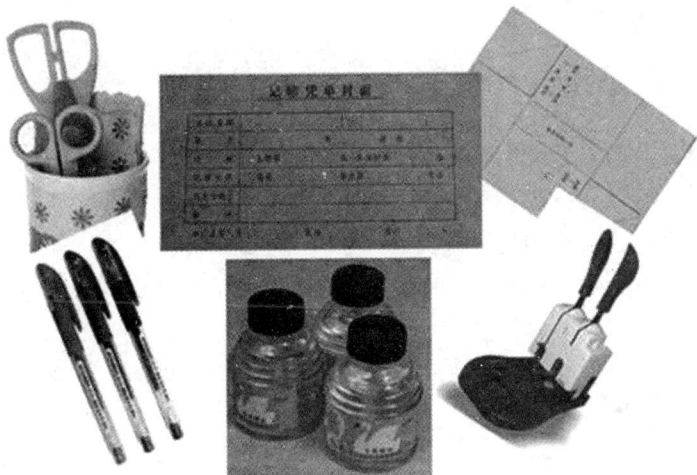

图 1-13　其他辅助素材

　　实务中，企业可参照情景案例中的采购清单进行购买。

实务小结

　　通过以上学习我们知道，实务工作中，会计要完成建账工作，就应当准备齐全各类素材，如会计凭证、会计账簿、会计报表，以及其他素材。

业务 2　建账操作

会计人员备齐建账素材后,就可以进行建账操作。实务中,建账有三个步骤:一是确定会计科目;二是选择账簿;三是启用账簿。

一、确定会计科目

确定会计科目可以分为三个步骤:第一步,根据行业特点和企业特点选择适用的会计准则;第二步,根据会计准则附录选择总账科目(一级科目);第三步,根据核算需要设置明细科目。

目前,财政部针对企业的会计核算出台了两套准则规范:《企业会计准则》(2006年版)和《小企业会计准则》(2011 年版)。一般来说,所有企业都可以选择采用《企业会计准则》,但只有满足《小企业会计准则》第二条规定的小型或微型企业才能选用《小企业会计准则》。实务中,对于准则选用的问题,不同地方的规定可能有所差异,具体适用标准可电话咨询当地财政局。

选择好会计准则后,就可以根据对应准则的附录——《会计科目及主要账务处理》中的会计科目表,依次从资产类、负债类、所有者权益类、成本类、损益类中选择出应设置的会计科目。例如,《企业会计准则》附录中最常用的会计科目见表 1-5。

表 1-5　《企业会计准则》附录中最常用的会计科目

资　产　类	负　债　类	损　益　类
库存现金	应付账款	主营业务收入
银行存款	预收账款	其他业务收入
应付账款	应交税费	营业外收入
预收账款	应付职工薪酬	营业外支出
库存商品	其他应付款	主营业务成本
周转材料	所有者权益类	其他业务成本
其他应收款	资本公积	税金及附加
固定资产	盈余公积	销售费用
累计折旧	本年利润	管理费用
无形资产	利润分配	财务费用
累计摊销	实收资本	所得税费用

续表

资　产　类	负　债　类	损　益　类
长期待摊费用	成本类	以前年度损益调整
待处理财产损溢	生产成本	
	制造费用	

具体可根据企业的行业特点和核算要求选择所需要的会计科目。

根据会计准则选定总账科目(一级科目)后,还需根据企业核算需要设置明细科目。其中,"应交税费——应交增值税"应按会计准则的规定设置专栏;其余科目可以按照核算需要设置明细科目。例如,管理费用和销售费用可按费用大类分为办公费、工资薪金、房租、水电费、折旧费、差旅费、业务招待费等。具体参见表1-6。

表 1-6　明细科目设置方式

会计科目	设置明细方式	会计科目	设置明细方式
银行存款	按开立的账户	应付职工薪酬	按项目,如工资、社保
应收账款	按客户名称	应交税费	按税费名称
预收账款	按客户名称	实收资本	按股东姓名
预付账款	按供应商名称	主营业务收入	按产品或服务
应付账款	按供应商名称	主营业务成本	按产品或服务
其他应付款	按应付单位或个人	管理费用	按费用大类
其他应收款	按收款单位或个人	销售费用	按费用大类
库存商品	按货物名称	财务费用	按费用大类

二、选择账簿

为了能够直观、方便地反映企业的经营状况,企业必须根据选择好的会计科目设置相应的会计账簿,包括总账、库存现金日记账、银行存款日记账和明细账。

1. 总账

根据总账科目设置。一般一个年度只需要设置一本总账。

2. 库存现金日记账

根据企业的现金种类设置。一般一个年度只设置一本(如果有外币的,应按外币单独设置)。

3. 银行存款日记账

根据企业所开立的银行账户进行设置。一般每个账户对应一本银行存款日记账。

4. 明细账

根据科目性质与核算需要设置。一般包括数量金额式明细账、多栏式明细账和三栏式明细账(见表 1-7)。

表 1-7　明细账分类设置表

应设置账簿类型	核算需要	核算科目	建议数量
数量金额式明细账	核算金额与数量	库存商品	1 本
多栏式明细账	明细项目过多,为了在同一账簿中进行集中反映	管理费用	合并设 1 本
		销售费用	
		财务费用	
		应交税费——应交增值税	1 本
三栏式明细账	只需核算金额,明细项目不多且不必集中反映	其他科目	合并设 1 本

设置明细账时,应结合企业的行业特点进行设置。例如,对于商业企业来说,一般库存商品会比较多,因此在准备数量金额式明细账时,可以多准备几本。

三、启用账簿

会计按要求设置账簿之后,就可以启用账簿。启用账簿可以按以下三个步骤操作。

(一) 填写账簿封面

启用账簿时,应先在账簿封面上写明机构名称和账簿名称(见图 1-14)。

图 1-14　账簿封面

(二) 填写账簿扉页

启用账簿时,在账簿扉页上应当附账簿启用及交接表。账簿启用及交接表的内容包括机构名称、账簿名称、账簿编号、账簿页数、启用日期、经管人员、印鉴等(见图 1-15)。

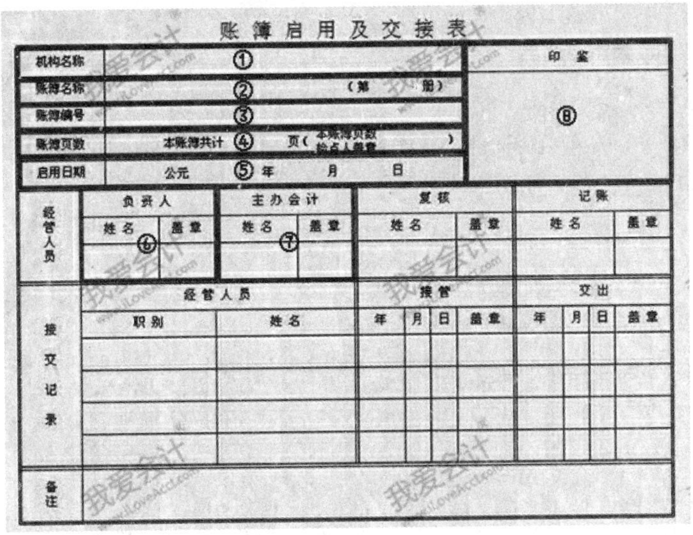

图 1-15　账簿启用及交接表

下面结合具体案例,说明账簿启用及交接表的填写规范。

1. 填写机构/账簿名称

(1) 根据企业营业执照上所载的企业名称在图 1-15 的①处填写机构名称(见图 1-16)。

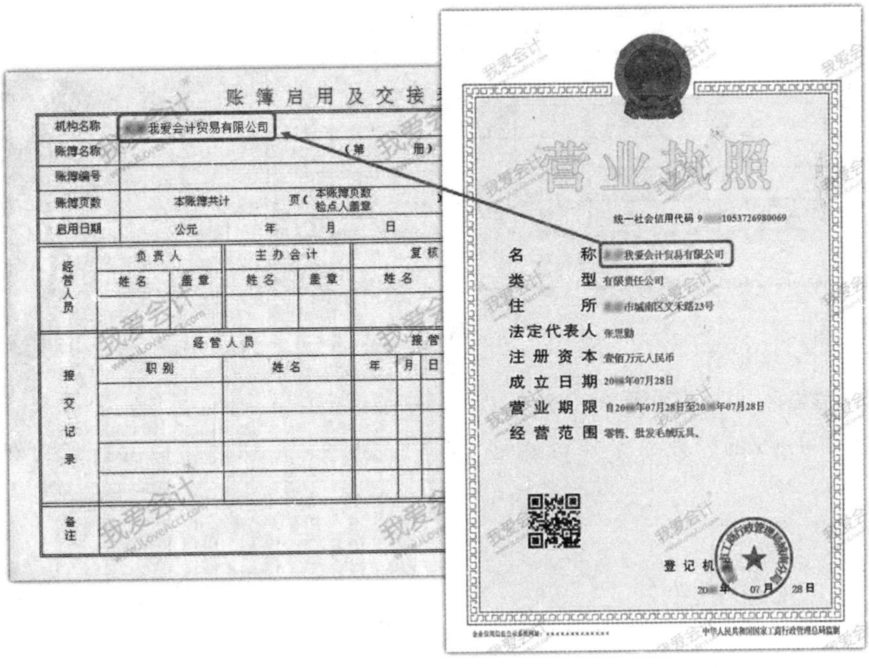

图 1-16　填写机构名称

(2) 在图 1-15 的②处填写账簿名称,如总分类账、库存现金日记账、银行存款日记账等。

2. 填写账簿编号/页数

(1) 按账簿启用顺序在图 1-15 的③处填写账簿编号。

(2) 在图 1-15 的④处填写账簿页数。活页式账簿(如明细账)在启用时不填写页数,年底装订后统一填写。

3. 填写启用日期

在图 1-15 的⑤处填写账簿开始使用日期。

4. 经管人员签字、盖章

企业启用账簿时,需明确记账责任。由财务负责人、主办会计分别在图 1-15 的⑥、⑦处签字并盖章(见图 1-17)。"记账人"一般由负责登记账簿的人员来填写,"复核人"则由后期复核人员填写。

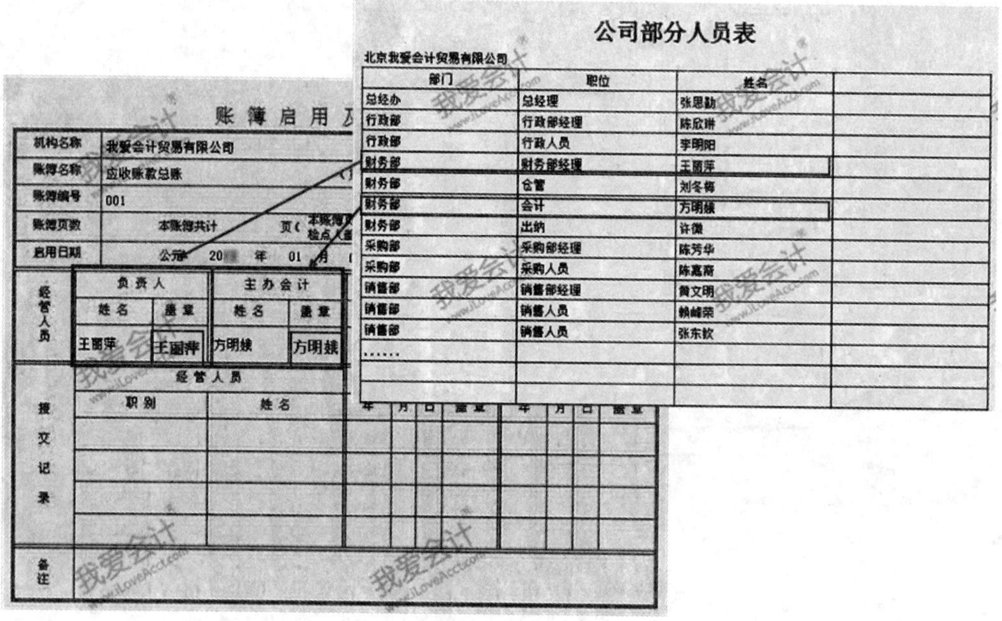

图 1-17　经管人员签字、盖章

5. 盖章和贴印花税票

在图 1-15 的⑧处加盖公司公章,同时按规定贴上印花税票并画线注销(见图 1-18)。

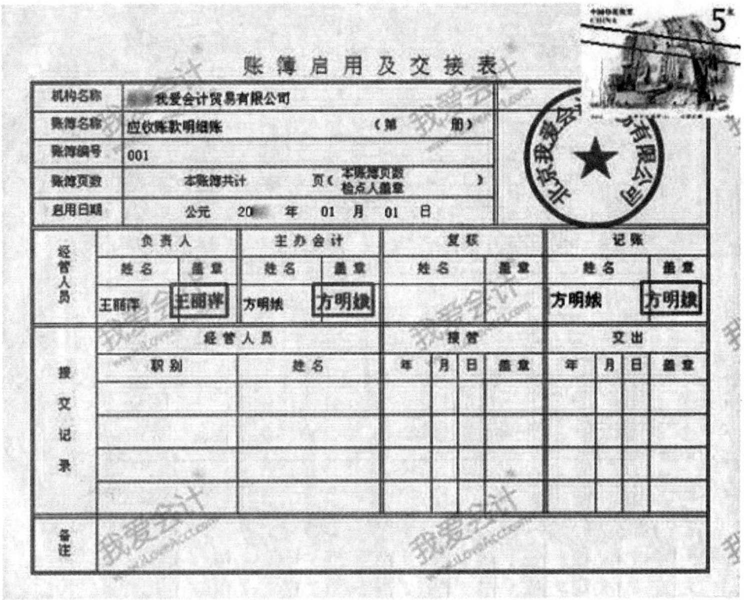

图 1-18　加盖公司公章并贴印花税票

温馨提示

（1）新建企业建账时，记载资金的账簿（一般为总账）按"实收资本（股本）""资本公积"这两个科目合计金额的万分之五贴花，以后年度若实收资本（股本）、资本公积增加，只对增加部分计算补贴印花税票；若没有增加，有更换账簿时，按本贴花，每本 5 元。实务中，很多地方对于记载资金账簿的印花税，采用直接报税并缴纳的形式代替贴花形式。

（2）其他账簿按本贴花，每本 5 元。

（3）账簿保管人员变动时，必须办理交接手续。交接时应在启用表的"接交记录栏"内注明交接日期、交接人员，并由交接双方签名或盖章（见图 1-19）。

（4）填写账簿启用页发生错误时，若该账簿为订本式，是以画线更正的形式修改；若该账簿为活页式，则只需要重新填写一张正确的启用页即可。当然，为了保证账簿和账页的美观，会计在填写时一定要小心谨慎。

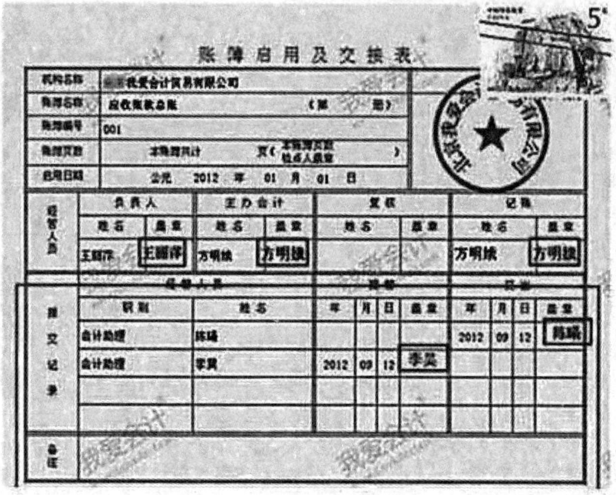

账簿启用及交接表

机构名称	我爱会计贸易有限公司
账簿名称	应收账款总账 （第 册）
账簿编号	001
账簿页数	本账簿共计 页（本账簿页数检点人盖章 ）
启用日期	公元 2012 年 01 月 01 日

经管人员	负责人		主办会计		复核		记账	
	姓名	盖章	姓名	盖章	姓名	盖章	姓名	盖章
	王丽萍	王丽萍	方明焕	方明焕			方明焕	方明焕

接交记录	经管人员		接管				交出			
	职别	姓名	年	月	日	盖章	年	月	日	盖章
	会计助理	陈瑞					2012	09	12	陈瑞
	会计助理	李昊	2012	09	12	李昊				
备注										

图 1-19 填写账簿接交记录

（三）填写账页

会计人员填写完账簿封面、账簿启用及交接表后，就可以开始填写账页了。账页内容包括账户名称、账页编号等。一般来说，企业启用账簿可以分为两种情况：一种是经营期企业更换账簿；另一种是新设企业启用账簿。下面分别介绍两种情况下的账页填写规范。

1. 经营期企业更换账簿

对于处在经营期当中的企业，一般在一个会计年度终了进行更换账簿时，才会涉及启用账簿的问题。企业更换账簿时，为了使新、旧账簿中的数据保持连续性，应承接上期同类型的账簿进行启用。

1）总账账页的填写

总账账页的填写内容包括账户名称、账页编码、启用年份和期初余额。

(1) 账户名称：应按上年总账的账户设置情况设置，填写账户名称。

(2) 账页编号：按账页顺序填写账页编号。总页是指本张账页在整个账簿中所对应的页码，分页是指本张账页在同一账户中所处的位置。

(3) 启用年份：将本年年份填写在日期顶栏的年份空格处。

(4) 期初余额：期初有余额的，应在首张账页的第一行填写对应账户的上年期末余额及余额方向，并在“摘要”栏注明“上年结转”，“日期”栏填写 01 月 01 日，其余栏目留空（见图 1-20）。

期末余额为零的，可不做承接上年余额的处理，或者在承接余额时在余额处填“0”，“0”应覆盖到元、角、分三个格子的位置。具体填写方式有三种：一是填写“—0—”；二是填写“0̸”；三是填写“000”（见图 1-21）。

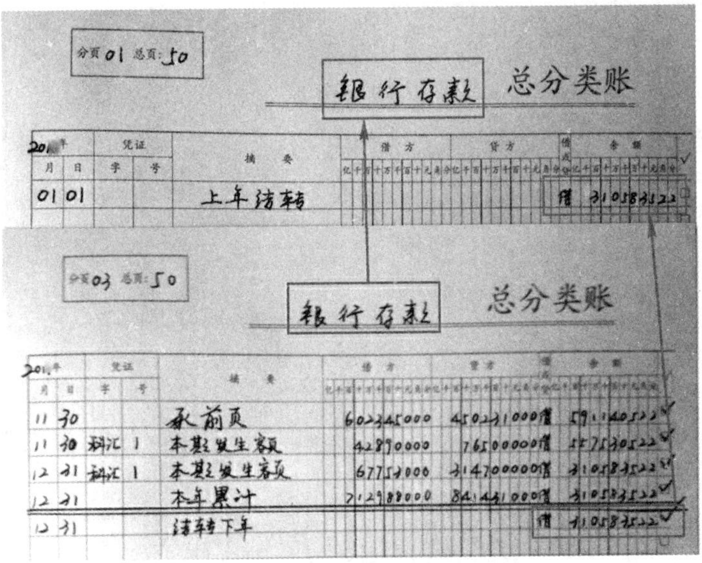

图 1-20 启用总账（有余额）

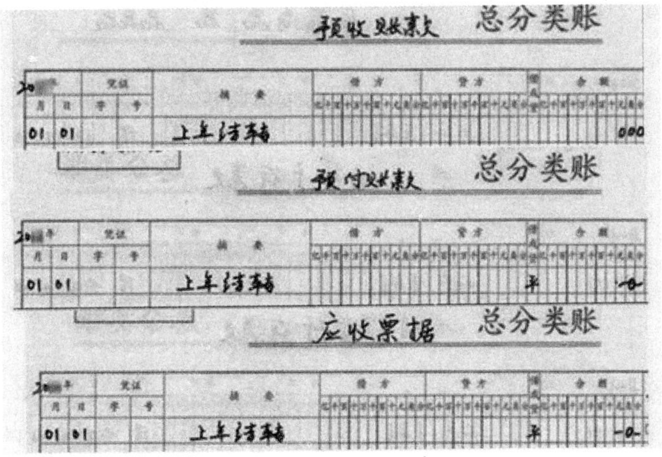

图 1-21 启用总账（无余额）

2）明细账账页的填写

启用明细账时，应根据明细账的不同类型填写账页。

（1）数量金额式明细账

数量金额式明细账账页的填写内容包括账户名称及明细科目信息、账页编号、启用年份、期初余额。

① 账户名称及明细科目信息：账户名称应为"库存商品明细账"，明细科目信息可依照上期账簿的明细科目进行填写。

② 账页编号：由于数量金额式明细账是活页式账簿，所以账页编号需等年底装

订成册后统一填写。

③ 启用年份:将本年年份填写在日期顶栏的年份空格处。

④ 期初余额:在首张账页第一行填写库存商品的上年期末结存数量、单价、余额,并在"摘要"栏注明"上年结转","日期"栏填写"01 月 01 日",其余栏目留空即可(见图 1-22)。

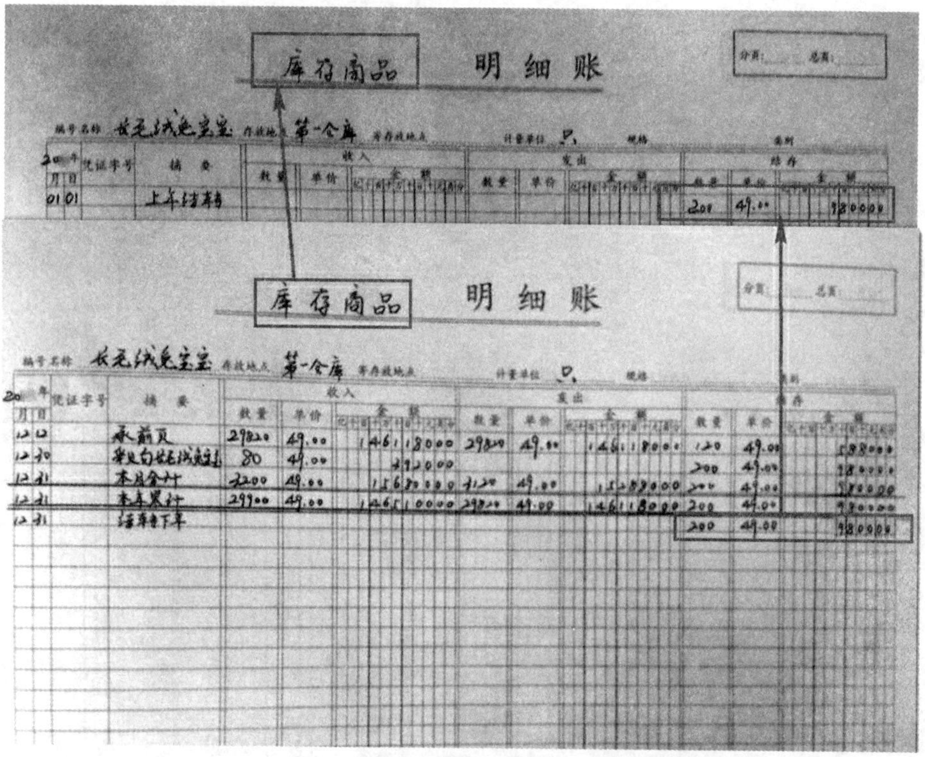

图 1-22　启用数量金额式明细账

填写数量金额式明细账账页时,账页编号一般不写;存货信息中的名称、计量单位一定要填写;其余信息可根据实际需要填写,一般直接摘抄上期账簿的内容即可。

(2) 多栏式明细账

① 费用类多栏式明细账的启用。启用费用类多栏式明细账时,账页填写内容包括账户名称、账页编号、专栏信息及其方向、启用年份、期初余额。

A. 账户名称:应按上年多栏式明细账摘抄账户名称及下级科目信息。

B. 账页编号:由于多栏式明细账是活页式账簿,所以需等年底装订成册后统一填写。

C. 专栏信息及其方向:应按上年多栏式明细账摘抄专栏信息及其方向。

D. 启用年份:将本年年份填写在日期顶栏的年份空格处。

E. 期初余额:由于费用类明细账期末无余额,所以可以不做余额承接处理。

由于费用类多栏式明细一般在期末无余额,因此在启用填写时,一般只需将原账簿中的账户名称、专栏信息摘抄过来,填写记账年份即可。

②"应交税费——应交增值税"多栏式明细账(简称"应交增值税明细账")的启用。启用应交增值税明细账时,账页填写内容包括账户名称、账页编号、启用年份、期初余额。

A. 账户名称:由于应交增值税明细账有专用的账簿,所以无须再填写账户名称及专栏信息。

B. 账页编号:购买的应交增值税明细账是装订成册的,所以按账页顺序填写账页编号即可。"总页"写总账账簿的总页数,"分页"写该账页在账簿中所处的页数。

C. 启用年份:将本年年份填写在日期顶栏的年份空格处。

D. 期初余额:在首张账页第一行填写专栏余额及上年期末余额,并在"摘要"栏注明"上年结转","日期"栏填写"01 月 01 日",其余栏目留空即可(见图 1-23)。

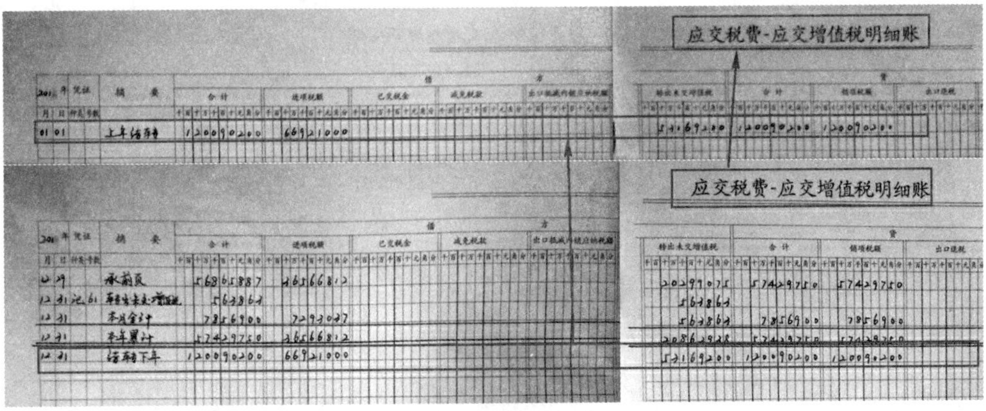

图 1-23　启用多栏式明细账

(3)三栏式明细账

三栏式明细账账页内容的填写包括账户名称及明细科目信息、账页编码、启用年份、期初余额。

① 账户名称及明细科目信息:直接按上期账簿填写明细账账户名称、明细科目信息。

② 账页编码:由于三栏式明细账是活页式账簿,所以账页编码等年底装订成册后统一填写。

③ 启用年份:将本年年份填写在日期顶栏的年份空格处。

④ 期初余额:在首张账页第一行填写对应账户的上期期末余额及余额方向;无余额的,可不做承接处理或者在余额处填"0","0"应盖住元、角、分三格。同时在"摘要"栏填写"上年结转","日期"栏填写"01 月 01 日",其余栏目留空即可(见图 1-24)。

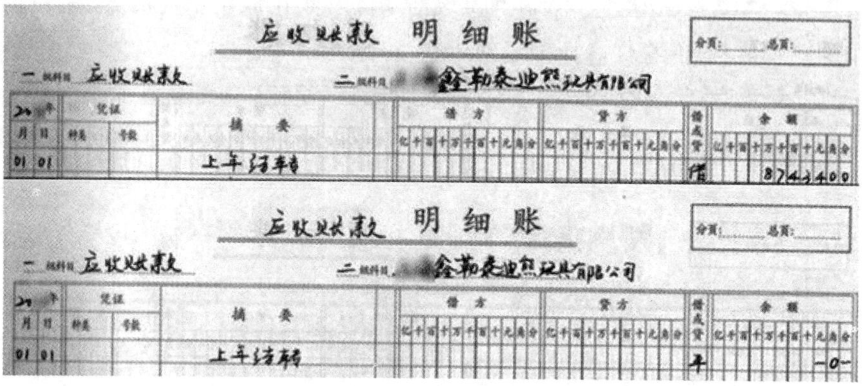

图 1-24　启用三栏式明细账

3）日记账的填写

启用日记账的操作与启用三栏式明细账类似，因为日记账是装订成册的，所以可直接填写账页编号。如果企业有多个银行账户或多个币种，则应多设几本日记账。具体操作这里不再赘述。

2. 新设企业启用账簿

新设企业初次启用账簿时，总账的账户名称按总账科目（一级科目）填写，一张账页对应一个总账科目（见图 1-25）。需要特别注意的是，由于总账为订本账，不能插入账页，因此设置总账账户时应尽量将可能用到的科目都设置对应的账页。账页编号应从第一页起到最后一页止顺序编定号码，不得跳页、缺号。

图 1-25　总分类账（部分账页）

库存现金日记账与银行存款日记账一般由出纳填写。

明细账由于采用活页式账簿，账户名称一般在后期经济业务发生时再填写；编号应在订本订好后再进行编写，编号方式与总账类似。

四、常见实务问题及处理

（1）问：实务工作中，同为"主营业务收入"及"主营业务成本"两个科目，我爱会计文具有限公司使用多栏式明细账登账，我爱会计机械有限公司则使用三栏式明细账登账。两家公司谁的做法正确呢？

答：两种做法都是正确的。因为我爱会计文具有限公司的收入项多，设置为多栏式明细账，可以集中反映收入情况；我爱会计机械有限公司的收入项少，只需设置为三栏式明细账就行了。具体可参考本企业的上期登账情况，或者参考同行业企业的登账方法。

（2）**问**：总账和三栏式明细账设置科目较多，如何准确找到对应科目的账页？

答：可以将标签纸（口取纸）贴在账页的边缘处，并在标签上填写具体科目名称，以便进行准确定位（见图1-26）。

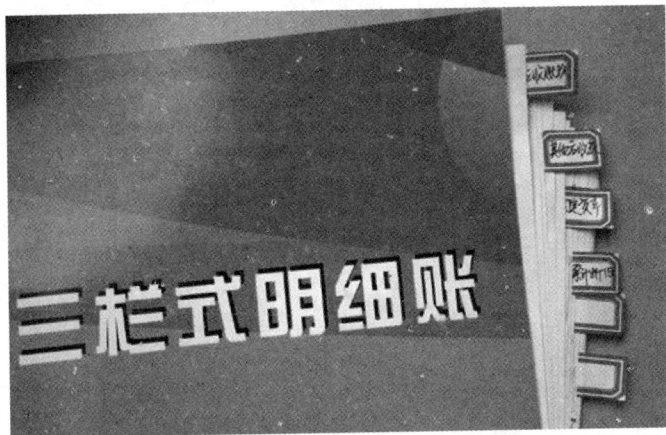

图1-26　账页分大类

（3）**问**：填写多栏式明细账时，假如管理费用下的明细科目有20个，但企业使用的账簿只有12栏，该如何处理？

答：这种情况下，应将这些明细科目分成两页来填写。第一页填写12个明细科目，第二页填写余下的8个明细科目，合计数只需填写两页账页中的第一页即可。

（4）**问**：假如在建账过程中不小心将金额或其他信息写错了，该如何修改？

答：应该先用红笔在错误信息处画线注销，然后再用黑色水笔（或蓝色水笔）在错误处的上方填写上正确的信息，然后签字或盖上个人私章（见图1-27）。

图1-27　更正账页

实务小结

通过以上学习我们知道,会计将建账所需素材准备齐全后,就可以开始建账了。建账共分三步:一定,二选,三启用,即首先根据企业特点确定会计科目,其次结合行业特点选择账簿;最后根据选择好的账簿启用账簿。新设企业启用账簿,直接填写账户名称即可;非新设企业应按原有的账簿格式类型进行启用。

第二篇

原始凭证

能力目标

- 掌握各类自制原始凭证的填制；
- 掌握原始凭证的整理；
- 掌握各类原始凭证的审核。

有人说,会计人员"足不出户却知天下",理由是会计人员基本上不接触一线的业务,但是最后几乎没有业务是他们不知道的。会计人员是如何做到这点的呢? 答案就在原始凭证中。原始凭证是企业在日常经济业务中最直接、最初始的证明,是会计据以了解经济业务的根本依据,是会计核算的起点,直接关系到会计做账的质量好坏。因此,对于一个会计人员来说,原始凭证的处理是必备的一项重要能力。

业务要点

会计人员对原始凭证的处理主要从以下三方面入手。

1. 获取原始凭证

会计人员应及时获取原始凭证,并掌握常见业务所涉及原始凭证的填制。

2. 整理原始凭证

会计人员应掌握各类原始凭证的分类、整理。

3. 审核原始凭证

会计人员应掌握审核原始凭证时的基本要求,并掌握常见业务下原始凭证的审核。

本篇的业务要点和知识要点见表 2-1。

表 2-1　业务要点和知识要点

能 力 要 点	业 务 要 点	知 识 要 点
原始凭证的处理	获取原始凭证	与资金相关的原始凭证
		与采购相关的原始凭证
		与销售相关的原始凭证
		计提与摊销类原始凭证
	整理原始凭证	原始凭证分类
		原始凭证整理
	审核原始凭证	与资金相关的原始凭证审核
		与采购相关的原始凭证审核
		与销售相关的原始凭证审核
		计提与摊销类原始凭证审核

重点难点

本篇的重点难点见表 2-2。

表 2-2 重点难点

业 务 目 标	学 习 重 点	重要程度	难易程度	建议学时
获取原始凭证	原始凭证填制的一般要求、常见原始凭证的填制	★★★★☆	★★★★☆	1 课时
整理原始凭证	原始凭证的分类、整理	★★★★☆	★★☆☆☆	1 课时
审核原始凭证	原始凭证审核的基本要求、常见原始凭证的审核	★★★★☆	★★★★☆	1 课时

业务 3　获取原始凭证

原始凭证也叫作原始单据,是经济业务发生时所取得的最初书面证明,也是会计做账的重要依据。因此,会计应当及时收集齐全与业务相关的原始凭证。原始凭证包括以下四类(见图 2-1):①与资金相关的原始凭证;②与采购相关的原始凭证;③与销售相关的原始凭证;④计提与摊销类原始凭证。

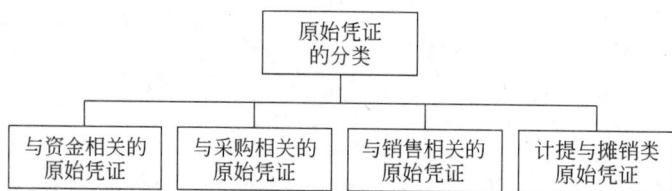

图 2-1　原始凭证的分类

实务工作中,原始凭证绝大部分不是由会计填制的,而是由有关单位或业务人员填制再交给会计,会计据以做出账务处理。例如,支票由出纳填写,入库单由仓管填写等。只有经过会计复核过的原始凭证,才能入账。因此,会计不仅应掌握原始凭证的内容和填制方法,而且还要向有关人员说明原始凭证的重要作用,帮助他们掌握正确填制原始凭证的方法。通常,各项经济业务中需要填制的原始凭证见表 2-3。

表 2-3　经济业务与原始凭证

经 济 业 务	获取的原始凭证种类	需要填制的单据
与资金相关的业务	银行结算类业务凭证	支票、缴款单等
	企业自制收付业务凭证	收款收据、报销单、付款申请书等
与采购相关的业务	采购业务凭证	发票、销售单
	入库业务凭证	入库单
与销售相关的业务	销售业务凭证	发票、销售单
	出库业务凭证	出库单
计提与摊销类业务	成本费用分配凭证	工资汇总表、固定资产折旧表等

以上是四类常见的原始凭证,其中与资金、采购、销售相关的原始凭证主要由出纳、采购和销售等部门的人员填制后再移交给会计,而计提与摊销类原始凭证大部

分由会计人员自制。为了能够帮助出纳、采购和销售人员规范填写原始凭证，会计人员除了掌握计提与摊销类原始凭证之外，仍然要掌握前三类原始凭证的填写。

一、与资金相关的原始凭证

与资金相关的原始凭证在企业中使用是最频繁的，也是最重要的，主要包括银行结算类业务凭证和企业自制收付业务凭证。

与资金相关的原始凭证中，收账通知、利息单等原始凭证可以从银行直接获得；支票、现金缴款单、进账单等原始凭证需要从银行获取并由出纳填写；而报销单、付款申请书等原始凭证，需要企业自己编制或到文具店购买后，由相关业务人员在报销费用或申请付款时填写。

支票、现金缴款单、进账单等单据一般由出纳填写，此处不赘述。下面我们以付款申请书为例进行讲解。一张付款申请书通常包括以下五项内容(见图 2-2)。

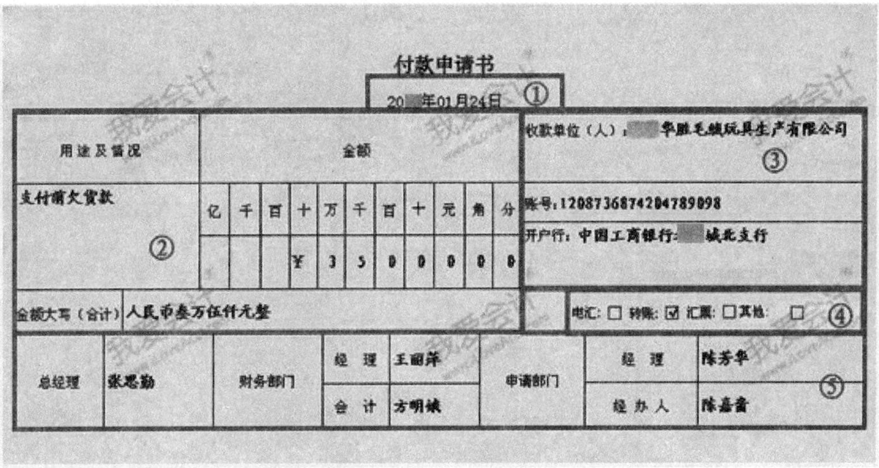
付款申请书

20 年01月24日 ①

用途及情况	金额											收款单位（人）：华胜毛绒玩具生产有限公司 ③
支付前欠货款 ②	亿	千	百	十	万	千	百	十	元	角	分	账号：1208736874204789098
				¥	3	5	0	0	0	0	0	开户行：中国工商银行 城北支行
金额大写（合计）	人民币叁万伍仟元整											电汇：☐ 转账：☑ 汇票：☐其他： ☐ ④

总经理	张思勤	财务部门	经　理	王丽萍	申请部门	经　理	陈芳华 ⑤
			会　计	方明城		经办人	陈嘉富

图 2-2　付款申请书

(1) 申请付款时间。

(2) 申请付款的项目内容，包括项目用途、项目金额(大小写)。

(3) 收款单位信息，包括收款单位名称、账号、开户行。

(4) 申请付款的方式。

(5) 审批栏。

下面通过具体实例来说明付款申请书的填写规范。

1. 申请付款时间

例如，采购员 2017 年 1 月 24 日向公司申请付款，则申请付款的时间应填“2017 年 01 月 24 日”。

2. 申请付款的项目内容

申请付款的项目内容应根据采购发票的复印件来填写,付款金额要与采购发票上的价税合计金额一致(见图2-3)。

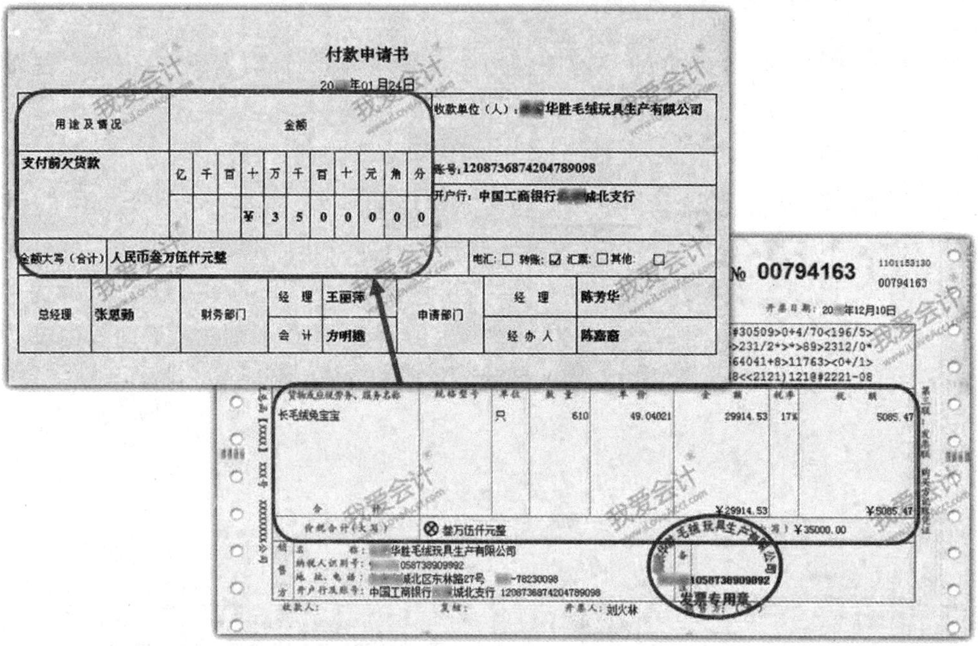

图 2-3　申请付款的项目内容

3. 收款单位信息

收款单位信息包括收款单位名称、账号、开户行名称,可根据采购发票复印件填写(见图2-4)。

4. 申请付款的方式

按双方事先约定的付款方式填写,直接在对应付款方式后的方框里打"√"。合同有约定的,需按合同约定的付款方式填写。

5. 审批栏

"经办人"处填写申请人名称;审批过程按付款申请书所列审批人员与企业财务制度的规定,由相关人员填写(见图2-5)。

二、与采购相关的原始凭证

实务中,采购业务在企业日常活动中占很大的比重。因此,与采购相关的原始凭证显得尤为重要。与采购相关的原始凭证主要包括采购业务凭证和入库业务凭证两大类。

与采购相关的原始凭证中,增值税专用发票、销售单等采购业务凭证一般由供

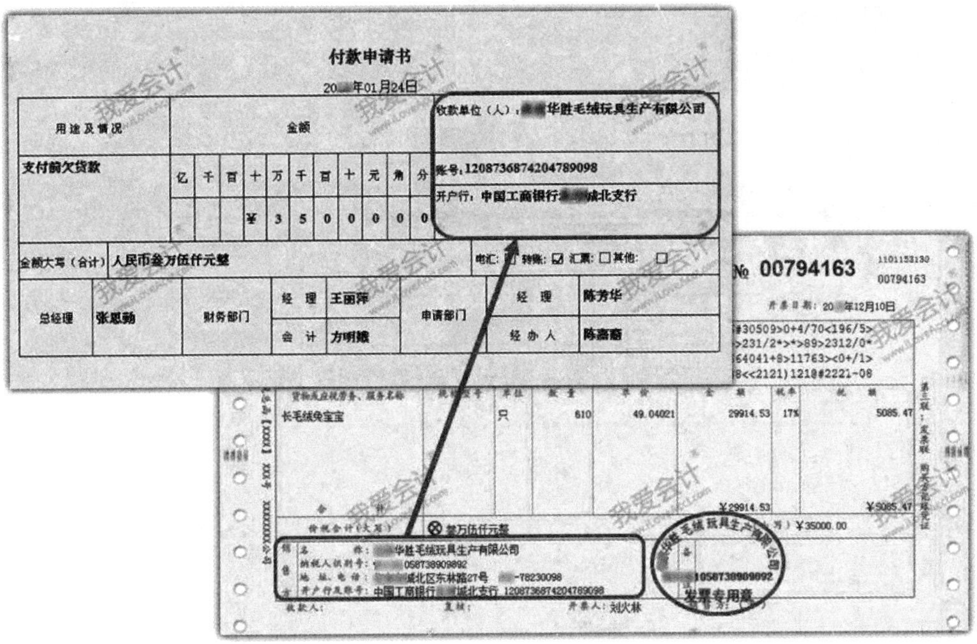

图 2-4　收款单位信息

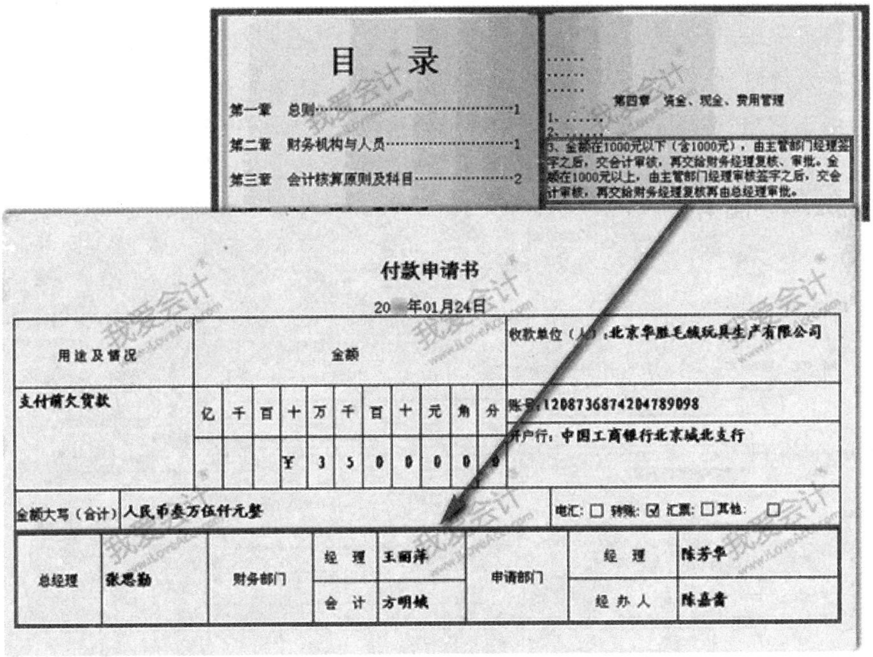

图 2-5　审批栏

应商提供;而入库业务凭证,也就是入库单,需要企业自己编制,在验收完采购商品做入库时,由仓管填写。

下面以入库单为例进行讲解。一张入库单通常包括基础信息、入库商品信息和签字栏(见图 2-6)。

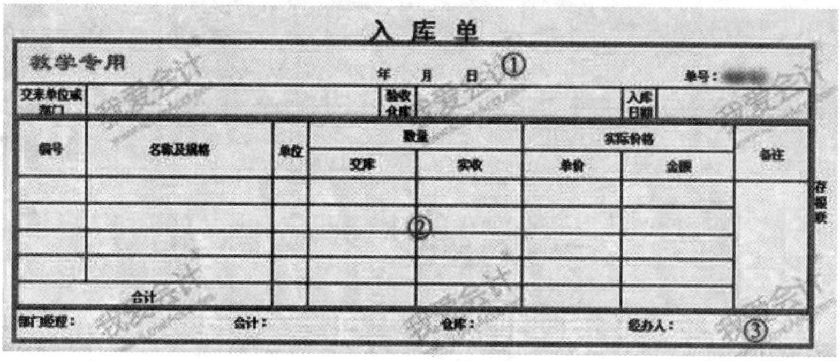
入库单

教学专用 年 月 日 ① 单号：

交来单位或部门		验收仓库		入库日期	

编号	名称及规格	单位	数量		实际价格		备注
			交库	实收	单价	金额	
				②			
合计							

部门经理： 会计： 仓库： 经办人： ③

存根联

图 2-6 入库单

下面通过具体实例来说明入库单的填写规范。

1. 基础信息

入库单的基础信息(见图 2-6 中①处)包括填写日期、交来单位或部门、验收仓库、入库日期。其中,交来单位根据销售单的销货单位填写。

2. 入库商品信息

入库商品信息(见图 2-6 中②处)包括编号(一般为公司自制的商品编码,可填可不填)、名称及规格、单位、数量(一般在入库时,仓管只关注商品数量,因此入库单的单价、金额一般不填写)等。入库商品信息应根据销售单上商品的名称、规格、单位、数量填写(见图 2-7)。

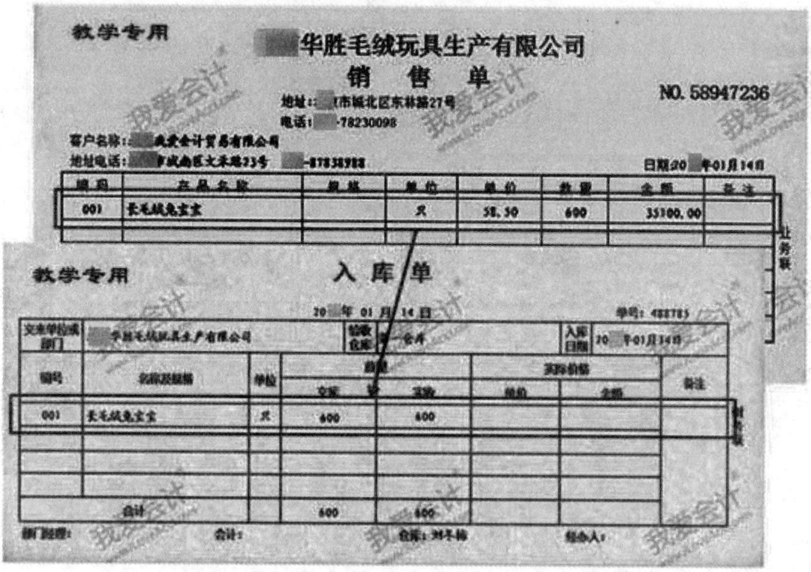
教学专用

华胜毛绒玩具生产有限公司

销售单

NO.58947236

地址：市城北区东林路27号

电话：-78230098

客户名称：我爱会计贸易有限公司

地址电话：区文承路73号 -87838988

日期20 年01月14日

编码	产品名称	规格	单位	单价	数量	金额	备注
001	长毛绒兔宝宝		只	58.50	600	35100.00	

业务联

教学专用

入库单

20 年01月14日 单号：488785

交来单位或部门	华胜毛绒玩具生产有限公司	验收仓库	一仓库	入库日期	20 年01月14日

编号	名称及规格	单位	数量		实际价格		备注
			交库	实收	单价	金额	
001	长毛绒兔宝宝	只	600	600			
合计			600	600			

部门经理： 会计： 仓库： 经办人：

图 2-7 填写入库商品信息

3. 签字栏

入库单的签字栏(见图 2-6 中③处)至少要有仓库人员签字,"经办人"一般为将货物交库的人员。

温馨提示

　　实务中,入库单的联次规格不是唯一的,具体根据企业实际需要设置,一般至少包括三联:一联为存根,由入库单开具部门留底备查;一联为会计联,交财会部门据以记账;还有一联为仓库联,由仓库留下作为登记仓库收发账的依据。

　　填写入库单时应注意的是,若一次入库商品品种较多,计量单位又不一样,且都填写在一张入库单上,那么"合计数"一栏就不需要填写。

三、与销售相关的原始凭证

企业日常经营活动中,与销售相关的原始凭证是不可或缺的,主要包括销售业务凭证和出库业务凭证两大类。

与销售相关的原始凭证中,增值税专用发票、销售单等销售业务凭证是由开票员开给客户的;而出库业务凭证,也就是出库单,在商品发出时由仓管填写,其填写方式与入库单基本一致。

下面以增值税专用发票为例进行讲解。一张增值税专用发票通常包括以下五项内容(见图 2-8)。

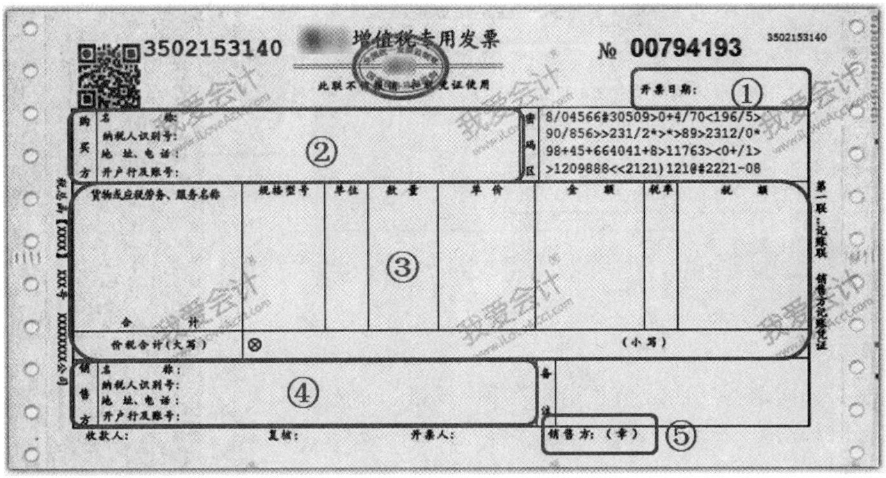

图 2-8　增值税专用发票

(1) 开票日期。

　　(2)购货单位信息:包括购货单位名称、纳税人识别号、地址电话、开户行及账号。

　　(3)货物信息:包括货物或应税劳务名称、规格型号、单位、数量、单价、金额、税率、税额。

　　(4)销货单位信息:填写自己单位的名称、纳税人识别号、地址电话、开户行及账号。

　　(5)签章:应在发票联和抵扣联上加盖本公司的发票专用章。

　　实务工作中,增值税专用发票是由防伪税控开票系统开具的,但为了对增值税专用发票的信息构成有比较全面的认识,会计人员也应知道增值税专用发票的填写内容。

　　下面通过具体实例来说明增值税专用发票的填写规范。

　　1. 开票日期

　　开票日期:即开票当天的日期,如"2016 年 01 月 15 日"。

　　2. 购货单位信息

　　根据客户提供的开票资料填写购货单位信息(见图2-9)。

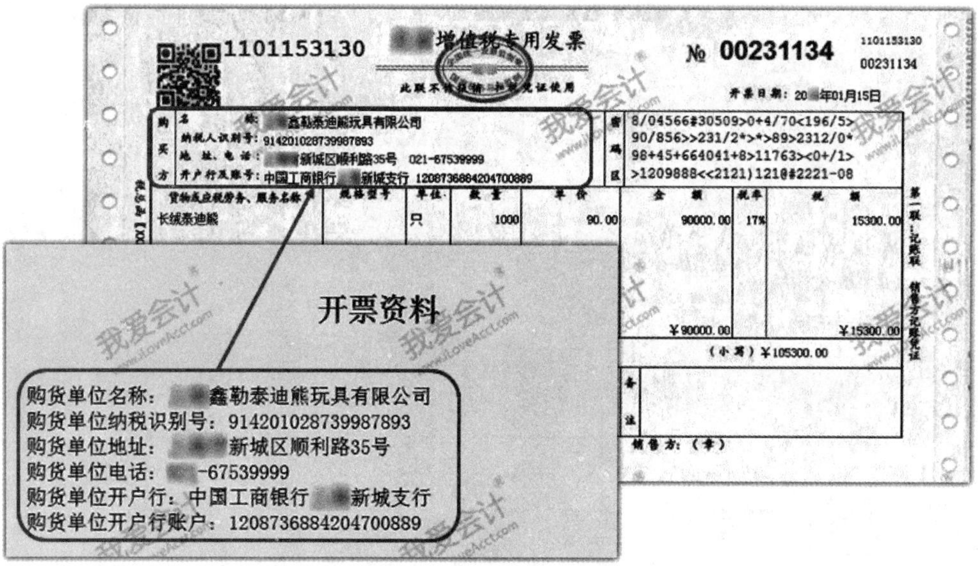

图 2-9　填写购货单位信息

　　3. 货物信息

　　根据合同填写货物或应税劳务名称、规格、单位、数量等信息。开票前企业应当事先设置好税率,系统会自动生成金额、税额(见图2-10)。

　　4. 销货单位信息

　　销货单位信息即自己公司的信息。开票时系统可自动生成,故无须填写(见图2-11)。

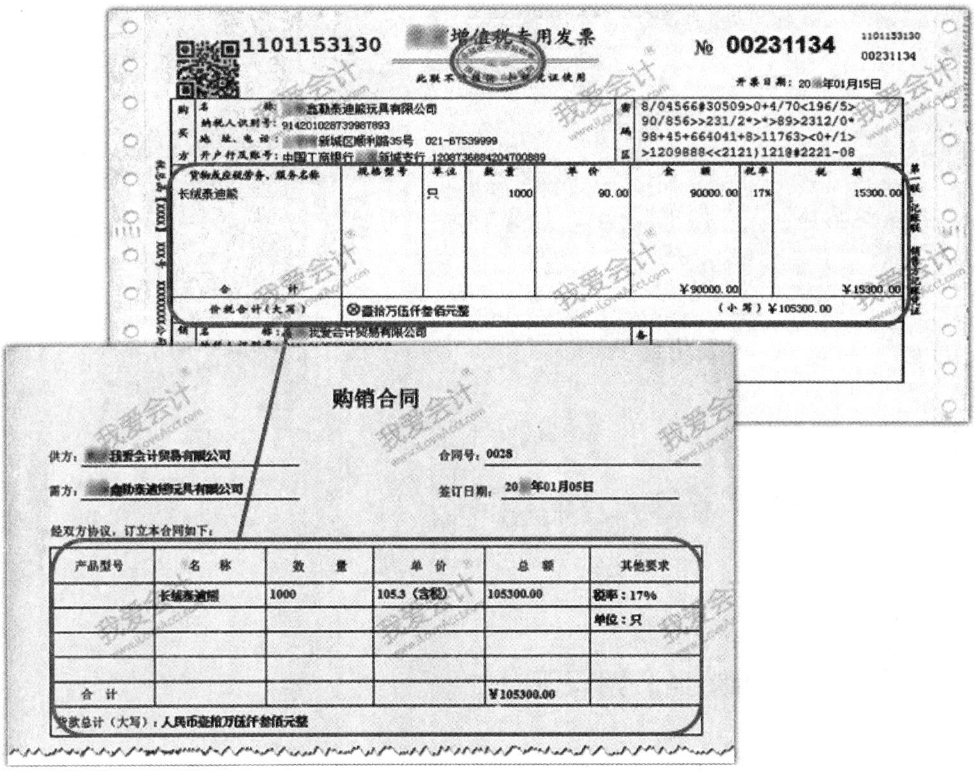

图 2-10　填写货物信息

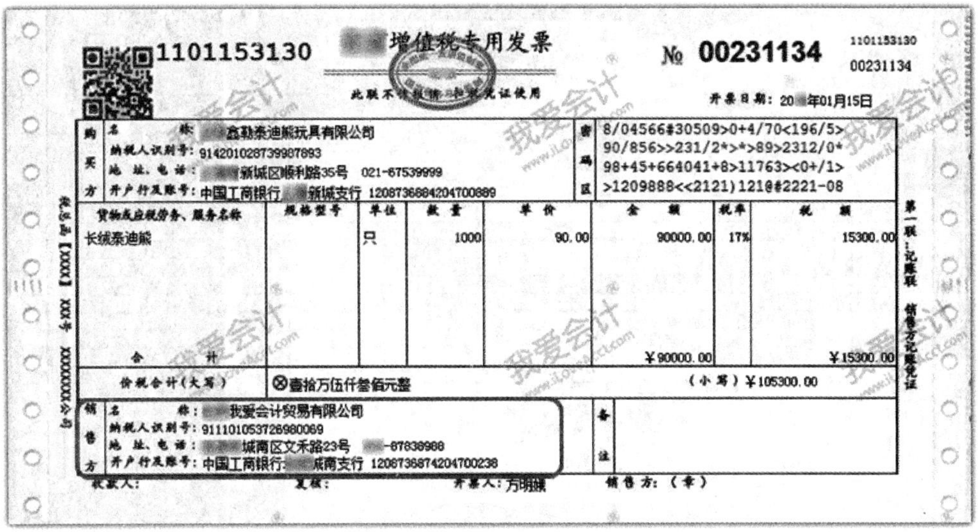

图 2-11　填写销货单位信息

5. 签章

开票后,应在增值税专用发票的发票联、抵扣联加盖发票专用章,并交给客户

(见图 2-12)。

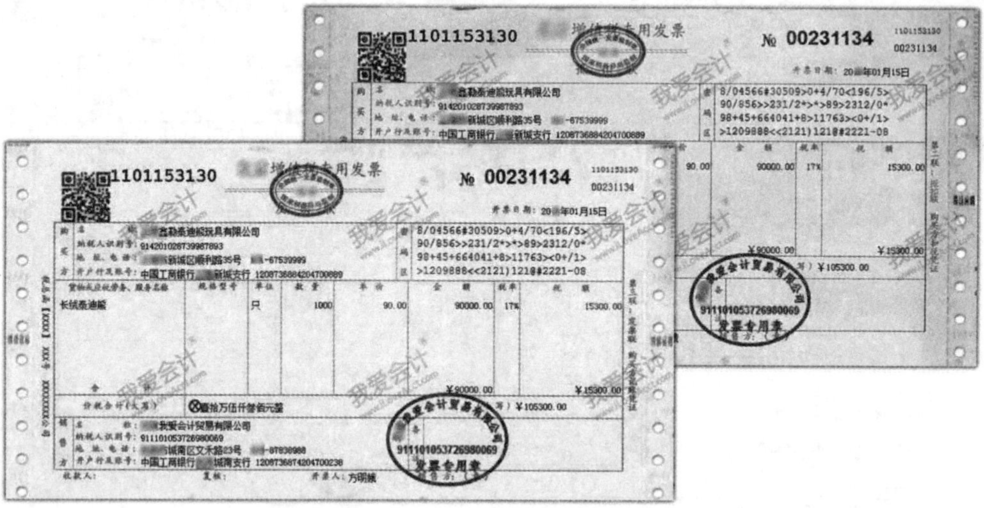
1101153130 增值税专用发票 № 00231134 1101153130 00231134

开票日期：20年01月15日

购买方 名称：鑫勒泰迪玩具有限公司
纳税人识别号：91420102673998789 3
地址、电话：新城区顺利路35号 -67539999
开户行及账号：中国工商银行新城支行 1208736884204700889

密码区 8/04566#30509>0+4/70<196/5>
90/856>>231/2*>*>89>2312/0*
98+45+664041+8>11763<0+/1>
>1209888<<2121)121@#2221-08

货物或应税劳务、服务名称	规格型号	单位	数量	单价	金额	税率	税额
长绒泰迪熊		只	1000	90.00	90000.00	17%	15300.00
合计					¥90000.00		¥15300.00
价税合计（大写）	⊗壹拾万伍仟叁佰元整				（小写）¥105300.00		

销售方 名称：我爱会计贸易有限公司
纳税人识别号：911101053726980069
地址、电话：城南区文禾路23号 -87838988
开户行及账号：中国工商银行城南支行 1208736874204700238

收款人： 复核： 开票人：方明娥

图 2-12 签章

四、计提与摊销类原始凭证

企业使用的计提与摊销类原始凭证多种多样，主要包括成本费用分配凭证，如工资表、折旧表、成本计算表、税费计提表等。这些原始凭证都是由企业内部填制的。

下面以折旧表为例进行讲解。一张折旧表通常包括以下四项内容(见图 2-13)。

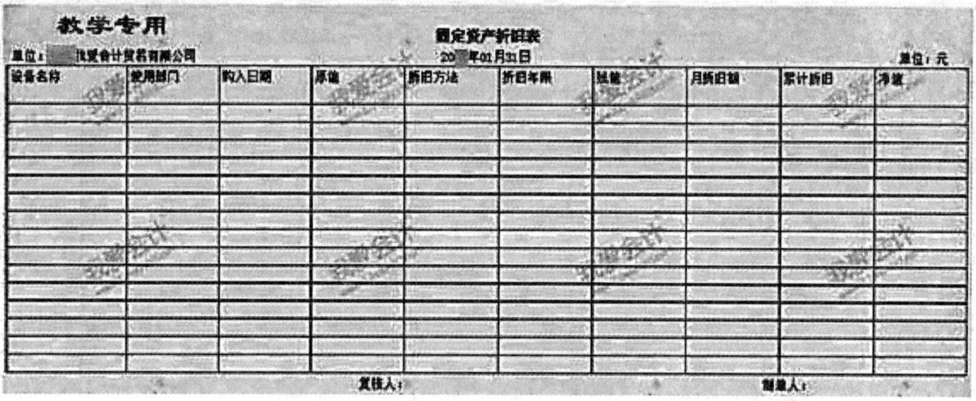
教学专用

固定资产折旧表

单位：我爱会计贸易有限公司 20年01月31日 单位：元

设备名称	使用部门	购入日期	原值	折旧方法	折旧年限	残值	月折旧额	累计折旧	净值

复核人： 制单人：

图 2-13 固定资产折旧表

(1) 单据名称：固定资产折旧表。

(2) 基础信息：单位名称、日期、货币计量单位。

(3) 表体项目：包括设备名称、使用部门、购入日期、原值、折旧方法、折旧年限、残值、月折旧额、累计折旧、净值。

（4）签字栏：一般包括制单人和复核人的签字。

实务工作中，固定资产折旧表可以用 Excel 表制作。不同企业的折旧表格式可能有所差异，但所包含的基本内容大致相同，具体应根据企业会计核算或管理的需要设置。

下面通过具体实例说明固定资产折旧表的填写规范。

1. 单据名称

单据名称为固定资产折旧表。

2. 基础信息

单位名称一般填写企业名称；日期通常填写本月的最后一天，如"2017 年 01 月 31 日"；货币计量单位填写"元"。

3. 表体项目

根据固定资产清单、财务制度填写固定资产折旧表中的设备名称、使用部门、购入日期、原值等信息，并计算出月折旧额、累计折旧额、残值、净值等（见图 2-14）。

固定资产清单

编制公司：德鹰我爱会计贸易有限公司　　　　　　　　　　　　　　　单位：元

使用部门	设备名称	单位	数量	原值	购入日期	备注
总经办	海尔空调	台	3	15000.00	20□□-10	残值率5%
行政部	联想笔记本电脑	台	2	7500.00	20□□-06	残值率5%
财务部	华硕笔记本电脑	台	1	5100.00	20□□-08	残值率5%
销售部	联想台式机	台	1	4000.00	20□□-08	残值率5%

固定资产折旧表

单位：德鹰我爱会计贸易有限公司　　　　　20□□年01月31日　　　　　　　单位：元

设备名称	使用部门	购入日期	原值	折旧方法	折旧年限	残值	月折旧额	累计折旧	净值
海尔空调	总经办	20□□-10	15000.00	年限平均法	5	750.00	237.50	3562.50	11437.50
联想笔记本电脑	行政部	20□□-06	7500.00	年限平均法	3	375.00	197.92	1385.44	6114.56
华硕笔记本电脑	财务部	20□□-08	5100.00	年限平均法	3	255.00	134.58	672.90	4427.10
联想台式机	销售部	20□□-08	4000.00	年限平均法	3	200.00	105.56	527.80	3472.20
合计			￥31600.00			￥1580.00	￥675.56	￥6148.64	￥25451.36

复核人：　　　　　　　　　　　　　　　　　　　　　　　　制单人：方明娥

图 2-14　根据固定资产清单填写固定资产折旧表

4. 签字栏

会计编制完折旧表后，应在"制单人"处签字，并由复核的相关人员在"复核人"处签字。例如，助理会计方明娥编制完固定资产折旧表后，在"制单人"处填写"方明娥"，然后交给复核人进行复核。

五、常见实务问题及处理

（1）问：会计并未收到出纳移交的报销单，而出纳却言之凿凿说已经移交，如何才能规避此类问题？

答：实务工作中，会计收到其他人员移交来的单据时，可自行或由移交人编制原始凭证移交表，明确单据张数和收支金额，并由双方签章确认。

（2）**问**：会计不小心将原始凭证遗失，该怎么办？

答：如果是丢失发票，应先与出票单位进行协商，并到其财务部门复印存根联，加盖出票单位发票专用章或财务专用章，并由税务管理员盖章，作为做账的原始凭证。

如果是丢失银行回单，可以到银行柜台补打，并加盖银行结算章，当月补打不收取手续费，次月补打银行会收取手续费。

由于各地的税务机关、银行规定或操作方式不同，在重新获取原始凭证时，最好咨询当地的税务机关和银行。

（3）**问**：采购人员经常在货物采购完毕后好几个月才将采购发票移交给会计，对于这种拖延移交原始凭证的现象，会计该怎么办？

答：会计应主动和业务相关人员沟通，及时获取原始凭证。如果在较长时间内仍无法取得原始凭证，应当将该情况上报财务负责人，由财务负责人沟通、解决。

实务小结

通过以上学习我们知道，会计应及时收集齐全与业务相关的原始凭证，主要包括与资金相关的原始凭证、与采购相关的原始凭证、与销售相关的原始凭证、计提与摊销类原始凭证。其中，部分原始凭证需会计自行填制，如折旧表、税费计提表等。

业务 4　整理原始凭证

实务工作中,原始凭证大部分是由有关业务人员进行整理的。例如,员工报销差旅费时,相关的住宿费发票、餐饮费发票等报销单据应自己整理粘贴好,并填写报销单;仓管应整理好日常的出库单与入库单并将其汇总。但是,所有的原始凭证只有经过会计审核,才能入账。因此,会计不仅要掌握原始凭证的整理,还要帮助相关人员掌握正确整理原始凭证的方法。

原始凭证的整理工作一般包括以下两个步骤(见图 2-15)。

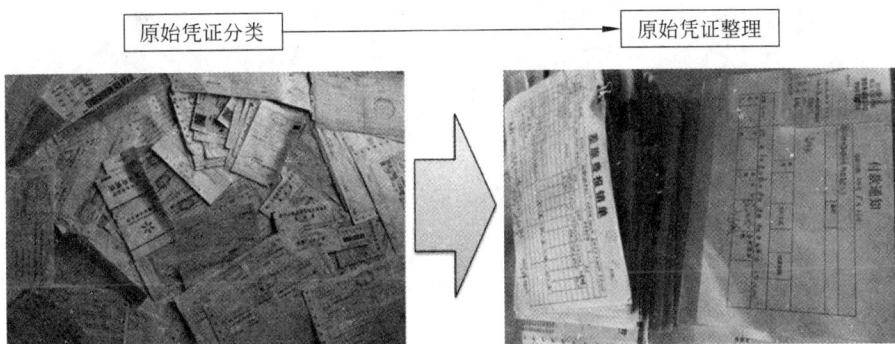

图 2-15　原始凭证分类与整理

一、原始凭证分类

由于原始凭证大部分都由非会计人员一手经办,并且经过一系列传递移交过来的。因此,会计人员收到的大部分原始凭证处于杂乱、无序的状态。为了便于核算,会计人员首先应对其进行分类。

(一)按经济业务分大类

通过前面的学习,我们知道原始凭证通常按经济业务分为四类:与资金相关的原始凭证、与采购相关的原始凭证、与销售相关的原始凭证、计提与摊销类原始凭证。

实务中,业务人员一般不会在每完成一笔经济业务时便将原始凭证移交给会计,往往都是隔一段时间集中移交原始凭证(如一天移交一次),而且业务人员移交的时间往往也不同,故而会计收到的原始凭证经常是混杂在一起的。为了方便做账,会计在收到原始凭证时,首先应将原始凭证按照以上四种情况进行分类,例如将供应商开具的增值税专用发票、增值税普通发票、销售单及仓库交来的入库单等与采购相关的原始凭证归为一类;将付款申请书、进账单、报销单及其附件等与资金相关的原始凭证归为一类(见图2-16)。

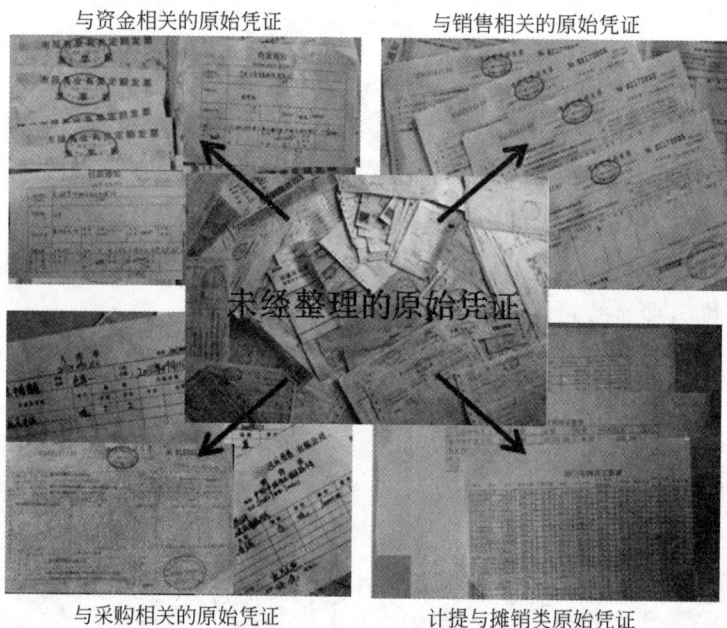

图 2-16　按经济业务分大类

温馨提示

　　一般情况下,与资金相关的原始凭证、计提与摊销类原始凭证比较容易区分,与采购相关的原始凭证、与销售相关的原始凭证一般都为发票和销售单,比较容易混淆。如何区分与采购相关的原始凭证、与销售相关的原始凭证? 主要是看购销单位信息,一般购货单位为本企业的原始凭证,可判断其是与采购相关的原始凭证;销货单位为本企业的原始凭证,则可判断其是与销售相关的原始凭证。

(二) 按单笔业务分小类

　　将原始凭证按照经济业务分大类之后,还需要将具体某一笔业务的单据一一进行对应,按单笔业务分成小类。例如,把属于同一笔采购业务所对应的发票、销售单、入库单放在一起,若已支付货款还要附上付款申请书及银行的付款回单(见图2-17)。

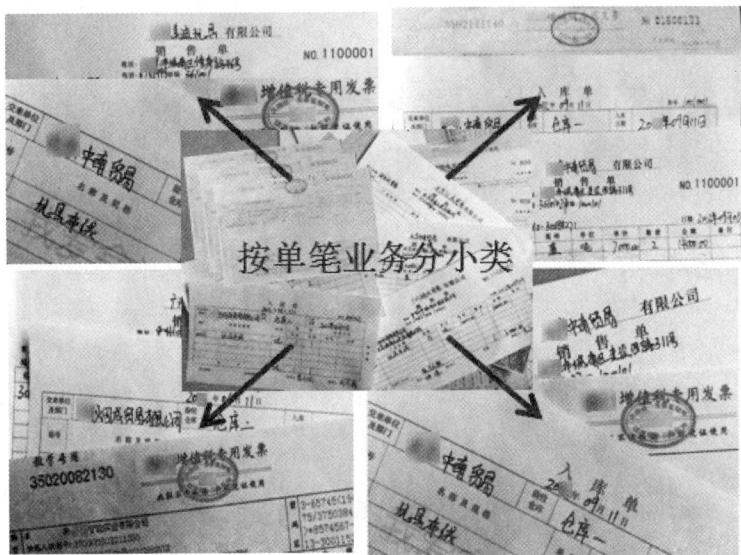

图 2-17 按单笔业务分小类

温馨提示

原始凭证按照单笔业务整理好后,用回形针夹好,再按照业务发生的时间顺序用大夹子夹在一起。业务单据较多的,也可空出一个抽屉专门存放。

二、原始凭证整理

会计将原始凭证分类完成后,为了防止原始凭证发生缺漏,且方便后期装订,还需要参照记账凭证的大小再对原始凭证进行整理。

(一)与记账凭证大小相当的原始凭证

对于付款申请单、报销单等与记账凭证大小相当的原始凭证,可以用回形针或大头针别在记账凭证后面,暂不做其他处理。

(二)远大于记账凭证的原始凭证

远大于记账凭证的原始凭证,如工资表、固定资产折旧表等,应当在填制记账凭证后,将原始凭证进行折叠处理,用回形针等别在记账凭证后面。折叠的大小以记账凭证的大小为准,还要注意折叠时在装订区域的部分(一般是左上角)要折角,以防折叠部分被装订起来,无法翻阅。

(三)远小于记账凭证的原始凭证

对于一些远小于记账凭证,且数量较多的原始凭证,如公交车票、的士发票等,要用粘贴单进行粘贴。通常一张原始凭证粘贴单上可以贴两行,每行 4～10 张原始凭证,每张原始凭证的间隔不小于 5 毫米。

温馨提示

　　实务中,常常将所有远小于记账凭证的原始凭证间隔一定距离整理在一起后,翻到背面涂上胶水或用胶棒直接粘贴在报销单据粘贴单上,以提高工作效率。

粘贴好后还应将其粘贴的原始凭证张数、金额等信息直接汇总在原始凭证粘贴单上,若粘贴单不止一张,应把每页粘贴单上的汇总金额加总后,填写在其所附的报销单等原始凭证上。

实务中,该类原始凭证往往是与资金相关的,应由出纳或报销人、付款申请人等在填制原始凭证时完成相关的整理。

温馨提示

　　实务中,可能常常遇到有些与资金相关的原始凭证直接是用订书钉在一起的,整理时应先将钉子拆掉,然后按照一定的顺序整理并粘贴。同时,会计应告知移交该单据的人员按上述整理步骤进行整理,不能直接用订书机装订。

情景案例

　　出纳下班前向会计移交了当天去银行取现的几张现金支票存根,财务经理交代助理会计要先把现金支票存根在原始凭证粘贴单上粘贴好,并进行汇总,然后再做账务处理。

　　支票也要在原始凭证粘贴单上贴好汇总吗?这让助理会计感到疑惑。企业因业务需要,可能在一天之内多次去银行取现,拿到多张现金支票存根。在接到出纳移交的现金支票存根之后,若每张支票都做一次账务处理,对于会计人员来说既加大了工作量,又浪费时间。

　　实务工作中,可以将这些支票存根直接粘贴在原始凭证粘贴单上,并将粘贴凭证的张数、金额汇总填写在原始凭证粘贴单上。

三、常见实务问题及处理

（1）问：实务中，原始凭证种类很多，是否所有的原始凭证都需要用到粘贴单粘贴呢？

答：不需要，实务工作中，只需将面积较小、数量繁多的原始凭证用粘贴单进行粘贴。

（2）问：员工报销费用时，将快递发票、汽油票、住宿发票等都贴在同一张粘贴单上，可以入账吗？

答：可以。但是为了便于后期查阅，建议报销人员在粘贴发票时，要先将各类票据重新进行分类整理，按项目用途进行粘贴，最后再汇总到该职工填写的报销单上。

（3）问：对于增值税发票等有手撕边的原始凭证，应如何处理？

答：对于增值税发票等有手撕边的原始凭证，在整理时为了防止后期装订后原始凭证发生缺漏，保证凭证装订的整洁，应先将手撕边撕掉，然后按照凭证的顺序进行整理（见图 2-18）。

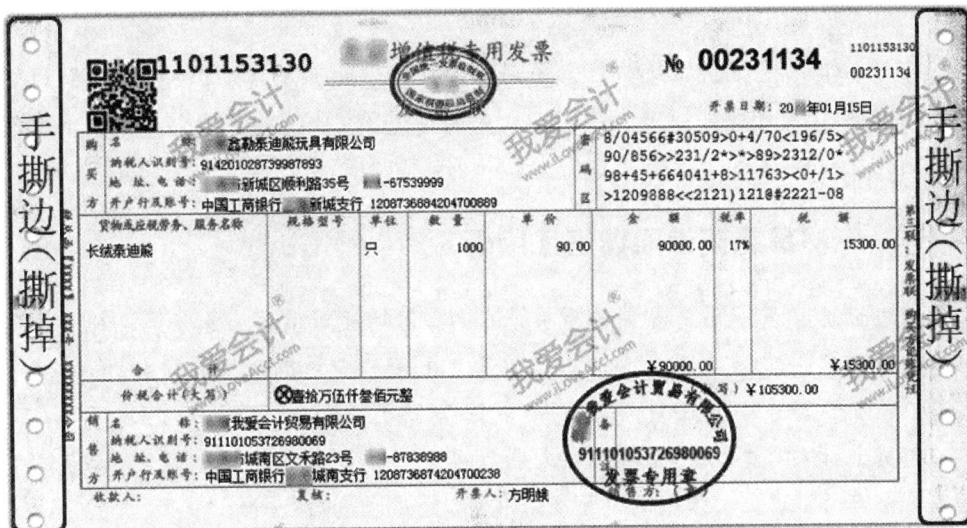

图 2-18　增值税专用发票（手撕边）

实务小结

通过以上学习我们知道，会计收到原始凭证后，应先按照其对应业务类型进行分类，再根据面积的大小进行整理。面积过小的，要用原始凭证粘贴单进行粘贴，并将其凭证数和金额汇总填写到粘贴单上。

业务 5　审核原始凭证

通过前面的学习我们知道，企业收到的原始凭证分为四类。这些凭证只有经过整理并审核无误后，才能作为会计填制记账凭证的依据。因此，会计要对收到的各类原始凭证进行审核（见图 2-19）。

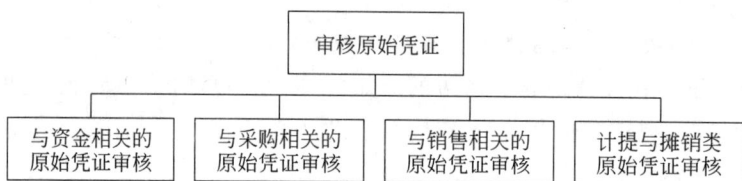

图 2-19　审核原始凭证

实务工作中，原始凭证绝大部分不是由会计直接审核的，会计不仅应掌握原始凭证的审核，而且还要向有关人员说明原始凭证的重要作用，帮助他们掌握正确审核原始凭证的方法。

一、与资金相关的原始凭证审核

如前所述，与资金业务相关的原始凭证主要包括银行结算类业务凭证和企业自制收付业务凭证，如支票、进账单、报销单等。由于这类单据在移交给会计时，已经完成了款项的支付，因此会计人员应重点把握对该类单据在付款前的审核。

与资金有关的业务中，最典型的是报销业务。下面以出纳付款前，会计审核报销单为例进行讲解。一张报销单通常需审核以下四项内容（见图 2-20）。

（1）填报日期、附件数（见图 2-20 中①处）。

（2）申请人、所属部门、报销形式（见图 2-20 中②处）。

（3）报销项目、摘要及金额（见图 2-20 中③处）。

（4）签章（见图 2-20 中④处）。

下面通过具体实例来说明审核报销单的要点。

例如，销售部员工张东钦于 2017 年 1 月 9 日报销费用，报销单所附单据为 1 张金额 500 元的增值税专用发票（住宿费），1 张金额 300 元的增值税专用发票（业务招待费）。会计人员在审核该报销单时应注意以下四个要点（见图 2-21）。

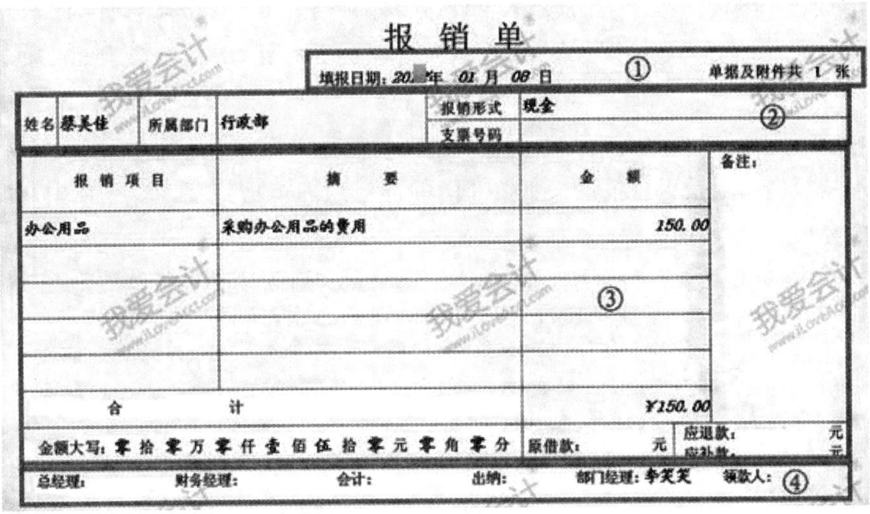
报 销 单

填报日期：20■年 01 月 08 日 ① 单据及附件共 1 张

姓名	蔡美佳	所属部门	行政部	报销形式	现金 ②
				支票号码	

报销项目	摘要	金额	备注：
办公用品	采购办公用品的费用	150.00	
		③	
合计		¥150.00	
金额大写：零拾零万零仟壹佰伍拾零元零角零分		原借款： 元	应退款： 元 应补款： 元

总经理： 财务经理： 会计： 出纳： 部门经理：李笑笑 领款人： ④

图 2-20 报销单审核的内容

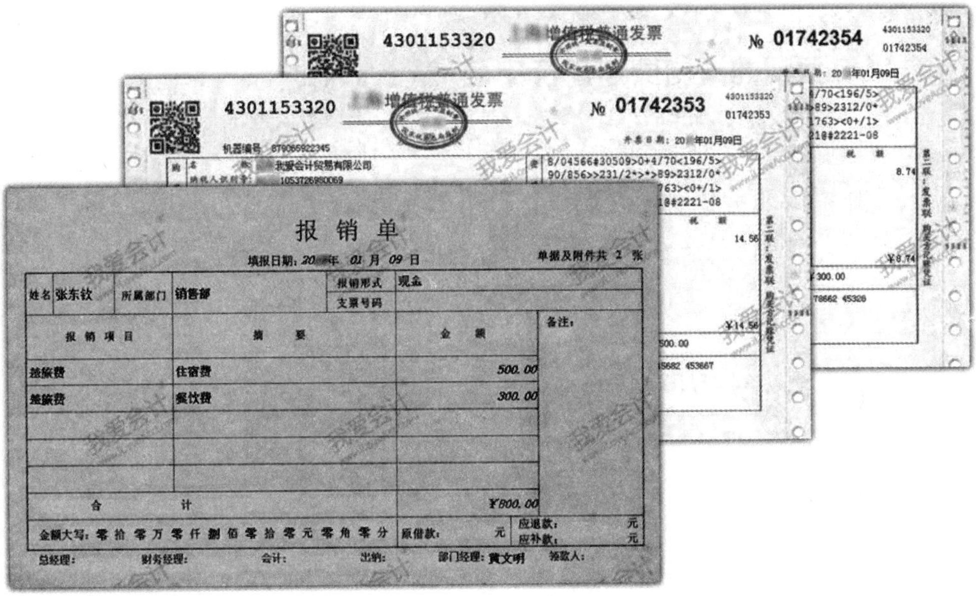
报 销 单

填报日期：20■年 01 月 09 日 单据及附件共 2 张

姓名	张东钦	所属部门	销售部	报销形式	现金
				支票号码	

报销项目	摘要	金额	备注：
差旅费	住宿费	500.00	
差旅费	餐饮费	300.00	
合计		¥800.00	
金额大写：零拾零万零仟捌佰零拾零元零角零分		原借款： 元	应退款： 元 应补款： 元

总经理： 财务经理： 会计： 出纳： 部门经理：黄文明 领款人：

图 2-21 审核报销单

1. 填报日期、附件数

本业务中，员工报销业务招待费的时间为 2017 年 1 月 9 日，故报销单上的报销日期为“2017 年 01 月 09 日”；报销单后附发票 2 张，故附件数为“2”。

2. 申请人、所属部门、报销形式

本业务中，报销人张东钦所在部门为销售部，报销形式为现金方式。

3. 报销项目、摘要及金额

报销项目和摘要简要写明该项费用即可。报销单上的大写金额要与小写金额一致,并且不得超过后附发票的金额合计数。本业务中,小写金额合计为"800 元",大写金额为"捌佰元",后附发票中的住宿费发票为 500 元,餐饮发票为 300 元,报销单上的金额"800 元"正好与发票合计金额一致。

4. 签章

审核报销单上是否有报销人所在部门的部门经理审批签字。本业务中,销售部的部门经理是"黄文明"。

此外,会计在做账务处理前还应对该报销单及其后附发票进行复核。

![温馨提示]

　　后附发票的时间与报销时间不宜相隔太久,且不得迟于报销时间。例如,报销单日期为今年 6 月,而后附发票却是去年 1 月的,因相隔时间太久一般都不允许报销;如果后附发票是今年 7 月以后的,因时间迟于报销时间,同样也不允许报销。

二、与采购相关的原始凭证审核

会计收到与采购相关的原始凭证主要分为采购业务凭证和入库业务凭证两类。其中,采购业务凭证如增值税专用发票、销售单等外来原始凭证是会计审核的重点。

下面以增值税专用发票为例进行讲解。一张增值税专用发票通常需要审核以下四项内容(见图 2-22)。

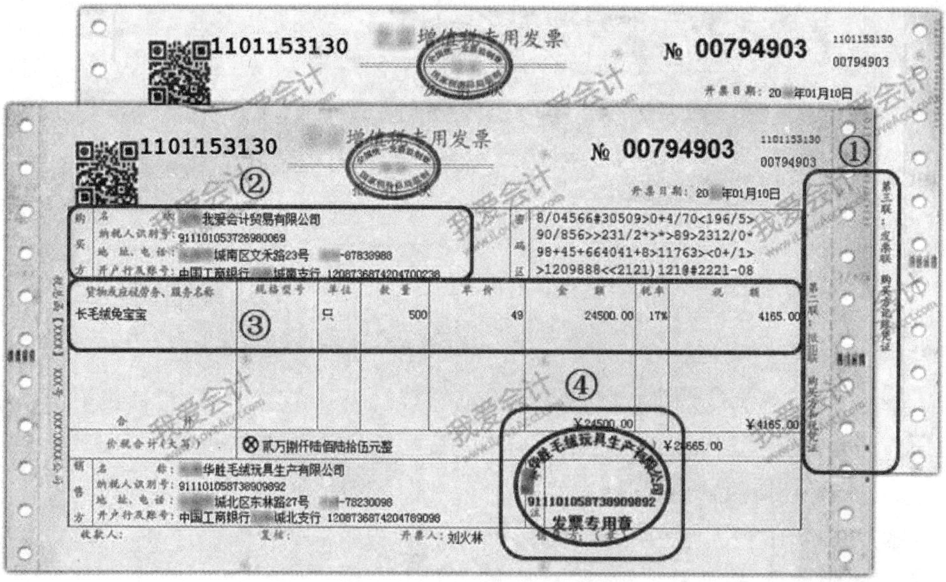

图 2-22　增值税专用发票审核的内容

（1）发票联次。

（2）购货单位信息。

（3）货物信息，包括货物或应税劳务名称、数量、单价等。

（4）发票专用章。

下面通过具体实例来说明审核增值税专用发票的要点。

例如，北京我爱会计贸易有限公司于 2017 年 1 月 10 日向北京华胜毛绒玩具生产有限公司采购一批长毛绒兔宝宝，采购金额为 28 665.00 元（含税）。北京华胜毛绒玩具生产有限公司开具增值税专用发票给北京我爱会计贸易有限公司。会计人员在审核该增值税专用发票时应注意以下四个要点。

1. 发票联次

采购时，收到增值税专用发票的联次为两联，即发票联和抵扣联（见图 2-23）。

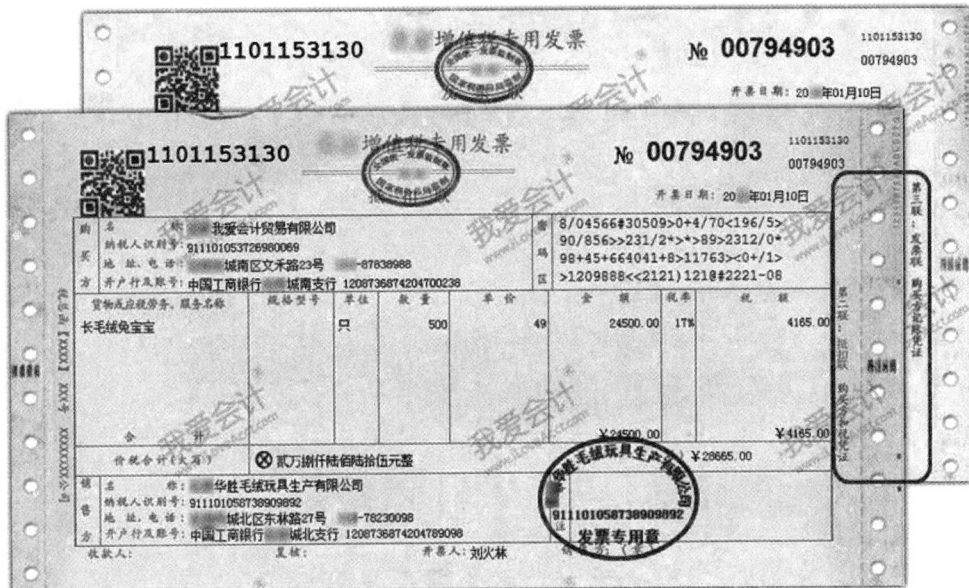

图 2-23　审核增值税专用发票的联次

2. 购货单位信息

增值税专用发票上的购货单位信息要与本企业的信息完全一致。

3. 货物信息

增值税专用发票上的货物信息要与采购合同、销售单上的信息一致（见图 2-24）。

4. 发票专用章

发票联和抵扣联都必须盖上发票专用章，且发票专用章上的公司名称、纳税人识别号要与销货单位一致（见图 2-25）。

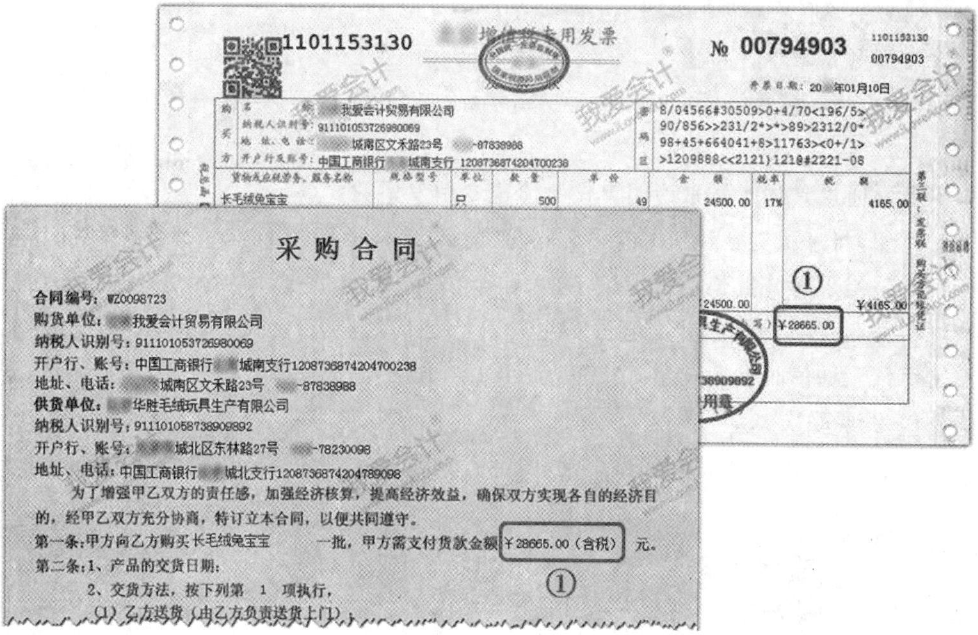

图 2-24　审核货物信息

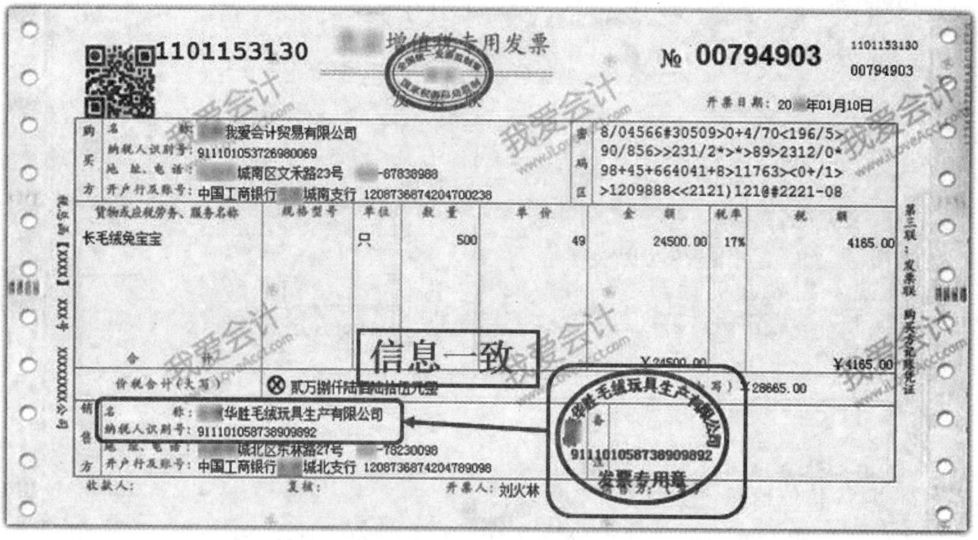

图 2-25　审核发票专用章

温馨提示

增值税专用发票密码区的密码不得超出框外,购货单位信息要与购货方企业信息完全一致,发票专用章的企业名称、纳税人识别号要与销货单位信息完全一致,否则发票认证时无法通过。

　　最后,会计还应将发票的信息与销售单、入库单相核对。采购中的销售单(或送货单)为对方所给,一般是客户联或业务联。审核销售单时,主要关注货物信息、金额、供应商信息等是否与发票一致(见图 2-26)。

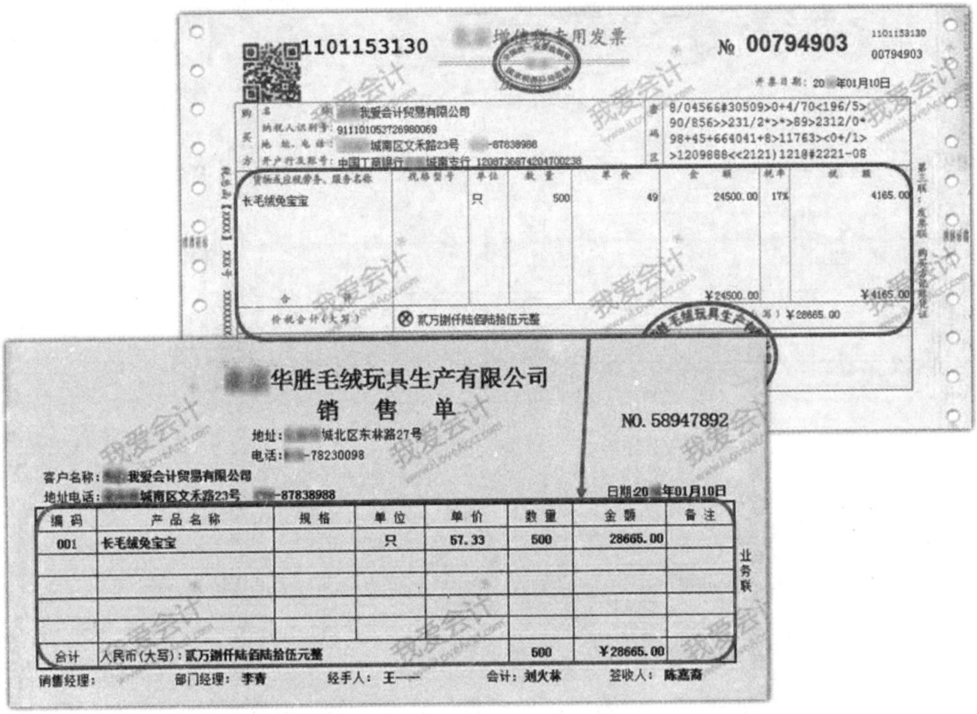

图 2-26　根据销售单审核发票

　　入库单为仓库所给,一般是会计联或财务联。审核入库单时,主要关注入库日期、交来单位、货物名称及规格、应收实收数与发票是否一致,而且有相关人员的签章(见图 2-27)。

三、与销售相关的原始凭证审核

　　如前所述,与销售相关的原始凭证包括销售业务凭证和出库业务凭证两大类。其中,增值税专用发票、销售单、出库单等是会计审核的重点,其审核方式与采购业务中原始凭证的审核基本类似。

　　下面以出库单为例进行讲解。一张出库单通常需要审核以下四项内容(见图 2-28)。

　　(1)出库日期、销售单号等。

　　(2)出货单位、提货单位或领货部门。

　　(3)货物信息:包括编号、名称及规格、单位、数量、单价、金额,其中单价、金额可不填写。

　　(4)签字栏:一般要有仓管和经办人的签名,经办人一般为销售人员。

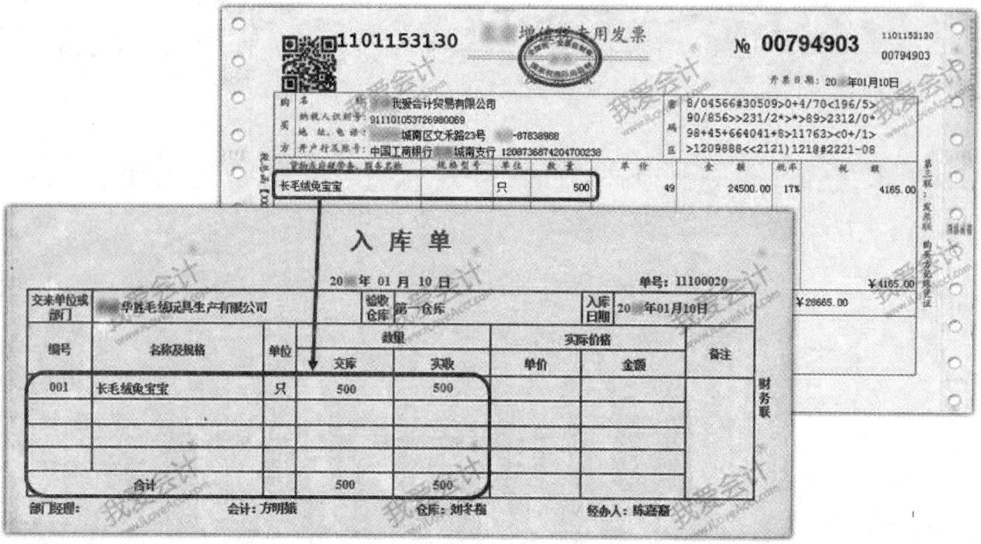

图 2-27　根据入库单审核发票

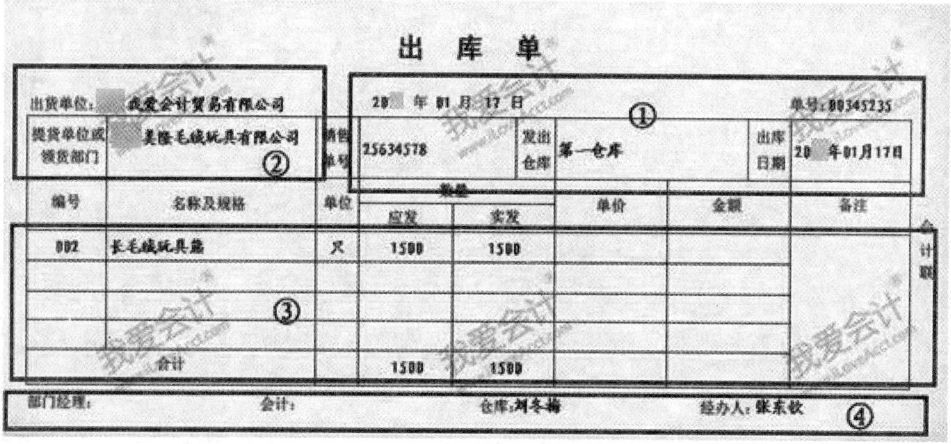

图 2-28　出库单审核要点

下面通过具体实例来说明审核出库单的要点。

例如,北京我爱会计贸易有限公司于 2017 年 1 月 17 日向北京美隆毛绒玩具有限公司出售一批长毛绒玩具熊。会计人员在审核该笔业务的出库单时应注意以下四个要点。

1. 出库日期、销售单号(见图 2-28 中①处)

出库日期即发出商品当天的日期,本业务中的出库日期为"2017 年 01 月 17 日";销售单号要与销售单的单号一致,本业务中的销售单号为"25634578"。

2. 出货单位、提货单位或领货部门(见图 2-28 中②处)

出货单位通常与本单位的名称一致,提货单位或领货部门与客户单位的名称一致。本业务中，提货单位或领货部门应填写“北京美隆毛绒玩具有限公司”（见图 2-29）。

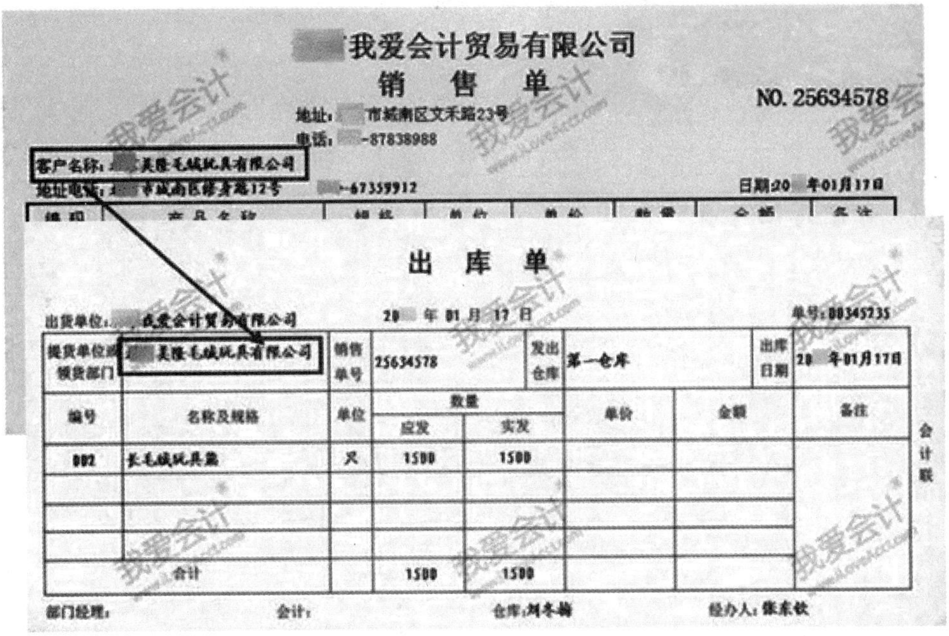

提货单位或领货部门	美隆毛绒玩具有限公司	销售单号	25634578	发出仓库	第一仓库	出库日期	20　年01月17日
编号	名称及规格	单位	数量 应发	数量 实发	单价	金额	备注
002	长毛绒玩具熊	只	1500	1500			
	合计		1500	1500			

部门经理：　会计：　仓库：刘冬梅　经办人：张东钦　会计联

图 2-29　审核客户名称

3. 货物信息（见图 2-28 中③处）

货物信息要与销售单上所载的商品名称、规格、单位、数量一致（见图 2-30）。

4. 签字栏（见图 2-28 中④处）

出库单上至少要有经办人和仓管签字。本业务中，经办人为“张东钦”，仓管为“刘冬梅”。

四、计提与摊销类原始凭证审核

实务中，计提与摊销类原始凭证主要包括成本类原始凭证和费用分配类原始凭证两大类。该类原始凭证一般是由会计人员编制的，规范性相对较好。但为了保证原始凭证数据的准确性，会计人员在账务处理前，仍需做好相应的审核工作。

下面以固定资产折旧表为例进行讲解。一张固定资产折旧表通常需要审核以下三项内容（见图 2-31）。

（1）基础信息：包括单位名称、日期、单位。

（2）表体项目：包括使用部门、设备名称、原值、折旧年限、残值、折旧方法、月折旧额、累计折旧、净值等。

（3）签字栏：制单人和复核人的签字。

下面通过具体实例来说明审核固定资产折旧表的要点。

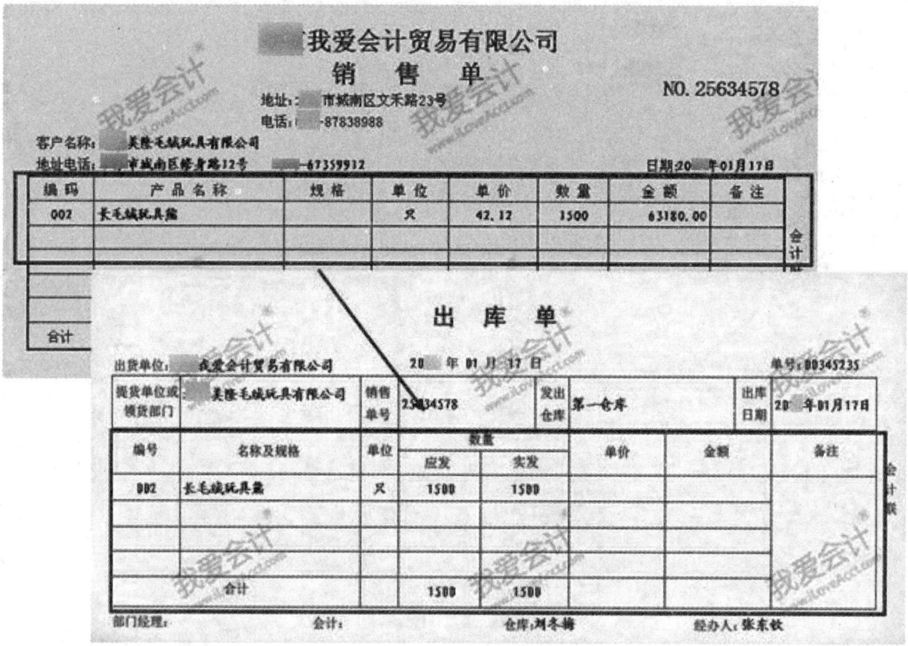

图 2-30   审核货物信息

图 2-31   固定资产折旧表审核内容

例如,北京我爱会计贸易有限公司于 2017 年 1 月 31 日计提本月固定资产的折旧,会计人员填制了固定资产折旧表。会计人员在审核该固定资产折旧表时应注意以下三个要点。

1. 基础信息

固定资产折旧表中日期通常为当月计提折旧的最后一天。本业务中的日期应为"2017 年 01 月 31 日"。

2. 表体项目

固定资产折旧表中的表体项目要与固定资产清单一致,包括使用部门、设备名称、原值等。本业务中,海尔空调的折旧年限为 5 年,联想笔记本电脑、华硕笔记本电脑和联想台式机的折旧年限均为 3 年(见图 2-32)。

固定资产清单

编制公司:我爱会计贸易有限公司　　　　日期:20　年01月31日　　　　单位:元

使用部门	设备名称	单位	数量	原值	购入日期	备注
总经办	海尔空调	台	3	15000.00	20　-10	
行政部	联想笔记本电脑	台	2	7500.00	20　-06	
财务部	华硕笔记本电脑	台	1	5100.00	20　-08	
销售部	联想台式机	台	1	4000.00	20　-08	

固定资产折旧表

单位:我爱会计贸易有限公司　　　　20　年01月31日　　　　单位:元

设备名称	使用部门	购入日期	原值	折旧方法	折旧年限	残值	月折旧额	累计折旧	净值
海尔空调	总经办	20　-10	15000.00	年限平均法	5	750.00	237.50	3562.50	11437.50
联想笔记本电脑	行政部	20　-06	7500.00	年限平均法	3	375.00	197.92	1385.44	6114.56
华硕笔记本电脑	财务部	20　-08	5100.00	年限平均法	3	255.00	134.58	672.90	4427.10
联想台式机	销售部	20　-08	4000.00	年限平均法	3	200.00	105.56	527.80	3472.20
合计			￥31600.00			￥1580.00	￥675.56	￥6148.64	￥25451.36

复核人:王丽萍　　　　　　　　　　　制单人:方明娥

图 2-32　审核表体项目

3. 签字栏

审核相关人员的签字是否齐全。本业务中,固定资产折旧表经财务经理王丽萍审核,故"复核人"处应有财务经理王丽萍签字(见图 2-33)。

固定资产折旧表

单位:我爱会计贸易有限公司　　　　20　年01月31日　　　　单位:元

设备名称	使用部门	购入日期	原值	折旧方法	折旧年限	残值	月折旧额	累计折旧	净值
海尔空调	总经办	20　-10	15000.00	年限平均法	5	750.00	237.50	3562.50	11437.50
联想笔记本电脑	行政部	20　-06	7500.00	年限平均法	3	375.00	197.92	1385.44	6114.56
华硕笔记本电脑	财务部	20　-08	5100.00	年限平均法	3	255.00	134.58	672.90	4427.10
联想台式机	销售部	20　-08	4000.00	年限平均法	3	200.00	105.56	527.80	3472.20
合计			￥31600.00			￥1580.00	￥675.56	￥6148.64	￥25451.36

复核人:王丽萍　　　　　　　　　　　制单人:方明娥

图 2-33　审核签字栏

实务小结

通过以上学习我们知道,会计进行账务处理前,应正确审核原始凭证。实务中,会计审核原始凭证的内容主要包括:与资金相关的原始凭证审核、与采购相关的原始凭证审核、与销售相关的原始凭证审核、计提与摊销类原始凭证审核。会计审核原始凭证一般有四个步骤:①看联次;②看填写内容;③看签章;④对比审核原始凭证之间的关联信息。

第三篇

记 账 凭 证

能 力 目 标

- 掌握记账凭证的填制要点；
- 掌握常见业务对应记账凭证的填制；
- 掌握记账凭证审核的基本方法；
- 掌握常见业务对应记账凭证的审核。

记账凭证是会计信息最重要的载体之一,是会计人员将原始凭证所记载信息转化为会计信息的关键所在。记账凭证的正确与否直接关系到会计信息质量的好坏。实务中,记账凭证的填制也是会计人员最主要的工作内容之一。

业务要点

会计人员对记账凭证的处理主要是从填制和审核两方面入手。

1. 填制记账凭证

会计人员应掌握记账凭证填制的要点,以及常见业务所对应记账凭证的填制,包括与资金相关的、与采购相关的、与销售相关的、计提与摊销类以及期末结转类等业务对应记账凭证的填制。

2. 审核记账凭证

会计人员应掌握审核记账凭证时的基本方法,并掌握常见业务对应记账凭证的审核,包括与资金相关的、与采购相关的、与销售相关的、计提与摊销类以及期末结转类等业务对应记账凭证的审核。

本篇的业务要点和知识要点见表 3-1。

表 3-1　业务要点和知识要点

能 力 要 点	业 务 要 点	知 识 要 点
记账凭证	填制记账凭证	与资金相关的记账凭证填制
		与采购相关的记账凭证填制
		与销售相关的记账凭证填制
		计提与摊销类记账凭证填制
		期末结转类记账凭证填制
	审核记账凭证	与资金相关的记账凭证审核
		与采购相关的记账凭证审核
		与销售相关的记账凭证审核
		计提与摊销类记账凭证审核
		期末结转类记账凭证审核

重点难点

本篇的重点难点见表 3-2。

表 3-2　重点难点

业 务 目 标	学 习 重 点	重要程度	难易程度	建议学时
填制记账凭证	常见业务对应的记账凭证的填制	★★★★☆	★★★★☆	6 课时
审核记账凭证	常见业务对应的记账凭证的审核	★★★★☆	★★★★☆	2 课时

业务6 填制记账凭证

通过前面的学习可知,记账凭证是会计人员根据审核无误的原始凭证填制的会计凭证。实务中,填制记账凭证是会计核算中最核心的环节。

一、记账凭证的填制要点

记账凭证的填制即实际工作中所说的"做账"。在填制记账凭证过程中,会计人员首先应当掌握记账凭证的填制要点。

记账凭证的填制要点包括:①填制凭证日期、编号、附件数;②填制摘要和会计分录;③签章。其中第②点是填制记账凭证的重点内容,我们将在"二、各类经济业务的处理"中结合经济业务进行详细讲解。

下面结合具体实例说明记账凭证的填制要点。

例如,北京我爱会计贸易有限公司于 2017 年 1 月 19 日提取备用金,收到现金支票存根(见图 3-1)。

会计人员在填制该笔业务的记账凭证时,要注意以下三点内容。

1. 填制凭证日期、编号、附件数

(1)凭证日期。本业务现金支票存根上的取现日期为 2017 年 01 月 19 日,会计于当天填制凭证,因此凭证日期为"2017 年 01 月 19 日"。

(2)编号。记账凭证为本月第 030 号凭证,因此编号为"记字第 030 号"凭证。

(3)附件数。本业务的附件只有一张现金支票存根联,因此附件数为"1"张。

2. 填制摘要和会计分录

(1)摘要:简要描述取现业务,本业务填写"提取备用金"。

(2)会计分录:根据现金支票存根,判断本业务是企业从中国工商银行北京城南支行取现 5 000.00 元,则增加企业"库存现金"5 000.00 元,减少"银行存款"5 000.00 元。正确的会计分录如下。

借:库存现金　　　　　　　　　　　　　　5 000.00

图 3-1　现金支票(存根)

贷：银行存款——中国工商银行北京城南支行　5 000.00

填写完会计分录后,需在金额空白栏对角画线,在"合计"栏汇总借方和贷方金额。

3. 签章

由相关人员进行签字或盖章。本业务的记账凭证由方明娥填制,故制单人为"方明娥"。

正确填制后的记账凭证见图3-2。

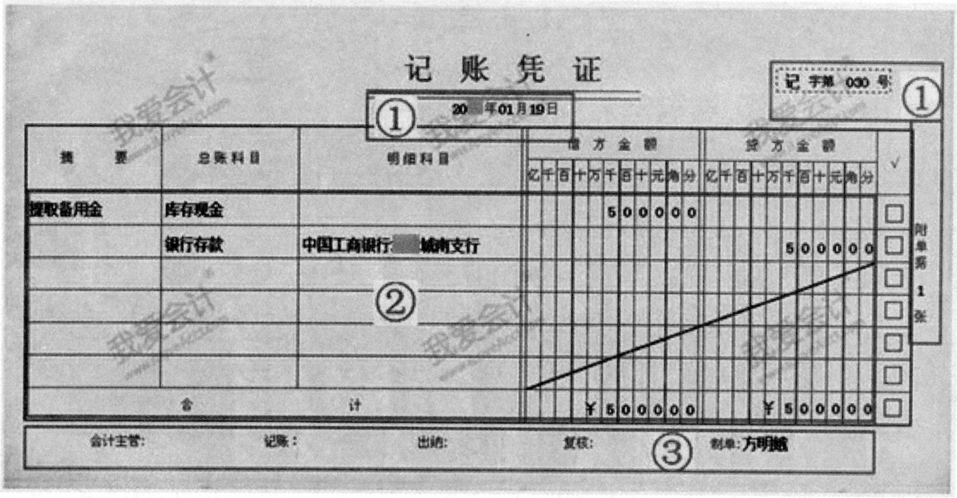

图3-2　正确填制的记账凭证

二、各类经济业务的处理

实务中,会计应将每一期需要处理的经济业务进行分类(见图3-3)。

图3-3　填制记账凭证

会计在对这些经济业务进行处理,填制记账凭证时,通常需要做好两个事项:一是根据原始凭证或相关资料判断经济业务;二是正确填制记账凭证。下面针对以上五类经济业务进行详细阐述。

（一）与资金相关的业务处理

企业发生的与资金相关的经济业务（如收款、付款、发放工资等），会计通常会收到如收款收据、银行回单等原始凭证，编制记账凭证时分为两步。

1. 根据收到原始凭证判断经济业务类型

（1）现金业务或银行存款业务。根据收到的收款收据、银行回单等原始凭证判断：收款收据一般涉及现金业务，银行回单一般涉及银行存款业务。

（2）收款或付款业务。根据原始凭证中的收款人或付款人判断：一般情况下，收款人是本企业或付款人为其他企业的为收款业务，收款人是其他企业或付款人是本企业的为付款业务。

2. 根据经济业务编制记账凭证

（1）一般收付业务的账务处理

收款业务一般借记“库存现金/银行存款”等科目，贷记“应收账款/其他应收款”等科目；付款业务一般借记“应付账款/管理费用”等科目；贷记“库存现金/银行存款”等科目。

下面举例说明一般收付业务的账务处理流程。

例如，北京我爱会计贸易有限公司于 2017 年 1 月 15 日收到员工赖峰荣交来的一笔押金，会计收到出纳交来的收款收据（见图 3-4），请根据背景材料做出账务处理。

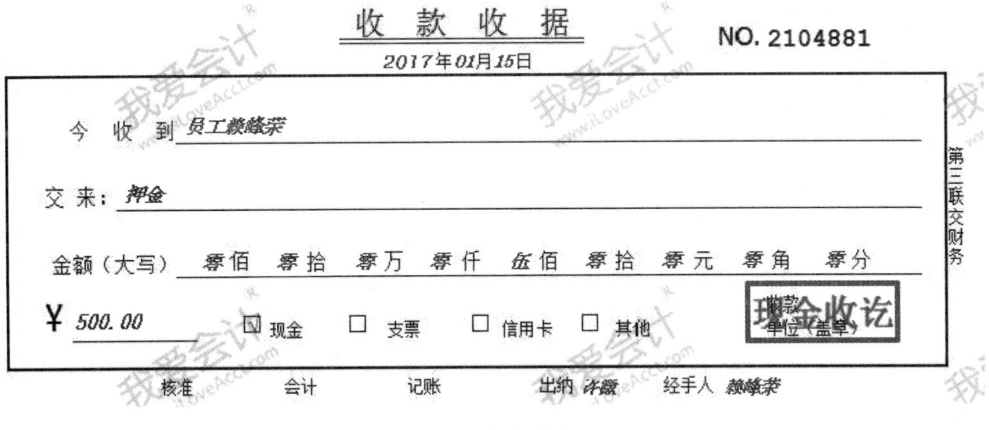
收 款 收 据　　NO. 2104881

2017年01月15日

今 收 到 员工赖峰荣

交 来：押金

金额（大写） 零佰 零拾 零万 零仟 伍佰 零拾 零元 零角 零分

¥ 500.00　☑现金　□支票　□信用卡　□其他　收款单位（盖章） 现金收讫

第三联交财务

核准　会计　记账　出纳 许薇　经手人 赖峰荣

图 3-4 收款收据

（1）会计收到收款收据后应判断经济业务类型。根据收款收据上所载经济事项“收到员工赖峰荣押金”，可判断收款单位为本企业，因此该经济业务为现金收款业务。

（2）编制记账凭证时，可根据具体经济业务填写日期、摘要、附件数等信息，并作出现金收款的账务处理(见图 3-5)。

借：库存现金　　　　　　　　　　　　　　(收款收据金额)

　贷：其他应付款——赖峰荣　　　　　　　　(收款收据金额)

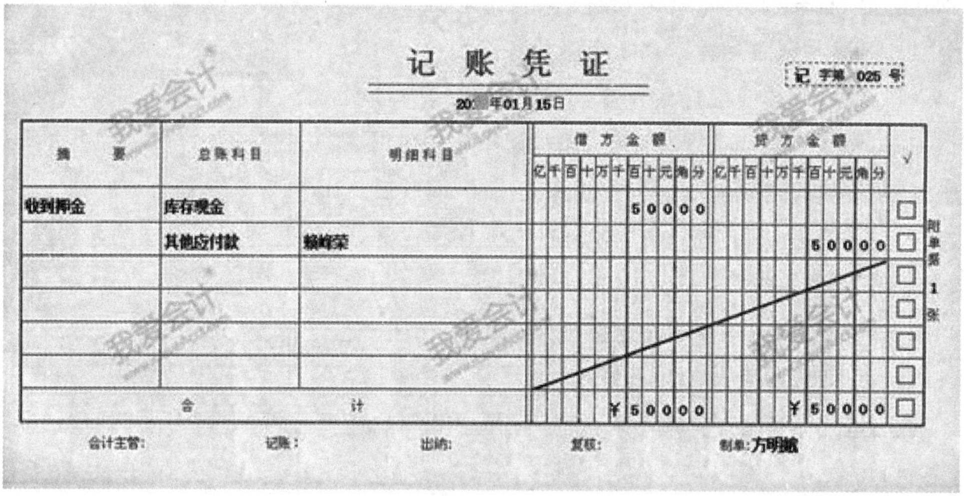

记账凭证

记 字第 025 号

20□□年01月15日

摘要	总账科目	明细科目	借方金额	贷方金额	√
收到押金	库存现金		50000		
	其他应付款	赖峰荣		50000	
合计			￥50000	￥50000	

附单据 1 张

会计主管：　记账：　出纳：　复核：　制单：方明

图 3-5　记账凭证(现金收款)

(2) 特殊付款业务的账务处理

① 发放职工薪酬。发放职工薪酬分为现金发放和银行存款发放。现金发放时，企业收到的原始凭证一般只有工资明细表和工资汇总表，其中工资明细表有职工签字，且盖有现金付讫章；银行存款发放时，企业收到的银行回单中的收款单位一般为本企业，但也作付款业务处理。

发放职工薪酬的账务处理需要注意两点。第一，借方要冲减“应付职工薪酬——工资”；第二，贷方包括实际发给员工的钱、代扣的社保费(个人应缴纳部分)、代扣的住房公积金(个人应缴纳部分)以及代扣的个人所得税。代扣个人社会保险费、住房公积金通过“其他应收款——代扣个人社保费/代扣个人住房公积金”核算；代扣个人所得税通过“应交税费——应交个人所得税”核算。

企业发放职工薪酬时，应根据工资汇总表进行账务处理(见图 3-6)。

借：应付职工薪酬——工资　　　　　　　　(应付工资合计数)

　贷：其他应收款——代扣个人社保费　　　　(个人应缴社保费合计数)

　　　其他应收款——代扣个人住房公积金　(个人应缴住房公积金合计数)

　　　应交税费——应交个人所得税　　　　(个人所得税合计数)

　　　银行存款——中国工商银行城南支行　(银行实际发放的工资金额)

② 缴纳社保费、住房公积金、个人所得税。实务工作中，企业缴纳社保费、住房公积金及个人所得税后，会收到电子缴税付款凭证等相关付款凭证，会计应做出相

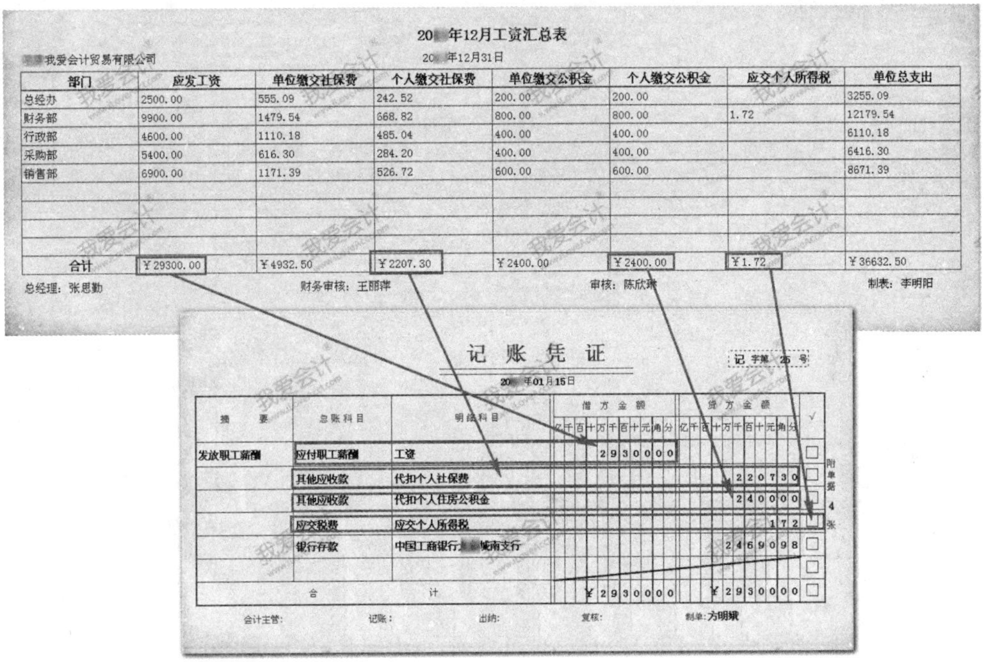

20 年12月工资汇总表

我爱会计贸易有限公司　　20 年12月31日

部门	应发工资	单位缴交社保费	个人缴交社保费	单位缴交公积金	个人缴交公积金	应交个人所得税	单位总支出
总经办	2500.00	555.09	242.52	200.00	200.00		3255.09
财务部	9900.00	1479.54	668.82	800.00	800.00	1.72	12179.54
行政部	4600.00	1110.18	485.04	400.00	400.00		6110.18
采购部	5400.00	616.30	284.20	400.00	400.00		6416.30
销售部	6900.00	1171.39	526.72	600.00	600.00		8671.39
合计	￥29300.00	￥4932.50	￥2207.30	￥2400.00	￥2400.00	￥1.72	￥36632.50

总经理：张思勤　　财务审核：王丽萍　　审核：陈欣琳　　制表：李明阳

记账凭证

记 字第 25 号

20 年01月15日

摘要	总账科目	明细科目	借方金额（亿千百十万千百十元角分）	贷方金额（亿千百十万千百十元角分）	√
发放职工薪酬	应付职工薪酬	工资	2930000		
	其他应收款	代扣个人社保费		220730	
	其他应收款	代扣个人住房公积金		240000	
	应交税费	应交个人所得税		172	
	银行存款	中国工商银行 城南支行		2469098	
合计			￥2930000	￥2930000	

附单据 4 张

会计主管：　　记账：　　出纳：　　复核：　　制单：方明娥

图 3-6　发放职工薪酬的账务处理

应的账务处理。

企业缴纳社保费包括企业部分和个人部分。企业为职工缴纳的社保费通过“应付职工薪酬——社保费”核算，代扣代缴个人部分的社保费通过“其他应收款——代扣个人社保费”核算。

缴纳社会保险费时，应根据社保费明细及电子缴税付款凭证进行账务处理（见图 3-7）。

借：应付职工薪酬——社保费　　　　（社保费明细表中企业应缴纳的部分）

　　其他应收款——代扣个人社保费　（社保费明细表中个人应缴纳的部分）

　　贷：银行存款——中国工商银行城南支行　（电子缴税付款凭证中社保费总额）

企业缴纳住房公积金包括企业部分和个人部分，一般情况下企业和个人缴纳比例相同（各占 50%）。企业为职工缴纳的住房公积金通过“应付职工薪酬——住房公积金”核算，代扣代缴个人部分的住房公积金通过“其他应收款——代扣个人住房公积金”核算。缴纳住房公积金的账务处理方法与缴纳社保费类似，不再赘述。

企业代扣代缴的个人所得税通过“应交税费——应交个人所得税”核算。收到电子缴税付款凭证等付款凭证时，借记“应交税费——应交个人所得税”；贷记“银行存款”。

③ 缴纳税费。企业除了要缴纳社保费、住房公积金等之外，还需要缴纳相关税费，如增值税、附加税、企业所得税、印花税等，缴纳完后也会收到电子缴税付款凭证

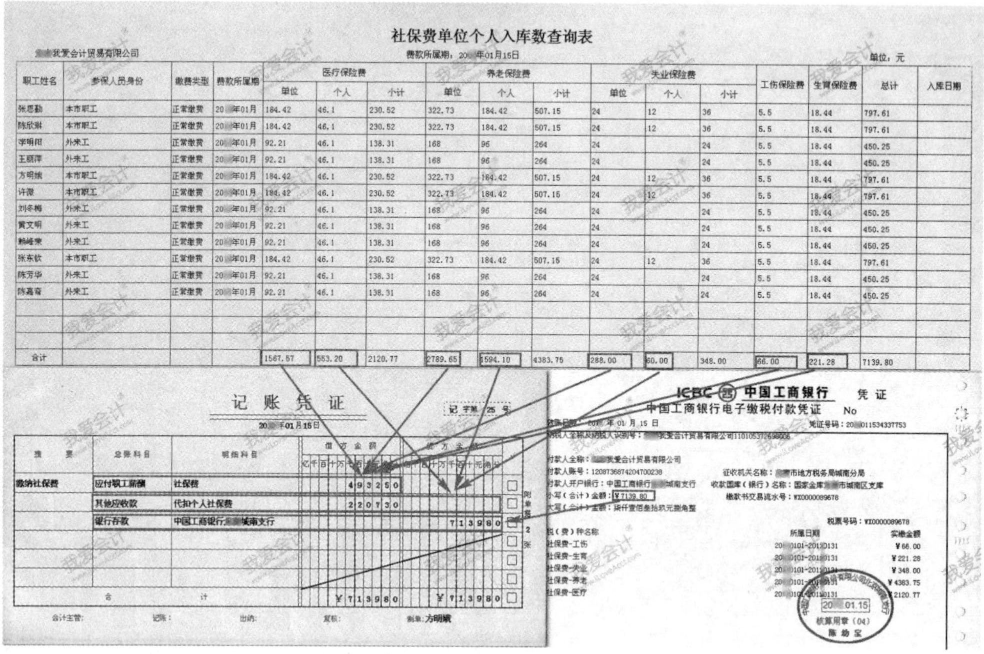

社保费单位个人入库数查询表

我爱会计贸易有限公司　　费款所属期：20年01月15日　　单位：元

职工姓名	参保人员身份	缴费类型	费款所属期	医疗保险费			养老保险费			失业保险费			工伤保险费	生育保险费	总计	入库日期
				单位	个人	小计	单位	个人	小计	单位	个人	小计				
张思勤	本市职工	正常缴费	20年01月	184.42	46.1	230.52	322.73	184.42	507.15	24	12	36	5.5	18.44	797.61	
陈欣琳	本市职工	正常缴费	20年01月	184.42	46.1	230.52	322.73	184.42	507.15	24	12	36	5.5	18.44	797.61	
李明阳	外来工	正常缴费	20年01月	92.21	46.1	138.31	168	96	264	24		24	5.5	18.44	450.25	
王丽萍	外来工	正常缴费	20年01月	92.21	46.1	138.31	168	96	264	24		24	5.5	18.44	450.25	
方明娥	本市职工	正常缴费	20年01月	184.42	46.1	230.52	322.73	184.42	507.15	24	12	36	5.5	18.44	797.61	
许微	本市职工	正常缴费	20年01月	184.42	46.1	230.52	322.73	184.42	507.15	24	12	36	5.5	18.44	797.61	
刘冬梅	外来工	正常缴费	20年01月	92.21	46.1	138.31	168	96	264	24		24	5.5	18.44	450.25	
黄文明	外来工	正常缴费	20年01月	92.21	46.1	138.31	168	96	264	24		24	5.5	18.44	450.25	
赖峰荣	外来工	正常缴费	20年01月	92.21	46.1	138.31	168	96	264	24		24	5.5	18.44	450.25	
张东钦	本市职工	正常缴费	20年01月	184.42	46.1	230.52	322.73	184.42	507.15	24	12	36	5.5	18.44	797.61	
陈芳华	外来工	正常缴费	20年01月	92.21	46.1	138.31	168	96	264	24		24	5.5	18.44	450.25	
陈嘉裔	外来工	正常缴费	20年01月	92.21	46.1	138.31	168	96	264	24		24	5.5	18.44	450.25	
合计				1567.57	553.20	2120.77	2789.65	1594.10	4383.75	288.00	60.00	348.00	66.00	221.28	7139.80	

记账凭证

记字第 25 号

20年01月15日

摘要	总账科目	明细科目	借方金额	贷方金额	√
缴纳社保费	应付职工薪酬	社保费	493250		
	其他应收款	代扣个人社保费	220730		
	银行存款	中国工商银行城南支行		713980	
合计			￥713980	￥713980	

附单据 2 张

会计主管：　记账：　出纳：　复核：　制单：方明娥

ICBC 中国工商银行　凭证

中国工商银行电子缴税付款凭证　No

转账日期：20年01月15日　凭证号码：20011534337753

纳税人全称及纳税人识别号：我爱会计贸易有限公司110105372698008

付款人全称：我爱会计贸易有限公司

付款人账号：1208736874204700238　征收机关名称：市地方税务局城南分局

付款人开户银行：中国工商银行城南支行　收款国库（银行）名称：国家金库市城南区支库

小写（合计）金额：￥7139.80　缴款书交易流水号：WX0000089678

大写（合计）金额：柒仟壹佰叁拾玖元捌角整

税票号码：WX0000089678

税（费）种名称	所属日期	实缴金额
社保费-工伤	20 0101-20 0131	￥66.00
社保费-生育	20 0101-20 0131	￥221.28
社保费-失业	20 0101-20 0131	￥348.00
社保费-养老	20 0101-20 0131	￥4383.75
社保费-医疗	20 0101-20 0131	￥2120.77

20 01.15　核算用章（04）　陈劲宝

图 3-7　缴纳社保费的账务处理

等付款凭证。账务处理时，缴纳增值税通过“应交税费——未交增值税”核算；缴纳附加税通过“应交税费——应交城市维护建设税/应交教育费附加/应交地方教育费附加”核算；缴纳企业所得税通过“应交税费——应交所得税”核算。特别需要注意的是，缴纳印花税通过“管理费用”科目核算。

企业缴纳增值税，应根据电子缴税付款凭证进行账务处理（见图 3-8）。

借：应交税费——未交增值税　　　　（电子缴税付款凭证缴税金额）

　贷：银行存款——中国工商银行城南支行　　　　（电子缴税付款凭证缴税金额）

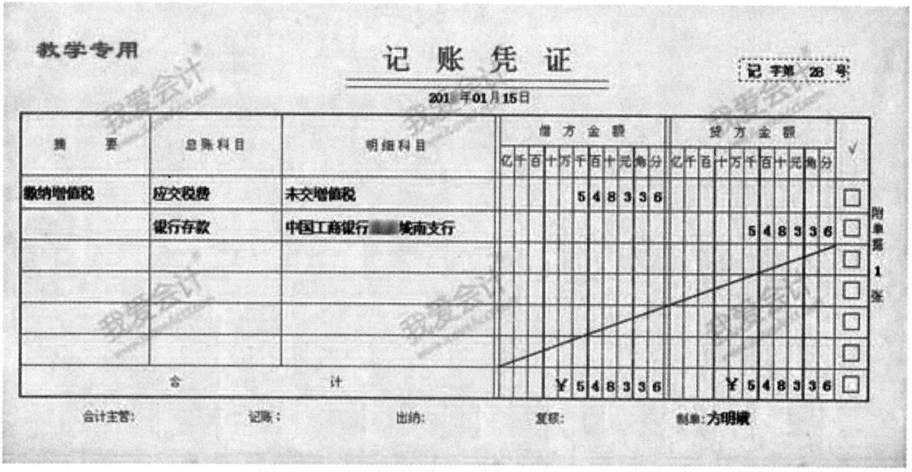

教学专用

记账凭证

记字第 28 号

201 年01月15日

摘要	总账科目	明细科目	借方金额	贷方金额	√
缴纳增值税	应交税费	未交增值税	548336		
	银行存款	中国工商银行城南支行		548336	
合计			￥548336	￥548336	

附单据 1 张

会计主管：　记账：　出纳：　复核：　制单：方明娥

图 3-8　缴纳增值税的账务处理

（二）与采购相关的业务处理

企业的日常采购活动主要涉及采购成本、采购税费、采购运费的核算，会计通常会收到供应商、运输公司开具的发票、销售单等原始凭证。会计人员填制记账凭证时应分两步。

1. 根据收到的原始凭证判断经济业务

企业收到购货单位（收货单位或客户名称）为本企业、销货单位（发货单位或交货单位）为其他企业的销售单和发票等原始凭证，可判定为采购业务。

2. 根据不同发票类型编制记账凭证

（1）收到增值税专用发票的账务处理

采购业务中收到增值税专用发票，应将不含税金额作为商品的购入成本，借记"库存商品"科目；按税额借记"应交税费——应交增值税（进项税额）"；按价税合计金额贷记"应付账款/银行存款"等科目。

例如，北京我爱会计贸易有限公司于 2017 年 1 月 10 日向北京华胜毛绒玩具生产有限公司采购长毛绒兔宝宝一批，收到对方开具的增值税专用发票（见图 3-9）、销售单（见图 3-10），商品已验收入库，收到仓库交来的入库单（见图 3-11），请会计方明娥根据背景材料做出账务处理。

图 3-9　增值税专用发票

首先，增值税专用发票和销售单中的购货单位、客户名称为本企业，入库单中的交货部门为其他企业，会计据此可判定此业务为采购业务，且商品已入库。

图 3-10　销售单

图 3-11　入库单

其次,由于还没有收到与资金相关的凭证,且没有预付过该笔货款,会计据此可判断该笔采购款项尚未支付。

最后,会计应根据审核无误的增值税专用发票(见图 3-9)做出账务处理。

借:库存商品——长毛绒兔宝宝　　　　　　　　(发票上不含税金额)

　　应交税费——应交增值税(进项税额)　　　　(发票上税额)

　　贷:应付账款——北京华胜毛绒玩具生产有限公司 (发票上价税合计总金额)

(2)收到增值税普通发票的账务处理

企业采购过程中,收到增值税普通发票与收到增值税专用发票的账务处理的主要区别在于:商品采购成本是增值税普通发票中的价税合计金额;由于增值税普通发票不能进行进项税额抵扣,所以发票所列税额无须计入"应交税费—应交增值税—进项税额"。会计分录为:借记"库存商品"等科目,贷记"应付账款/银行存款"等科目。

会计填制记账凭证时,应根据增值税普通发票(见图 3-12)进行账务处理。

借:库存商品——毛绒笔袋　　　　　　　　　　　3 276.00

　　　　　　　　　　　　　　　　　　　　　(发票上价税合计金额)

　贷:应付账款——新品毛绒文具生产有限公司　　3 276.00

　　　　　　　　　　　　　　　　　　　　　(发票上价税合计金额)

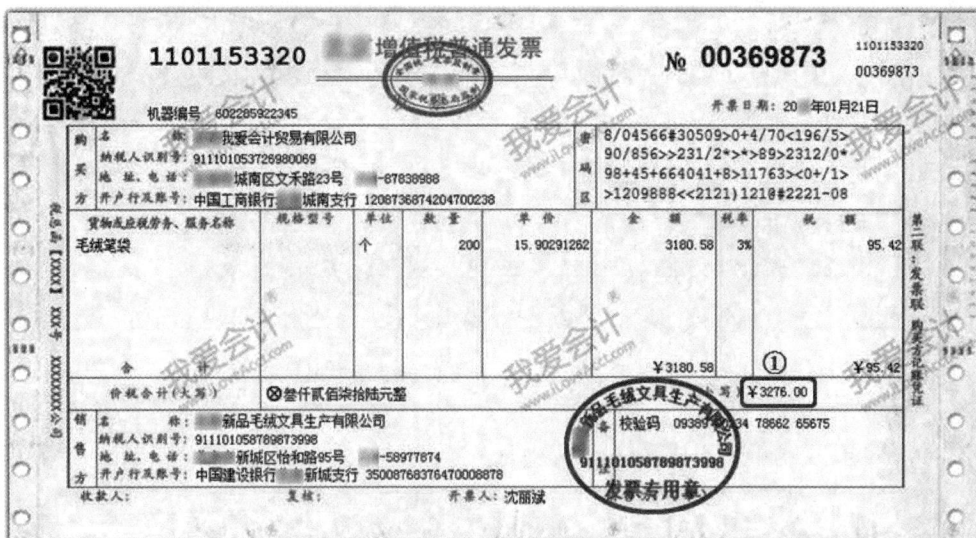

图 3-12　增值税普通发票

(3) 收到运输业专用发票的账务处理

企业支付的采购运费,可计入相关采购成本。对于商贸企业运费金额较小的,也可直接计入"销售费用——运输费"。

企业收到运输业专用发票,如货物运输业增值税专用发票,可按发票上所载运费不含税金额,借记"库存商品"科目;按发票所载税额,借记"应交税费——应交增值税(进项税额)";按运费总额,贷记"银行存款/库存现金"等科目。

对于商贸企业金额较小的运输费用,可按照发票上所载运费不含税金额,借记"销售费用";按发票所载税额,借记"应交税费——应交增值税(进项税额)";按运费总额贷记"银行存款/库存现金"等科目。

商贸企业收到金额较小的货物运输业增值税专用发票,可根据发票和报销单(见图 3-13 和图 3-14)进行账务处理。

借:销售费用——运输费　　　　　　　　　　(发票上不含税金额)

　　应交税费——应交增值税(进项税额)　　　(发票上税额)

　贷:库存现金　　　　　　　　　　　　　　(现金支付的发票金额)

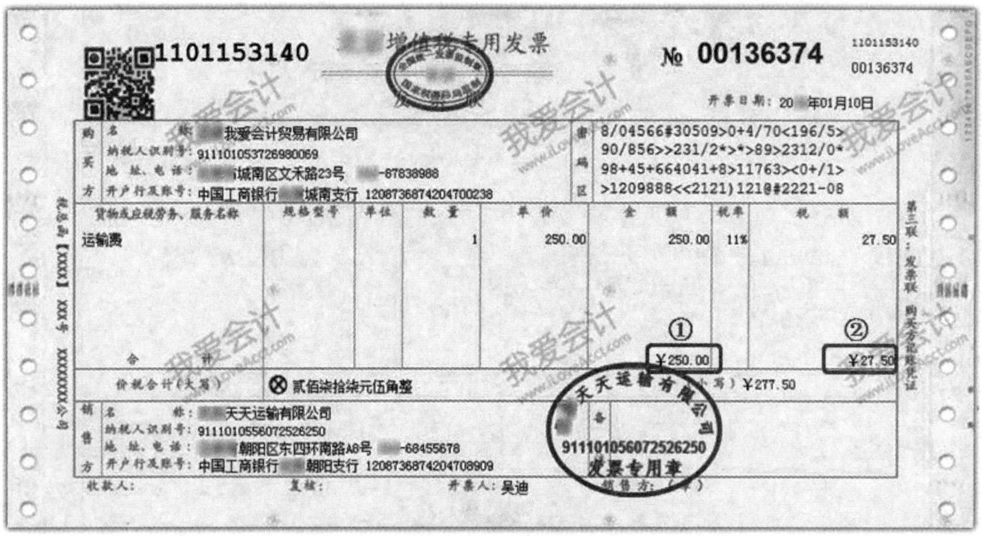

1101153140 增值税专用发票 № 00136374

1101153140
00136374

开票日期：20 年01月10日

购买方	名称：我爱会计贸易有限公司 纳税人识别号：911101053726980069 地址、电话：城南区文禾路23号 -67838988 开户行及账号：中国工商银行城南支行 1208736874204700238	密码区	8/04566#30509>0+4/70<196/5> 90/856>>231/2*>*>89>2312/0* 98+45+664041+8>11763><0+/1> >1209888<<2121)121@#2221-08

货物或应税劳务、服务名称	规格型号	单位	数量	单价	金额	税率	税额
运输费			1	250.00	250.00	11%	27.50
合计					① ¥250.00		② ¥27.50
价税合计（大写）	⊗贰佰柒拾柒元伍角整				（小写）¥277.50		

销售方	名称：天天运输有限公司 纳税人识别号：91110105560725262 50 地址、电话：朝阳区东四环南路A8号 -68455678 开户行及账号：中国工商银行朝阳支行 1208736874204708909	备注	天天运输有限公司 91110105607252625 0 发票专用章

收款人： 复核： 开票人：吴迪 销售方：（章）

第三联：发票联 购买方记账凭证

图 3-13　货物运输业增值税专用发票

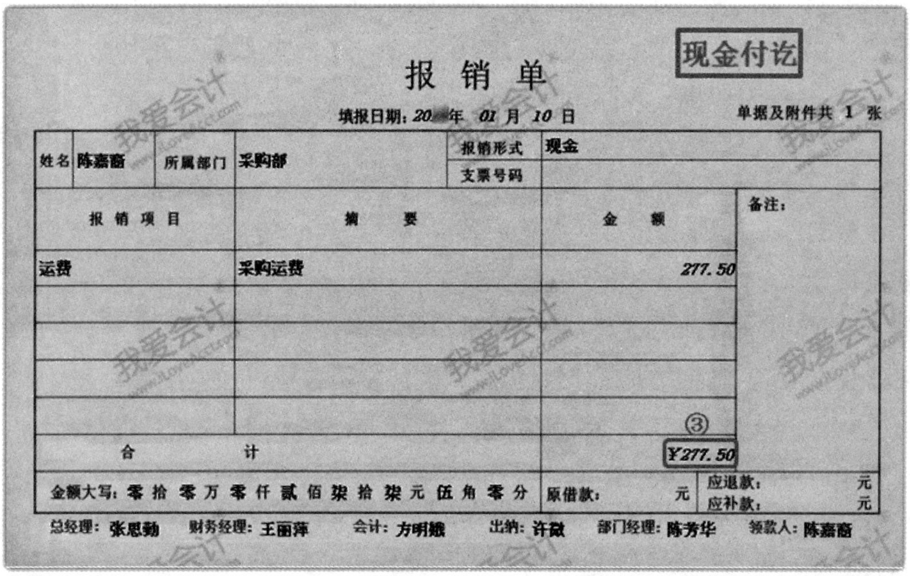

报销单

现金付讫

填报日期：20 年 01 月 10 日　　单据及附件共 1 张

姓名	陈嘉嵛	所属部门	采购部	报销形式	现金
				支票号码	

报销项目	摘要	金额	备注：
运费	采购运费	277.50	
合计		③ ¥277.50	
金额大写：零 拾 零 万 零 仟 贰 佰 柒 拾 柒 元 伍 角 零 分		原借款： 元	应退款： 元 应补款： 元

总经理：张思勤　财务经理：王丽萍　会计：方明娥　出纳：许薇　部门经理：陈芳华　领款人：陈嘉嵛

图 3-14　报销单

温馨提示

(1)企业发生采购业务,只有存在可抵扣的进项税额,如收到增值税专用发票时,税额才能记入"应交税费——应交增值税(进项税额)"。

(2)企业发生的采购业务,应根据不同的经济业务类型选择会计科目。例如,企业采购计算机、空调等固定资产,应通过"固定资产"科目进行核算。

(三)与销售相关的业务处理

销售业务主要核算企业商品销售过程中的销售收入、销项税额以及销售成本的结转。会计收到发票、销售单等原始凭证,编制记账凭证时可分为两步。

1. 根据原始凭证判断经济业务

企业收到销货单位为本企业、购货单位(客户名称)为其他企业的发票和销售单等原始凭证,可判定为销售业务。

2. 根据经济业务编制记账凭证

(1)销售收入的账务处理

一般纳税人企业销售商品,无论是开出增值税专用发票还是增值税普通发票,都应将增值税发票所载的不含税金额计入"主营业务收入";发票所载税额计入"应交税费——应交增值税(销项税额)"。

例如,北京我爱会计贸易有限公司于 2017 年 1 月 15 日销售一批长绒泰迪熊玩具给上海鑫勒泰迪熊玩具有限公司,开具增值税专用发票(见图 3-15)和销售单(见图 3-16),请会计方明娥做出账务处理。

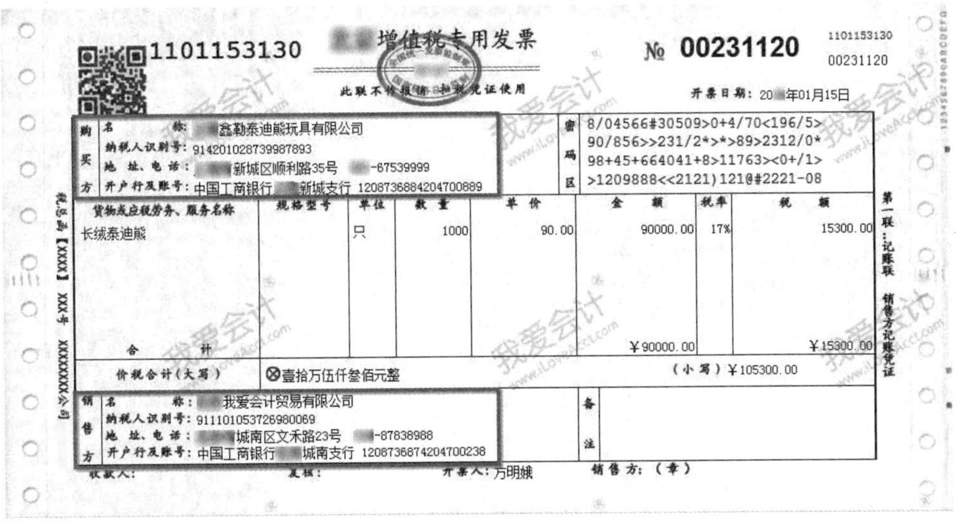

图 3-15 增值税专用发票

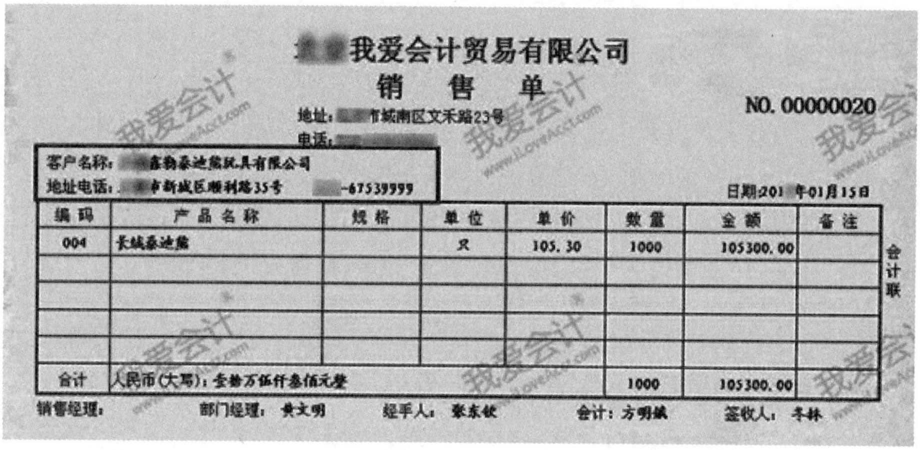

图 3-16　销售单

首先,增值税专用发票和销售单中的销货单位为本企业,购货单位(客户名称)为其他企业,会计据此可判断此业务为销售业务。

其次,会计没有收到与资金相关的凭证,据此可判断销售款项尚未收到。

最后,会计应根据审核无误的增值税专用发票做出账务处理(见图 3-17)。

借:应收账款——上海鑫勒泰迪熊玩具有限公司　　　(发票上价税合计金额)

　贷:主营业务收入　　　　　　　　　　　　　　(发票上不含税金额)

　　　应交税费——应交增值税(销项税额)　　　　(发票上税额)

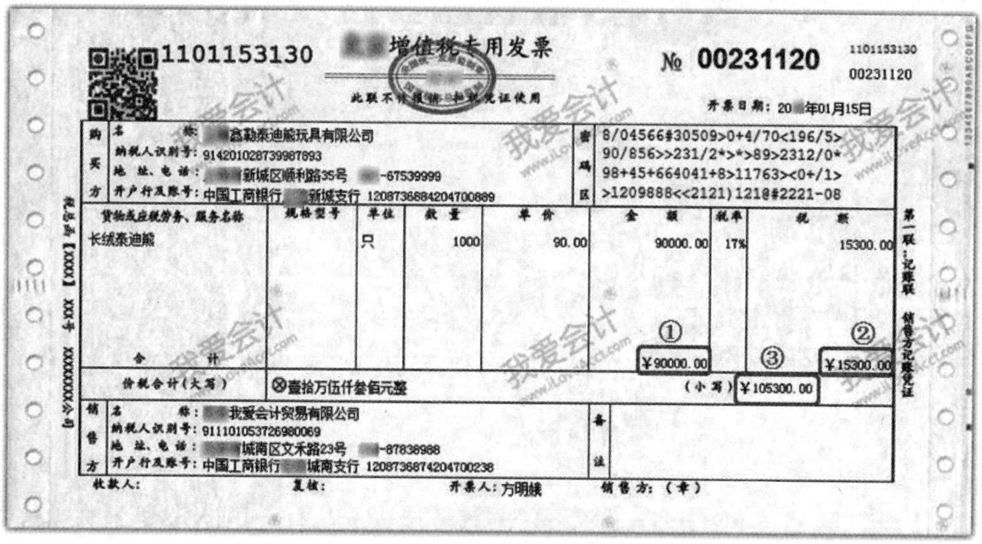

图 3-17　销售业务的账务处理

(2)销售成本的账务处理

结转销售成本时,会计根据收到的出库单判断商品已经发出,销售业务已经成立,则可以根据销售商品的采购发票(复印件)做账务处理。会计分录为:借记"主营业务成本",贷记"库存商品"。

会计应根据收到的出库单,结合发出商品的采购发票(复印件)(见图 3-18),结转商品销售成本。

借:主营业务成本——毛绒笔袋　　(增值税专用发票复印件上不含税金额)
　　贷:库存商品——毛绒笔袋　　(增值税专用发票复印件上不含税金额)

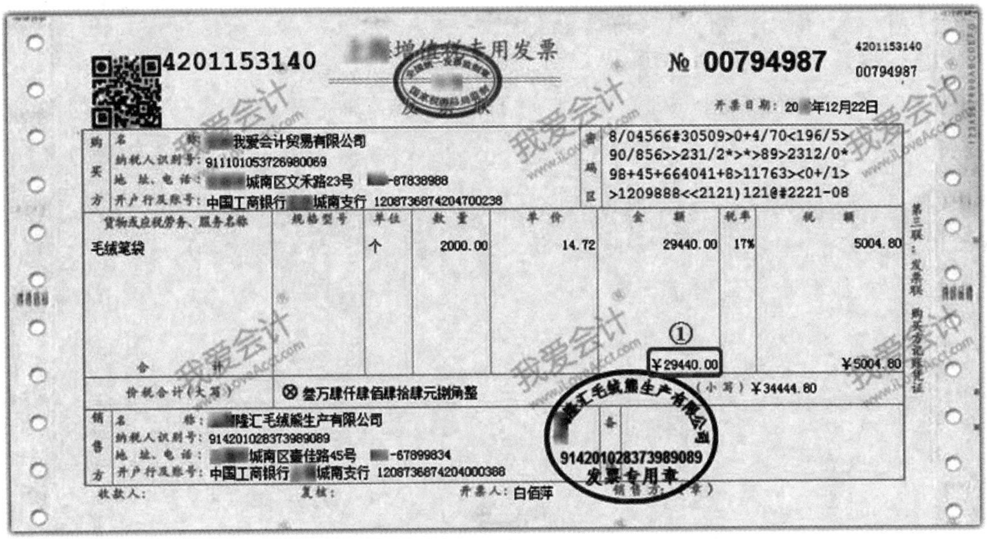

图 3-18　增值税专用发票(复印件)

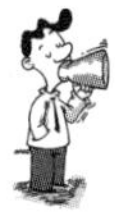

温馨提示

实务中,如果能准确找到与销售货物对应的采购发票,可以直接以该发票的复印件为附件做账。但是因为核算方法有差异,常常无法找到对应的采购发票,这时应在月末编制销售商品成本计算表,并据以结转成本。

编制时,首先将月初结存的商品数量和金额、本月购进商品的数量和金额填入表中;其次根据公式"本月发生商品单价=(库存商品月初金额+本期购进商品金额)/(月初商品数量+本月购进商品数量)"计算发出商品单价;再次,根据公式"本月销售成本=本月发出商品单价×销售数量",结合出库单的数量,计算出本月销售成本;最后结出月末结存商品的数量与金额。

(四)计提与摊销类业务处理

计提与摊销的业务处理主要包括计提职工薪酬、计提折旧、计提应交税费、摊销等业务的处理。

1. 计提职工薪酬

对大多数的企业而言,工资一般都是在次月发放。按照权责发生制的要求,会计月末应对当月的工资进行计提。

计提职工薪酬应根据人事行政部门提供的工资明细表及工资汇总表做出账务处理。根据工资汇总表上的职工薪酬项目,按照部门确定费用归属:销售部门的工资、社保费、住房公积金,借记"销售费用——工资/社保费/住房公积金";其他部门的工资、社保费、住房公积金,借记"管理费用——工资/社保费/住房公积金"等。同时,根据企业应支付的工资、社保费、住房公积金总额,贷记"应付职工薪酬——工资/社保费/住房公积金"。

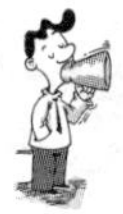

温馨提示

实务中,由于工资明细表记载的是工资的明细信息,不利于做账,会计人员需尽量根据按部门汇总的工资汇总表做出账务处理。如果人事行政部门有提供工资汇总表,会计人员可直接根据工资汇总表做账;如果人事行政部门未提供工资汇总表,会计人员可先自制一张工资汇总表,再据以做出账务处理。

月末,会计应根据工资明细表及工资汇总表计提职工薪酬(见图 3-19)。

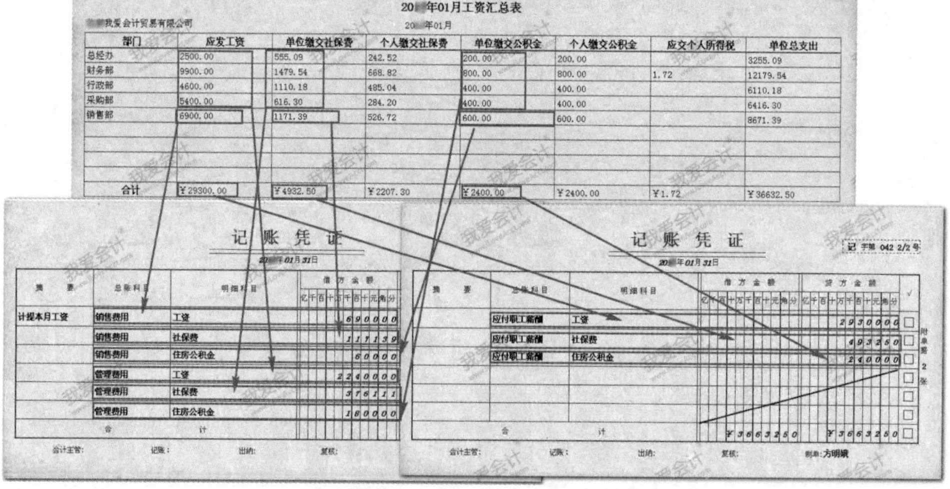

图 3-19　计提职工薪酬

借：销售费用——工资　　　　　　（销售部门对应的"应发工资"）

　　销售费用——社保费　　　　　（销售部门对应的"单位缴纳社保费"）

　　销售费用——住房公积金　　　（销售部门对应的"单位缴纳住房公积金"）

　　管理费用——工资　　　　　　（其他部门对应的"应发工资"合计数）

　　管理费用——社保费　　　　　（其他部门对应的"单位缴纳社保费"合计数）

　　管理费用——住房公积金　　　（其他部门对应的"单位缴纳公积金"合计数）

　贷：应付职工薪酬——工资　　　　（"应发工资"合计数）

　　　应付职工薪酬——社保费　　　（"单位缴纳社保费"合计数）

　　　应付职工薪酬——住房公积金　（"单位缴纳公积金"合计数）

温馨提示

工资核算三部曲——计提、发放、缴纳

1. 计提工资

月末，企业应计提当月应付工资。会计分录如下。

借：销售费用/管理费用等

　贷：应付职工薪酬——工资/社保费/住房公积金

2. 发放工资

次月发放工资时，按应付的工资总额发放。会计分录如下。

借：应付职工薪酬——工资　　　　（应付工资的总额）

　贷：其他应收款——代扣个人社保费　（代扣的个人社保费）

　　　其他应收款——代扣个人住房公积金

　　　　　　　　　　　　　　　　（代扣的个人住房公积金）

　　　应交税费——应交个人所得税　（应交的个人所得税）

　　　银行存款/库存现金　　　　　（实际发放的工资金额）

3. 缴纳社保、住房公积金、个税

缴纳社保、住房公积金时，按公司应缴的社保、住房公积金缴纳。会计分录如下。

借：应付职工薪酬——社保费　　　　（企业负担的社保费）

　　应付职工薪酬——住房公积金　　（企业负担的住房公积金）

　　其他应收款——代扣个人社保费　（个人负担的社保费）

　　其他应收款——代扣个人住房公积金（个人负担的住房公积金）

　贷：银行存款　　　　　　　（实际支付的社保、住房公积金之和）

缴纳个税时，按实际金额缴纳。会计分录如下。

借：应交税费——应交个人所得税　　（应交的个人所得税）
　　贷：银行存款　　　　　　　　　　（实际支付的个人所得税）

2. 计提折旧

按照《企业会计准则》规定，企业应按月对固定资产计提折旧。计提时，应先编制固定资产折旧表，然后据以做出账务处理。销售部门计提的固定资产折旧记入"销售费用——折旧费"，其他部门计提的固定资产折旧记入"管理费用——折旧费"等。

编制固定资产折旧表的内容请参考第二篇的"业务 3 获取原始凭证"。

会计编制固定资产折旧表后，应根据固定资产折旧表做出账务处理（见图 3-20）。

借：销售费用——折旧费　　　　（销售部门对应的"月折旧额"）
　　管理费用——折旧费　　　　（其他管理部门对应的"月折旧额"合计数）
　　贷：累计折旧　　　　　　　（"月折旧额"合计数）

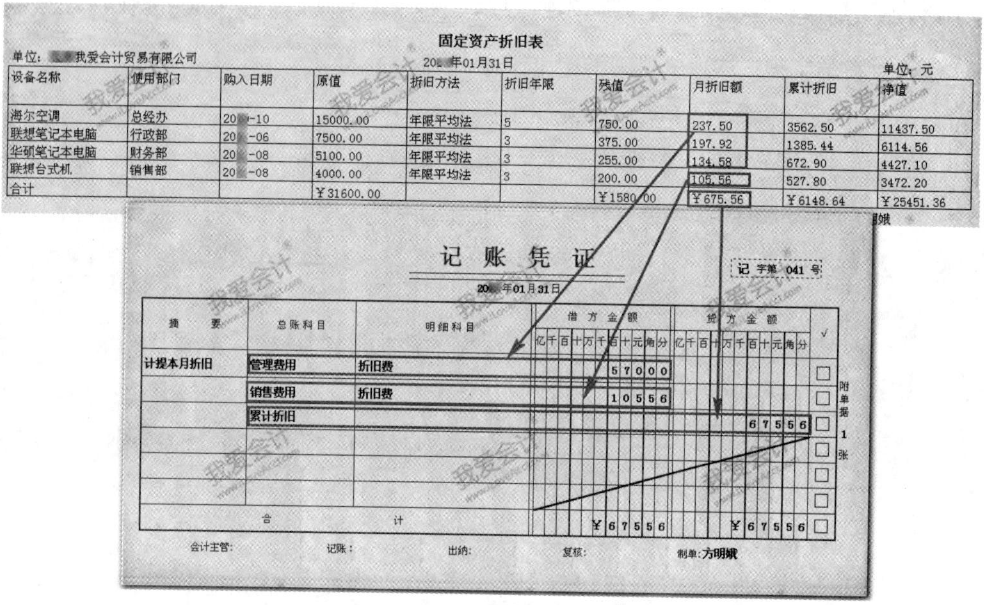

图 3-20　计提折旧的账务处理

3. 计提应交税费

计提应交税费包括三类：一是转出未交增值税；二是计提附加税；三是计提所得税。

（1）转出未交增值税

转出未交增值税应在月末通过查询"应交税费——应交增值税"明细账的专栏数据，制作应交增值税计算表。根据计算得出的应交增值税额，借记"应交税费——应交增值税（转出未交增值税）"，贷记"应交税费——未交增值税"。

月末，会计转出本月未交增值税，应根据应交增值税计算表(见图 3-21)做出账务处理。

借：应交税费——应交增值税(转出未交增值税)　　　　(本月应交增值税税额)

　贷：应交税费——未交增值税　　　　　　　　　　(本月应交增值税税额)

教学专用　　应交增值税计算表

我爱会计贸易有限公司　　20　年01月31日

1. 应交增值税明细账期初余额	0
2. 应交增值税明细账进项税额专栏本月发生额	29155.00
3. 应交增值税明细账进项税额转出专栏本月发生额	0
4. 应交增值税明细账销项税额专栏本月发生额	44370.00
5. 本月应交增值税额（5=4+3-2-1）	15215.00

制单人：方明娥

图 3-21　应交增值税计算表

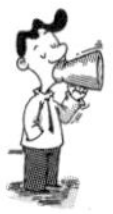

温馨提示

应交增值税计提表应根据“应交税费——应交增值税”明细账的专栏数据填制。填制时，先将期初余额与各个专栏的本期发生额列示出来，然后根据公式算出本月应交增值税税额。

$$\text{本月应交增值税税额}=\frac{\text{贷方专栏本期}}{\text{发生额合计数}}-\frac{\text{借方专栏本期}}{\text{发生额合计数}}-\text{期初余额}$$

本月应交增值税税额为正数时，才需进行转出应交增值税的账务处理。

“应交税费——应交增值税”明细账的具体登记方法将在第四篇的“业务 8　登记明细账与日记账”中介绍。

(2) 计提附加税

计提附加税包括计提城市维护建设税(简称“城建税”)、计提教育费附加和计提地方教育费附加。为了简化处理，假定我们只计提增值税的附加税。计提时，根据前述转出的“应交税费——未交增值税”的金额，分别乘以对应的税率，制作附加税计算表，并按计算的金额合计，借记“税金及附加”；分别按应交的各附加税金额，贷记“应交税费——应交城建税(或应交城市维护建设税)”“应交税费——应交教育费附加""应交税费——应交地方教育费附加"。

计提附加税时,会计应根据附加税计算表(见图3-22)做出账务处理。

借:税金及附加　　　　　　　　　　　(应纳税额合计数)

　　贷:应交税费——应交城市维护建设税　(应交城市维护建设税额)

　　　　应交税费——应交教育费附加　　　(应交教育费附加税额)

　　　　应交税费——应交地方教育费附加　(应交地方教育费附加税额)

附加税计算表

我爱会计贸易有限公司　　　　20　　年01月31日　　　　　　　　单位:元

应交税费明细项目	计算依据	金额	税率	应纳税额	备注
城市维护建设税	应交增值税税额	15215.00	0.07	1065.05 ①	
教育费附加	应交增值税税额	15215.00	0.03	456.45 ②	
地方教育费附加	应交增值税税额	15215.00	0.02	304.30 ③	
合计				¥1825.80 ④	

复核人:王丽萍　　　　　　　　　　　　　　制表人:方明娥

图 3-22　附加税计算表

(3)计提所得税

期末,如果企业本期收入总额大于成本费用总额,应按照适用的所得税率,计提企业所得税。先根据收入类、成本费用类明细账的本期发生额,填制企业所得税计算表。根据计算结果,借记"所得税费用",贷记"应交税费——应交所得税"。

会计应于月底计提企业所得税,根据企业所得税计算表(见图3-23)做出账务处理。

企业所得税计算表

所属日期:自 20　年 01 月 01 日至 20　年 01 月 31 日　　　　我爱会计贸易有限公司

项　目	行　次	金　额
收入总额	1	261000.00
成本费用总额	2	219684.60
利润总额	3	41315.40
适用税率	4	25%
应纳所得税(5=3×4)	5	① 10328.85

审核人:　　　　　　　　　　制表人:方明娥

图 3-23　企业所得税计算表

借：所得税费用　　　　　　　　（应纳所得税）

　　贷：应交税费——应交所得税　　（应纳所得税）

温馨提示

　　编制企业所得税计提表时，主要应填写的项目包括：收入总额、成本费用总额、利润总额、适用税率、应纳所得税。

　　① 收入总额：根据收入类明细账填写。

　　② 成本费用总额：根据成本费用类明细账填写。

　　③ 利润总额＝收入总额－成本费用总额。

　　④ 适用税率根据企业适用的企业所得税率填写。

　　⑤ 应纳所得税＝利润总额×适用税率。

　　收入类、成本费用类明细账的具体填制方法将在第四篇的"业务 8 登记明细账与日记账"中介绍。

4. 摊销业务

　　摊销业务包括摊销无形资产、长期待摊费用等。摊销时，按各部门应负担的摊销费用，借记"管理费用""销售费用"等科目，贷记"累计摊销""长期待摊费用"等科目。

（五）期末结转类业务处理

　　期末，会计应将损益类科目转入"本年利润"科目，结平所有损益类科目。按结转时是否一步处理，可分为分开结转和合并结转两种方式。

1. 分开结转

　　分开结转是指先将收入类科目转入"本年利润"科目，借记"主营业务收入""其他业务收入"等收入类科目，贷记"本年利润"；再将成本费用类科目转入"本年利润"科目，借记"本年利润"，贷记"主营业务成本""管理费用""税金及附加""所得税费用"等成本费用类科目。

2. 合并结转

　　合并结转是将所有损益类科目一次结转，差额部分记入"本年利润"科目，借记"主营业务收入"等收入类科目，贷记"主营业务成本"等成本费用类科目，按其差额借记或贷记"本年利润"。

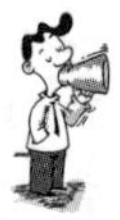

温馨提示

实务中，结转损益的账务处理分为不附原始凭证和附原始凭证两种方式。前者直接根据损益类科目的明细账填制结转凭证；后者先根据损益类科目的明细账自制原始凭证（如收入汇总表、成本费用汇总表），再据以填制结转凭证。

月末，会计应根据主营业务收入明细账编制收入汇总表结转收入，并据以做出账务处理（见图 3-24）。

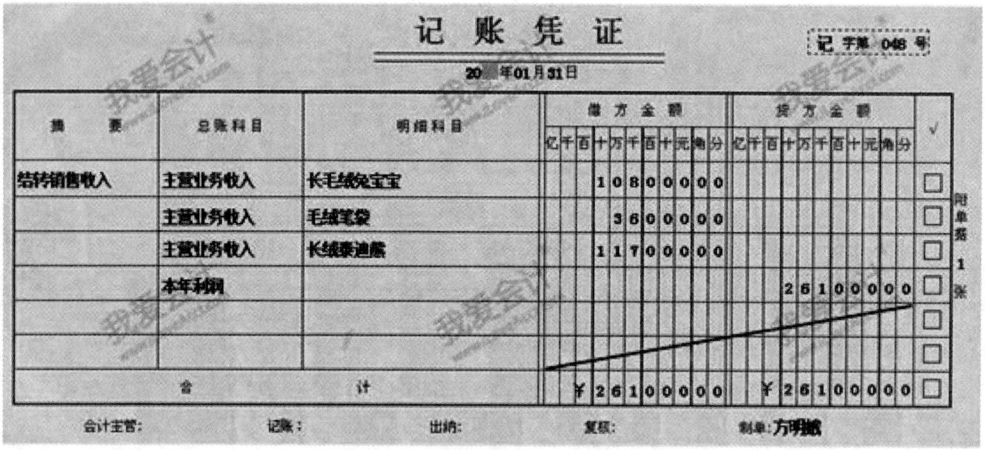

图 3-24　结转收入类科目凭证

成本、费用类科目应根据各成本、费用明细账进行结转。

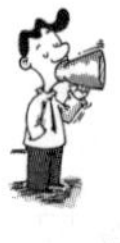

温馨提示

期末计提与摊销、损益结转业务中的计提应交税费及损益结转，需根据相关明细账自制原始凭证，并据以做出账务处理。

因此，在处理期末计提应交税费业务时，应先将本期发生的所有经济业务登记到明细账中，再根据相关明细账数据做出账务处理。

损益结转作为期末账务处理的最后一项工作，应在本期所有经济业务（包括期末计提与摊销业务）登记到明细账后，再根据相关明细账数据做出账务处理。

最后，别忘了将填制好的记账凭证登记到明细账中。

三、常见实务问题及处理

1. 问：出纳报销时，所附的单据不但有报销单，还有 12 张发票，此时附件张数该怎么计算？

答：记账凭证上的附件数应包含后附所有的原始凭证数量，因此附件数为 13。

2. 问：2017 年 1 月 13 日，企业发生销售退回业务，会计需冲销本月"记字 012 号"凭证。冲销凭证该如何填制，对应附件是什么？

答：在摘要注明"冲 01 月第 012 号凭证"，金额改为红字。其余内容直接根据原凭证的内容照抄。可以不用附件，也可以将原记账凭证复印一份作为附件。

3. 问：很多企业凭证的填制日期都为当月的最后一天，也有企业按原始凭证的日期填写，哪一种做法才比较规范呢？

答：按及时性的规定，会计应在收到原始凭证后及时整理、审核，并做好对应的记账凭证填制工作，凭证填制的日期应以实际填制的时间为准。部分业务量较少、工作量不大的企业，常常会在月末集中做出账务处理，但这违反了及时性的规定。因此，以最后一天为凭证填制日期是不规范的。

实务小结

通过以上学习我们知道，会计填制记账凭证时，通常分为两步：①根据收到的原始凭证判断经济业务；②根据经济业务填制记账凭证。实务中，如采购业务应根据其收到的发票、销售单和入库单，填制记账凭证。

业务 7　审核记账凭证

记账凭证是登记账簿的依据,为了保证账簿记录的正确性,在登账之前必须由有关人员对记账凭证进行严格的审核。

实务中,记账凭证的审核工作一般由会计主管或财务经理负责。有时,财务人员之间也可交叉检查、审核。因此,要成为一名合格的助理会计,必须懂得如何审核记账凭证。

一、审核基本内容是否填写完整

会计在审核记账凭证时,首先应审核记账凭证各项内容是否填写完整,记账凭证上的附件数与后附单据的数量是否一致(见图 3-25)。

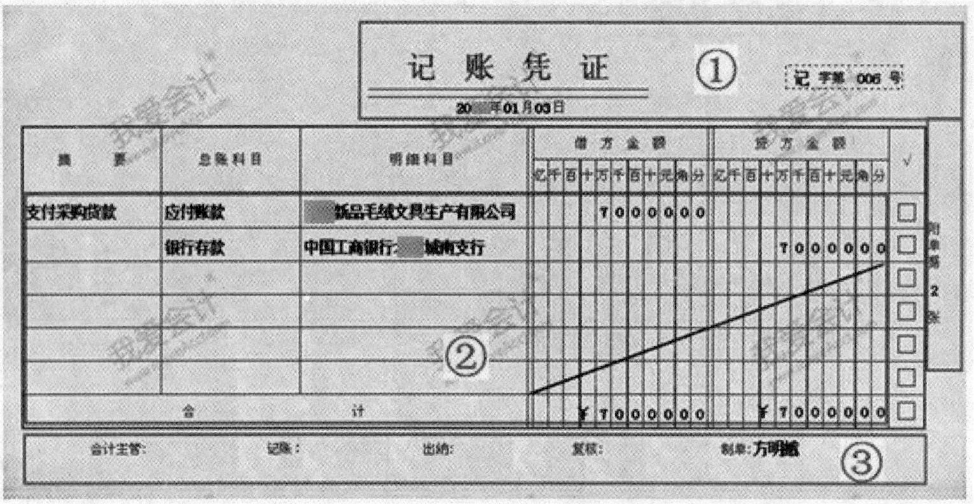

图 3-25　审核内容是否完整

具体审核内容包括以下三项。

(1)填制时间、编号、附单据数。

(2)摘要、会计分录。

(3)填制人签章。

二、审核摘要和分录是否与原始凭证记载的经济业务相符

审核摘要和分录是否与原始凭证记载的经济业务相符，是记账凭证审核的核心内容。审核事项主要包括以下三点。

(1) 审核摘要是否简洁地反映了经济业务。

(2) 填写的会计科目是否正确，并真实地反映了经济业务。

(3) 借贷方向和金额是否正确，借贷是否平衡。

例如，2017 年 1 月 10 日，北京我爱会计贸易有限公司采购货物一批，会计已做账务处理，请根据收到的增值税专用发票（见图 3-26）、销售单（见图 3-27）、入库单（见图 3-28），审核记账凭证（见图 3-29）与经济业务是否相符。

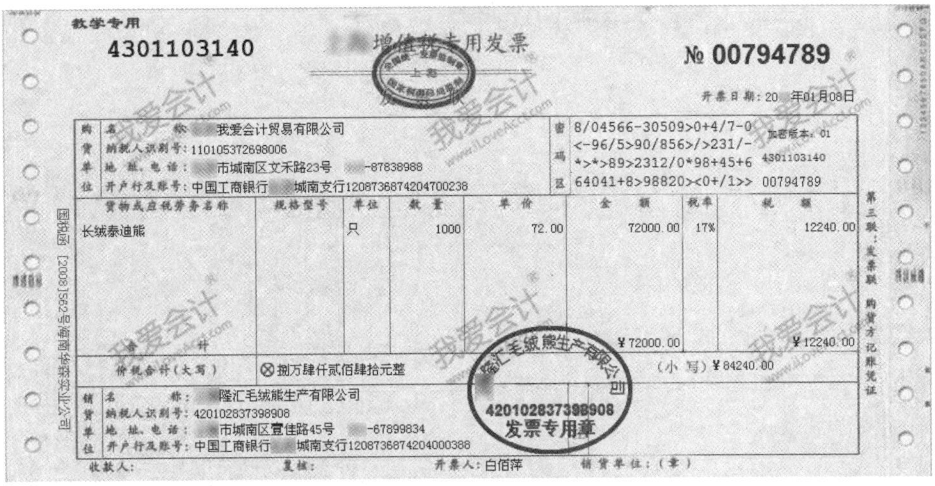

教学专用

4301103140　增值税专用发票　№ 00794789

开票日期：20　年01月08日

购货单位　名称：我爱会计贸易有限公司　纳税人识别号：110105372698006　地址、电话：市城南区文禾路23号　-87838988　开户行及账号：中国工商银行城南支行1208736874204700238

密码区　8/04566-30509>0+4/7-0　<-96/5>90/856>/>231/-　*>*>89>2312/0*98+45+6　64041+8>98820><0+/1>>　加密版本：01　4301103140　00794789

货物或应税劳务名称	规格型号	单位	数量	单价	金额	税率	税额
长绒泰迪熊		只	1000	72.00	72000.00	17%	12240.00
合计					¥72000.00		¥12240.00
价税合计（大写）	⊗捌万肆仟贰佰肆拾元整				（小写）¥84240.00		

销货单位　名称：隆汇毛绒熊生产有限公司　纳税人识别号：420102837398908　地址、电话：市城南区壹佳路45号　-67899834　开户行及账号：中国工商银行城南支行1208736874204000388

收款人：　复核：　开票人：白佰萍　销货单位：（章）

第三联：发票联　购货方记账凭证

国税函［2008］562号海南华森实业公司

图 3-26　增值税专用发票

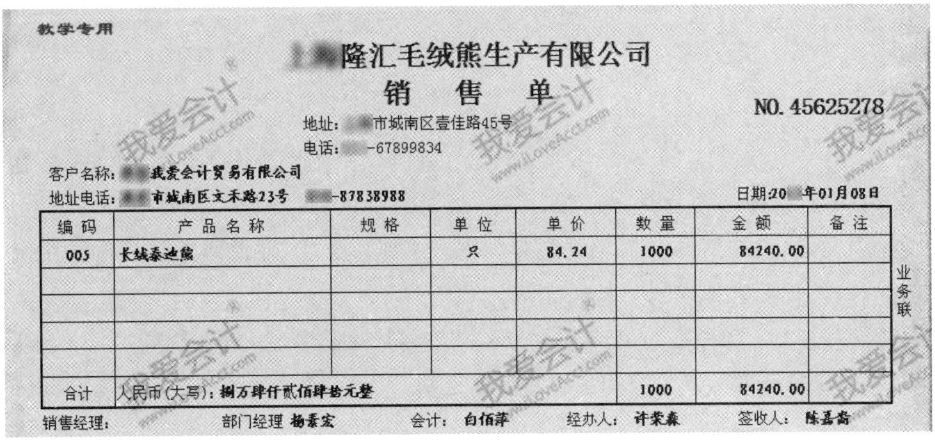

教学专用

隆汇毛绒熊生产有限公司

销　售　单

NO. 45625278

地址：市城南区壹佳路45号

电话：-67899834

客户名称：我爱会计贸易有限公司

地址电话：市城南区文禾路23号　-87838988　日期：20　年01月08日

编码	产品名称	规格	单位	单价	数量	金额	备注
005	长绒泰迪熊		只	84.24	1000	84240.00	
合计	人民币(大写)：捌万肆仟贰佰肆拾元整				1000	84240.00	

业务联

销售经理：　部门经理　杨柔宏　会计：白佰萍　经办人：许荣森　签收人：陈嘉翁

图 3-27　销售单

教学专用

入 库 单

20 年 01 月 10 日　　　　单号：11100018

交来单位或部门	隆汇毛绒熊生产有限公司	验收仓库	仓库一	入库日期	20 年01月10日

编号	名称及规格	单位	数量		实际价格		备注
			交库	实收	单价	金额	
005	长绒泰迪熊	个	1000	1000			
	合计		1000	1000			

部门经理：　　会计：方明斌　　仓库：刘冬梅　　经办人：陈嘉奇

财务联

图 3-28　入库单

会计在审核这笔收款业务记账凭证的摘要和分录是否真实时，应审核三点内容(见图 3-29)。

记 账 凭 证

20 年01月10日　　　　记 字第 012 号

摘要	总账科目	明细科目	借方金额（亿千百十万千百十元角分）	贷方金额（亿千百十万千百十元角分）	√
采购长绒泰迪熊	库存商品	长绒泰迪熊	7200000		
	应交税费	应交增值税（进项税额）	1224000		
	应付账款	隆汇毛绒熊生产有限公司		8424000	
①	②			③	
合	计		¥8424000	¥8424000	

附单据 3 张

会计主管：　　记账：　　出纳：　　复核：　　制单：方明斌

图 3-29　审核摘要与分录

(1) 摘要栏填写的“采购长绒泰迪熊”与增值税专用发票上的采购物品一致。

(2) 本业务为采购货物，收到入库单，说明已经入库，增加了企业的存货；收到增值税专用发票，说明需要计提相关税费；没有付款单据，则可以判断该采购业务是赊购业务，因此记账凭证的科目填写正确。

(3) 本业务采购存货的成本为 72 000.00 元，应交增值税(进项税额)为 12 240.00 元，因此记账凭证借贷方金额和金额合计数正确。

三、审核签章是否完整

会计审核完凭证基本内容是否完整，摘要和分录是否与记载的经济业务相符之后,还要审核填制人签章是否正确。审核完后,在复核人处签章(见图 3-30)。

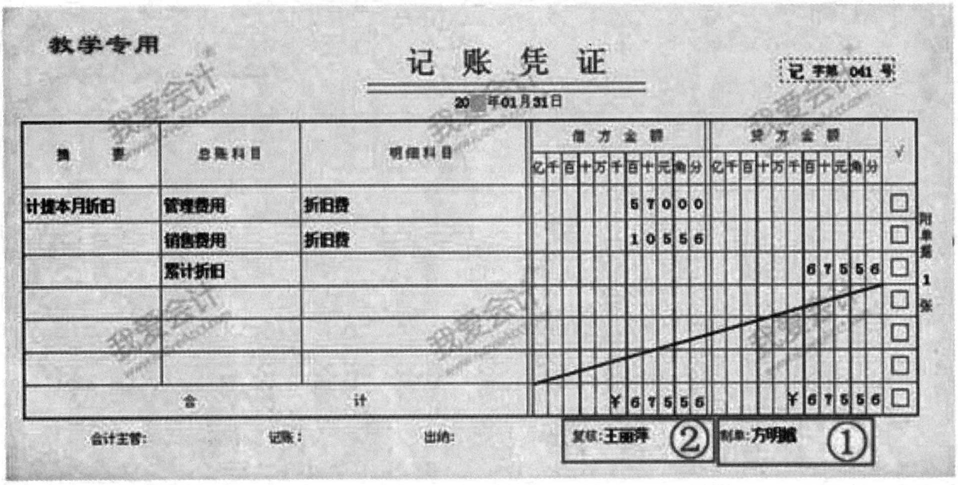

图 3-30 审核审批手续

实务小结

通过以上学习我们知道,填制完记账凭证后,应当对记账凭证进行审核,审核内容包括三项:①审核基本内容是否填写完整;②审核摘要和分录是否与记载的经济业务相符;③审核签章是否完整。其中,第②项是审核工作的核心内容,实务工作中应当加以重视。审核人在审核完记账凭证后,应当在"复核"处签章。

第四篇

登记账簿

能力目标

- 掌握明细账与日记账的登记；
- 熟练使用 T 形账；
- 掌握科目汇总表的编制；
- 掌握总分类账的登记；
- 掌握试算平衡表的编制。

会计人员填制完记账凭证后,要将记账凭证记载的每一笔经济业务登记到明细账与总账上,同时编制 T 形账、科目汇总表与试算平衡表。

业务要点

实务中,会计人员登记账簿主要有以下三项工作。

1. 登记明细账与日记账

会计人员日常需要登记的账簿包括明细账与日记账。

2. 编制 T 形账与科目汇总表

会计人员填制完记账凭证后,还应当编制 T 形账与科目汇总表。

3. 登记总账与编制试算平衡表

月末,会计人员结账时应当登记总账,编制试算平衡表。

本篇的业务要点和知识要点见表 4-1。

表 4-1   业务要点和知识要点

能 力 要 点	业 务 要 点	知 识 要 点
登记账簿	登记明细账与日记账	登记明细账
		登记日记账
	编制 T 形账与科目汇总表	编制 T 形账
		编制科目汇总表
	登记总账与编制试算平衡表	登记总账
		编制试算平衡表

重点难点

本篇的重点难点见表 4-2。

表 4-2   重点难点

业 务 目 标	学 习 重 点	重要程度	难易程度	建议学时
登记明细账与日记账	登记三栏式、数量金额式、多栏式明细账	★★★★☆	★★★☆☆	1.5 课时
编制 T 形账与科目汇总表	编制 T 形账、编制科目汇总表	★★★☆☆	★★★☆☆	1 课时
登记总账与编制试算平衡表	登记总账、编制试算平衡表、校验总账	★★★★☆	★★★★☆	1.5 课时

业务 8　登记明细账与日记账

为了直观、及时地反映企业经济业务的发生情况,企业应按规定设置明细账、日记账,并由专人负责及时登记。其中,会计负责登记明细账,出纳负责登记日记账(见表 4-3)。

表 4-3　账簿类型

账 簿 类 型	登 记 方 法	登记人员
明细账	根据记账凭证逐笔登记	会计
日记账	根据原始凭证逐日、逐笔登记	出纳

一、登记明细账

如前所述,根据经济业务的核算需要,明细账可分为数量金额式、多栏式和三栏式。实务中,会计人员应当按照审核无误的记账凭证及时登记各类明细账。

(一) 登记数量金额式明细账

数量金额式明细账(见图 4-1)适合既要进行金额核算又要进行数量核算的账户。通过图 4-1 我们知道,数量金额式明细账的"借方(收入)""贷方(发出)"和"余额(结存)"都分别设有数量、单价和金额三个专栏。

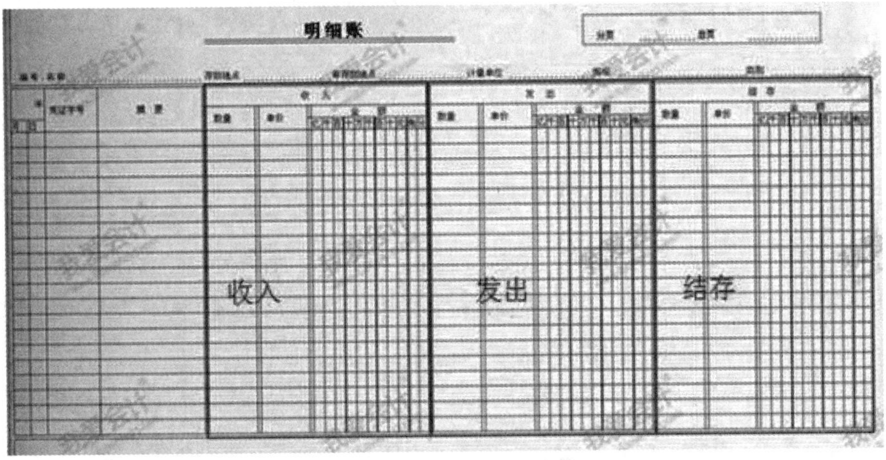

图 4-1　数量金额式明细账

登记数量金额式明细账的步骤如下。

(1) 将记账凭证中的日期、凭证字号及摘要分别登记到账簿的“月”“日”“凭证字号”和“摘要”栏。

(2) 将记账凭证的金额填写到账簿对应方向的“金额”栏，并根据销售发票、销售单、入库单或出库单等后附的原始凭证填写数量、单价。

(3) 根据公式“结存＝上行结存＋本行收入－本行发出”结出结存的数量和金额。实际工作中，由于金额除以数量常常不为整数，为了使数量金额式明细账的金额、数量与凭证一致，单价常保留四位以上小数，并且常用金额除以数量进行倒挤。

实务中，会计人员将凭证中每个科目登账后，在凭证最右侧的小方框打“√”以表示该分录已经登账。整张凭证登完账后，应在记账凭证签字栏“记账”处签名或盖章。这就是通常所说的“过账”。

例如，2017 年 1 月 10 日，北京我爱会计贸易有限公司要登记库存商品明细账，请根据记账凭证(见图 4-2)、增值税专用发票(见图 4-3)、销售单(见图 4-4)、入库单(见图 4-5)登记库存商品明细账。

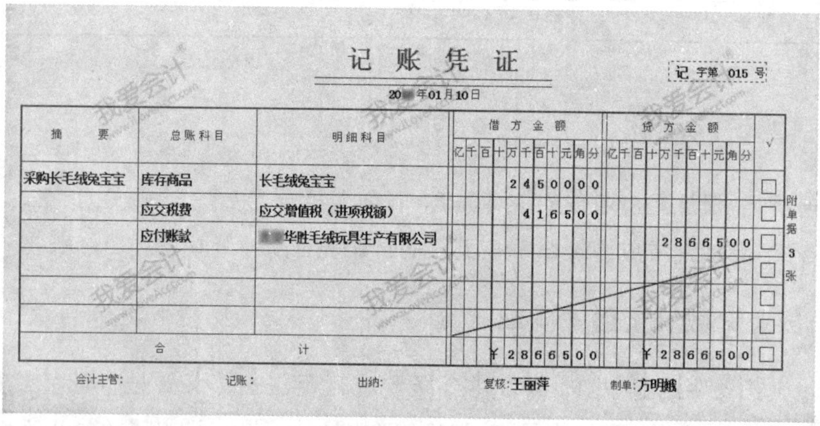
记账凭证

20 年01月10日　　记 字第 015 号

摘要	总账科目	明细科目	借方金额	贷方金额	√
采购长毛绒兔宝宝	库存商品	长毛绒兔宝宝	2450000		
	应交税费	应交增值税（进项税额）	416500		
	应付账款	华胜毛绒玩具生产有限公司		2866500	
合计			¥2866500	¥2866500	

附单据 3 张

会计主管：　记账：　出纳：　复核：王丽萍　制单：方明娥

图 4-2　记账凭证

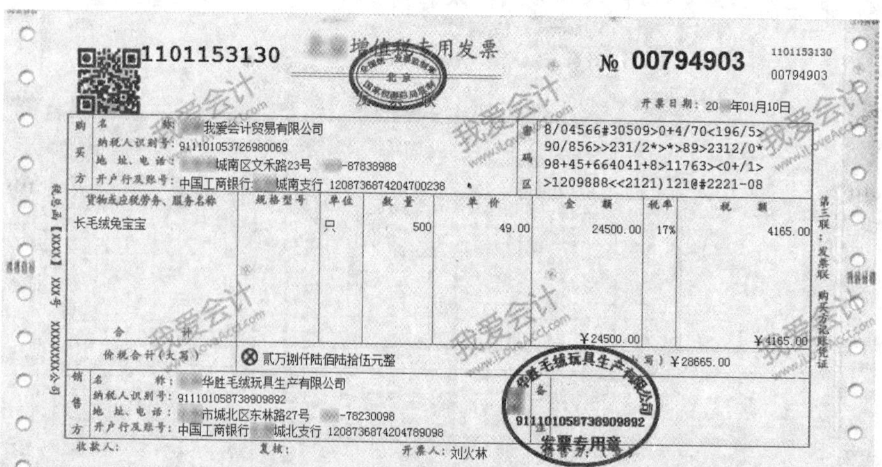
1101153130　增值税专用发票　№ 00794903　1101153130　00794903

开票日期：20 年01月10日

购买方　名称：我爱会计贸易有限公司
纳税人识别号：911101053726980069
地址、电话：城南区文禾路23号 -87838988
开户行及账号：中国工商银行城南支行 1208736874204700238

密码区　8/04566#30509>0+4/70<196/5>90/856>>231/2*>*>89>2312/0*98+45+664041+8>11763><0+/1>>1209888<<2121)121@#2221-08

货物或应税劳务、服务名称	规格型号	单位	数量	单价	金额	税率	税额
长毛绒兔宝宝		只	500	49.00	24500.00	17%	4165.00
合计					¥24500.00		¥4165.00

价税合计(大写)　⊗贰万捌仟陆佰陆拾伍元整　(小写) ¥28665.00

销售方　名称：华胜毛绒玩具生产有限公司
纳税人识别号：911101058738909892
地址、电话：市城北区东林路27号 -78230098
开户行及账号：中国工商银行城北支行 1208736874204789098

收款人：　复核：　开票人：刘火林

第三联：发票联　购买方记账凭证

图 4-3　增值税专用发票

图 4-4　销售单

图 4-5　入库单

本业务中,登库存商品明细账的步骤如下(见图 4-6)。

(1) 根据记账凭证的时间("01 月 10 日")、凭证种类和序号("记字 015 号")、摘要("采购长毛绒兔宝宝"),登记明细账的时间、凭证字号和摘要。

(2) 根据后附发票的数量登记明细账的数量("500"),根据发票金额、单价登记明细账的金额、单价,金额为"24 500.00",单价为"49.00";

(3) 计算出结存数,包括数量、金额和单价。

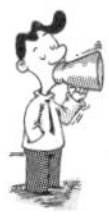

温馨提示

实务中,有些企业为了保证生产或控制存货成本,会在存货的数量金额式明细账中设置最高和最低存量(见图 4-7),也就是对存货最高或

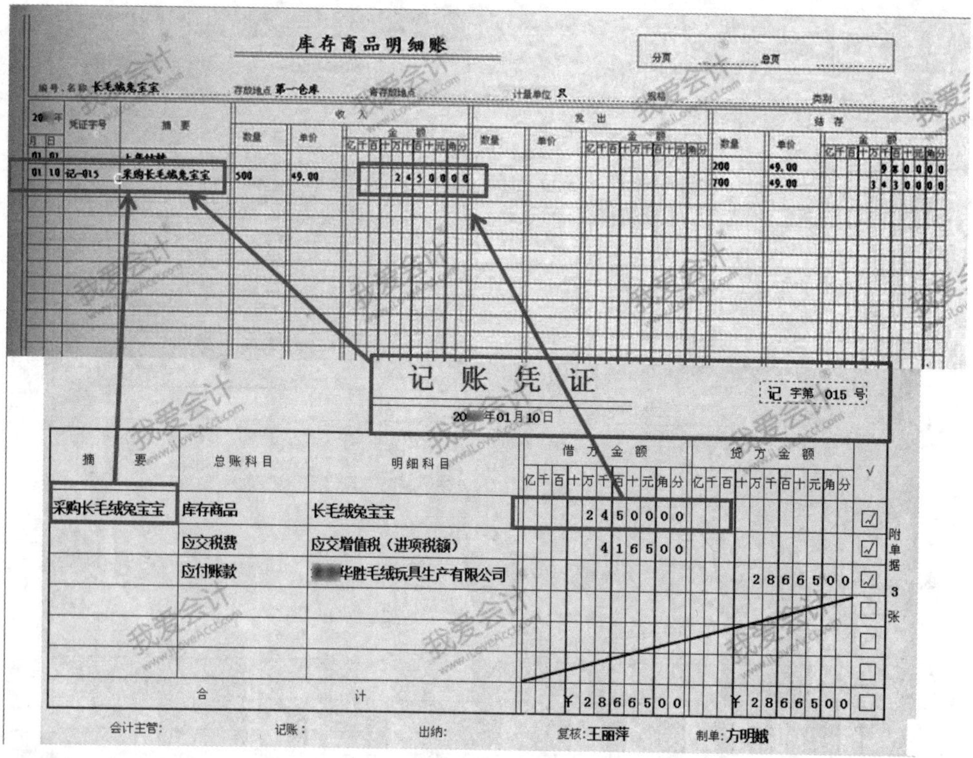

图 4-6　登记数量金额式明细账

最低数量的控制,即存货高于某个数量后停止或少量采购,低于某个数量后大量采购,使存货控制在一个合理的水平。具体的存货管理方式,请根据企业的实际情况进行。

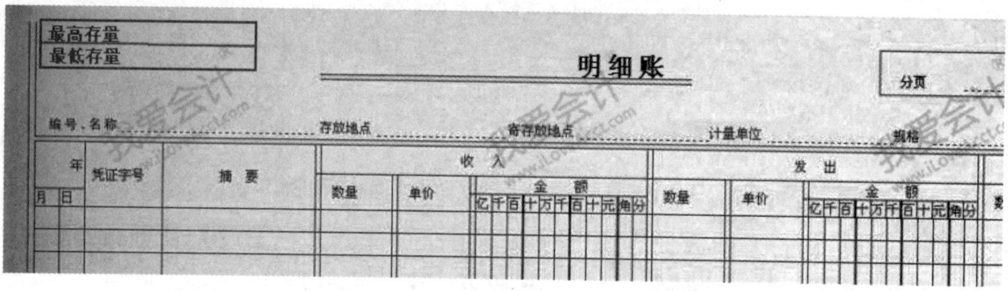

图 4-7　设置最高和最低存量的明细账

(二)登记多栏式明细账

由于成本费用类科目的明细科目比较繁多,为了集中反映这些明细科目的具体发生情况,企业一般采用多栏式明细账,将成本、费用类一级科目下的各明细科目金额在一张账页上进行集中登记。

多栏式明细账按其专栏方向的不同,可以分为单方向多栏式明细账和双方向多栏式明细账。单方向多栏式明细账在专栏设置时,只设借方或贷方一个方向;双方向多栏式明细账设置包括借方和贷方两个方向的专栏。单方向多栏式明细账的格式见图4-8。

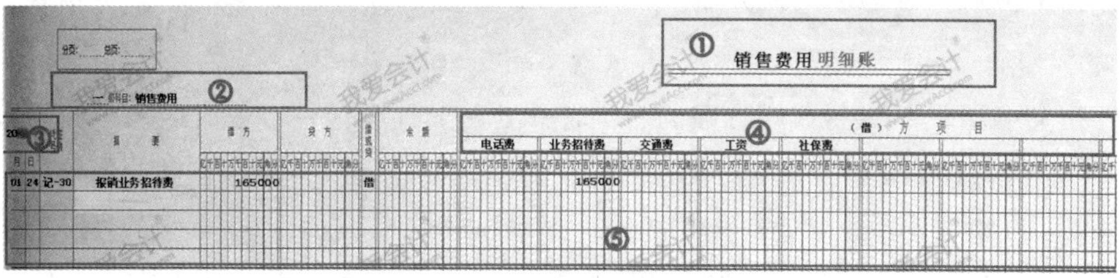

图 4-8 单方向多栏式明细账

登记多栏式明细账的步骤如下。

(1) 按照记账凭证所载信息分别填列明细账的时间、凭证种类、凭证号、摘要。

(2) 按记账凭证上的金额分别登记专栏与合计处的金额。

(3) 结出合计栏的余额。

登记完账后,在记账凭证"记账"处签名,并在凭证分录栏最右侧的小方框打"√"以示完成记账。

下面举例说明多栏式明细账的登记步骤(见图4-9)。

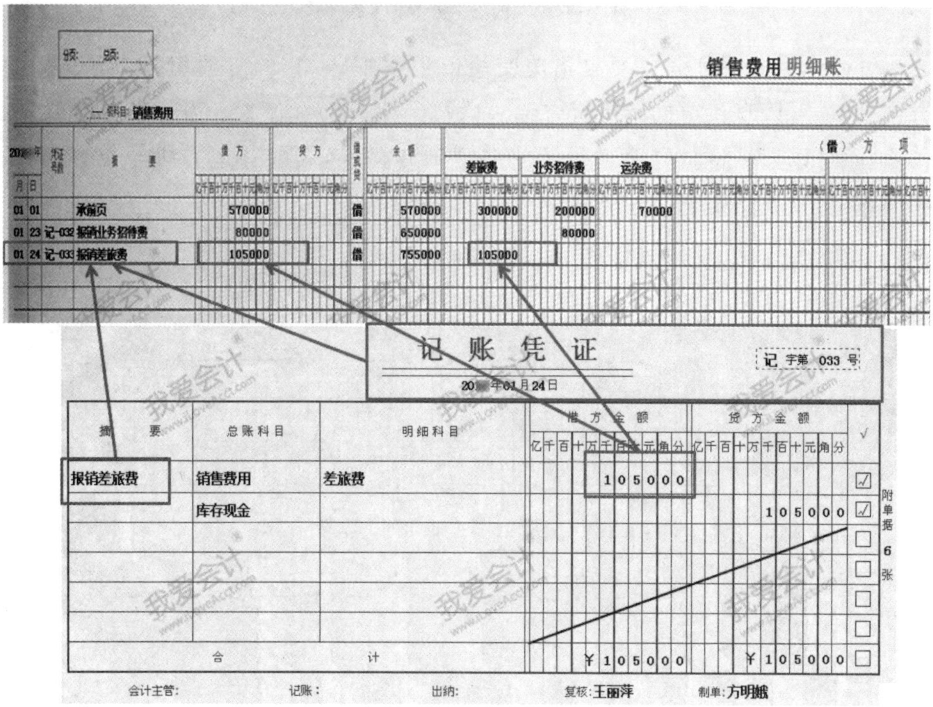

图 4-9 登记多栏式明细账

(1) 根据记账凭证的时间、凭证字号、摘要,登记明细账的时间、凭证字号、摘要。

(2) 将记账凭证中的“销售费用——差旅费”发生额登记到销售费用明细账的“差旅费”专栏下,同时在金额合计处,也就是摘要栏后的“借方金额”栏处登记凭证金额(1 050.00 元)。

(3) 结出余额。

实务中,单方向多栏式明细账的金额合计处一般仅登记一个方向的发生额,出现反方向发生额时,直接用红字在原方向进行登记。例如,费用类科目在做冲销处理时,应用红字在借方专栏登记贷方发生额。在结转费用时,原来使用红字登记的,应用蓝字登记结转;原来使用蓝字登记的,应用红字登记结转。如果同一栏既有红字登记又有蓝字登记时,看差额,如果差额是红字则用蓝字结转,相反则用红字结转(见图 4-10)。

销售费用明细账

分页: 总页:

一级科目: 销售费用

20■年 月	日	凭证号数	摘要	借方	贷方	借或贷	余额	(借)方项目 电话费	业务招待费	交通费	工资	社保费	住房公积金	
			承前页	2300000	1200000	借	1100000		600000	500000				
02	24	记-30	报销业务招待费	195000		借	1295000		195000					
02	25	记-33	冲销12年1月#025	[30000]		借	1265000	[30000]						
02	31	记-55	结转销售费用		1265000	平	000	30000	795000	500000				

图 4-10　红字登记多栏式明细账

说明:方框显示的数字在实务中为红色。

双方向多栏式明细账主要是指应交增值税明细账,它的专栏里既有借方,又有贷方。这时,可以直接根据其借贷方金额填写到相应的金额栏。登记双方向多栏式明细账,除可以直接将贷方金额以蓝字登记到专栏外,其余登记方法与单方向多栏式明细账类似(见图 4-11)。

应交税费-应交增值税明细账

分页: 总页:

20■年 月	日	凭证 种类	号数	摘要	借方 合计	进项税额	已交税金	减免税款	出口抵减内销应纳税额	转出未交增值税	贷方 合计	销项税额
01	01			上年结转	75694430	56381664				19312766	75694430	75694430
01	10	记	015	采购长毛绒兔宝宝	416500	416500						

图 4-11　应交增值税明细账(借贷多栏式)

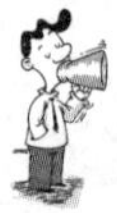

温馨提示

实务中,多栏式明细账除用于成本、费用类明细核算外,还常用于收入和利润分配的明细核算。请学员根据需要选择适用的账簿。

（三）登记三栏式明细账

三栏式明细账通常用来登记只涉及金额核算的账户，如应收账款、应付账款等往来结算账户（见图 4-12）。

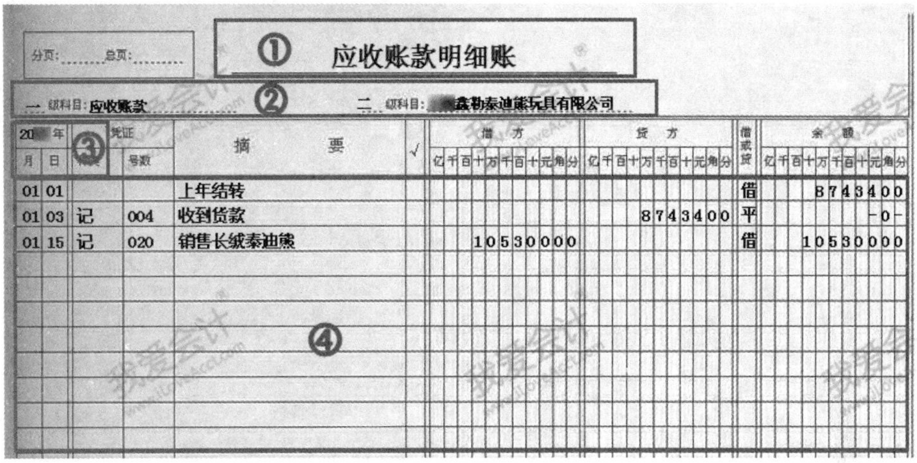

分页：……总页：……

① 应收账款明细账

② 一级科目：应收账款　二级科目：……鑫勒泰迪熊玩具有限公司

20… 年 月	日	③ 凭证 种类	号数	摘要	√	借方	贷方	借或贷	余额
01	01			上年结转				借	8743400
01	03	记	004	收到货款			8743400	平	-0-
01	15	记	020	销售长绒泰迪熊		10530000		借	10530000

④

图 4-12　三栏式明细账

登记三栏式明细账的步骤如下。

(1) 填写经济业务：按照记账凭证承载的记账时间、凭证种类、凭证号、摘要、金额分别填列三栏式明细账的对应位置。

(2) 结出余额。计算公式如下。

① 资产、费用类

本行余额＝上行余额＋本行借方发生额－本行贷方发生额

② 负债、收入、所有者权益类

本行余额＝上行余额－本行借方发生额＋本行贷方发生额

登记完后，在记账凭证的“记账”处签名，并在凭证分录栏最右侧的小方框打“√”以示完成记账。

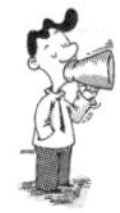

温馨提示

日常登账中，登记到账页最后一行时，应在最后一行结出该科目本年度的借、贷方累计金额，再按最后一笔业务的余额登记科目余额，并在摘要栏写上“过次页”。新启用账页时，应在首行“摘要”栏填写“承前页”，并将账簿上页的“过次页”行借、贷方金额及余额填写在首行对应位置（见图 4-13）。之后才可登记本页的各项经济业务。

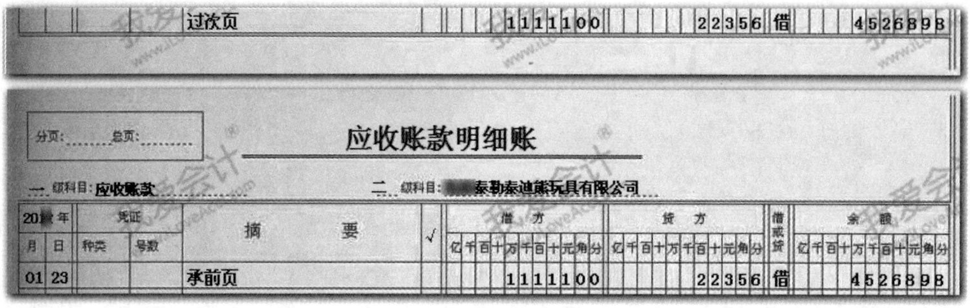

月	日	种类	号数	摘要	√	借方	贷方	借或贷	余额
				过次页		1111100	22356	借	4526898

应收账款明细账

分页:　　总页:

一级科目:应收账款　　二级科目:泰勒泰迪熊玩具有限公司

20 年 月	日	凭证 种类	号数	摘要	√	借方	贷方	借或贷	余额
01	23			承前页		1111100	22356	借	4526898

图 4-13　新启用账页的处理

下面举例说明三栏式明细账的登记步骤(见图 4-14)。

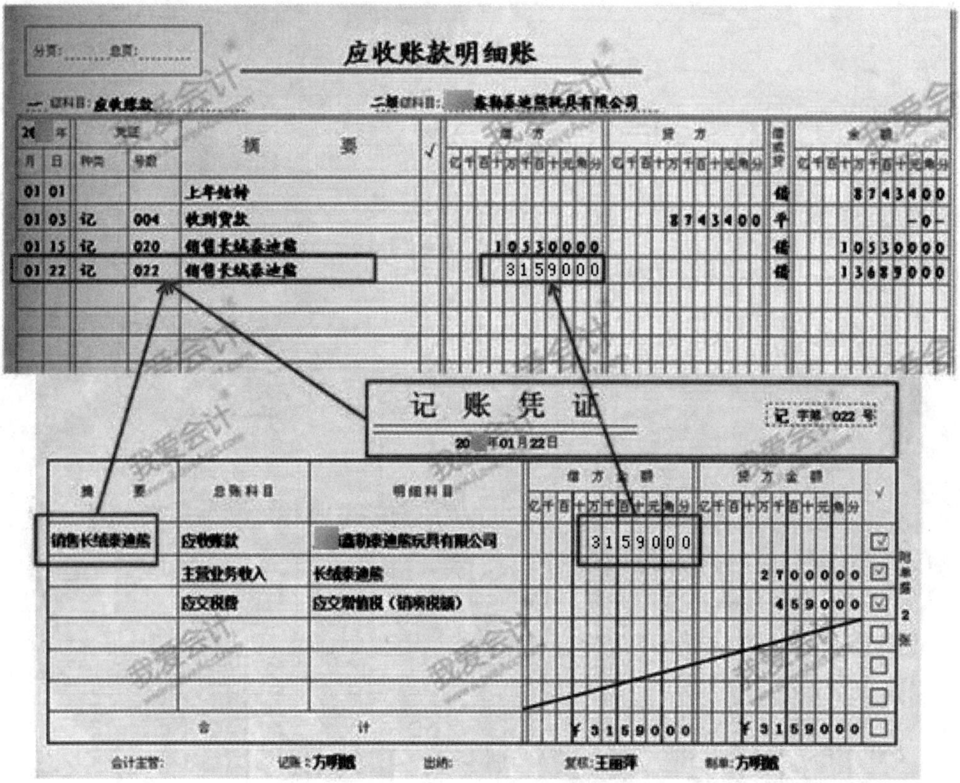

应收账款明细账

分页:　　总页:

一级科目:应收账款　　二级科目:泰勒泰迪熊玩具有限公司

20 年 月	日	凭证 种类	号数	摘要	√	借方	贷方	借或贷	余额
01	01			上年结转				借	8743400
01	03	记	004	收到货款			8743400	平	-0-
01	15	记	020	销售长绒泰迪熊		10530000		借	10530000
01	22	记	022	销售长绒泰迪熊		3159000		借	13689000

记账凭证　记字第 022 号

20 年01月22日

摘要	总账科目	明细科目	借方金额	贷方金额	√
销售长绒泰迪熊	应收账款	泰勒泰迪熊玩具有限公司	3159000		√
	主营业务收入	长绒泰迪熊		2700000	√
	应交税费	应交增值税(销项税额)		459000	√
合计			¥3159000	¥3159000	

附单据 2 张

会计主管:　记账:方明媚　出纳:　复核:王丽萍　制单:方明媚

图 4-14　登记三栏式明细账

(1) 根据记账凭证的时间、种类、序号、摘要及借贷金额登记明细账的时间、种类、号数、摘要及借贷金额。

(2) 每登记一笔明细账,都应根据上一行余额与本行发生额结出本行的余额。

二、登记日记账

为了使经济业务的时间顺序清晰地反映在账簿记录中,企业需设置日记账。实务工作中,企业较常使用的日记账包括库存现金日记账和银行存款日记账。一般情况下,日记账都由出纳负责登记。

三、错账更正

会计在登记账簿的过程中,由于各种原因,难免会发生登账错误的情况,这些错误一般可以归纳为两类:一类是凭证错误导致登账错误;另一类是凭证正确但登账错误。

(一)凭证错误导致登账错误

记账凭证错误导致的登账错误,可采用红字更正法或补充登记法进行修改。

1. 红字更正法

红字更正法是将原记账凭证冲销,重新填制正确记账凭证入账的一种方法。红字更正法适用于记账凭证中的会计科目错误或金额错误两种情况。

红字更正法的操作步骤如下。

(1)编制一张红字记账凭证冲销错误记账凭证。编制时,记账凭证摘要写明"冲销××年×月第×号记账凭证"等字样,借贷方的会计科目与原来的错误记账凭证相同,金额用红字填写。

(2)根据原始凭证重新编制一张正确的记账凭证。此张记账凭证可不附原始凭证,也可附上原记账凭证复印件。

(3)登账。将上述红字记账凭证及重新填制的记账凭证登记到账簿中。

红字更正法对于金额多记的情况,可以选择全额冲销,也可差额冲销。例如,"管理费用"科目正确金额"40 元",错记为"100 元",则可将"100 元"全额红字冲销后,重新填制"40 元"的记账凭证;也可只红字冲销多记金额"60 元"的部分。

例如,记账凭证的明细科目登记错误,可以采用红字更正法更正,具体步骤如下。

(1)填写红字记账凭证冲销错误凭证。记账凭证摘要写明"冲销 17 年 1 月 009#",记账凭证中的会计科目与原错误记账凭证中的会计科目相同,金额用红字填写(见图 4-15)。

(2)根据原始凭证重新填制一张正确的记账凭证(见图 4-16)。

记账凭证更正完成后,应及时将红字记账凭证及重填的正确记账凭证登记到账簿中。

2. 补充登记法

补充登记法是指补充填制一张少计金额的记账凭证进行入账的方法。补充登

图 4-15　红字记账凭证(冲销)

说明：方框显示的数字在实务中为红色。

图 4-16　记账凭证(正确处理)

记法适用于记账凭证中会计科目无误,但金额少计的情况。

补充登记时,记账凭证摘要写明"补××年×月第×号记账凭证少计金额"等字样,借贷方的会计科目与原凭证相同,金额用蓝字登记少计的金额。

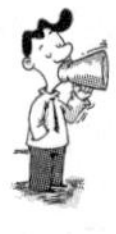

温馨提示

实务工作中,对于记账凭证金额少计的情况,很多会计也常用红字更正法将金额全额冲销后进行更正。

（二）凭证正确但登账错误

账簿记录对应的记账凭证正确,但登账有错误的,应采用划线更正法。

更正时,可在错误的文字或数字上划一条红线,在红线的上方用黑色或蓝色钢笔填写正确的文字或数字,并由更正人员在更正处签章(见图 4-17)。

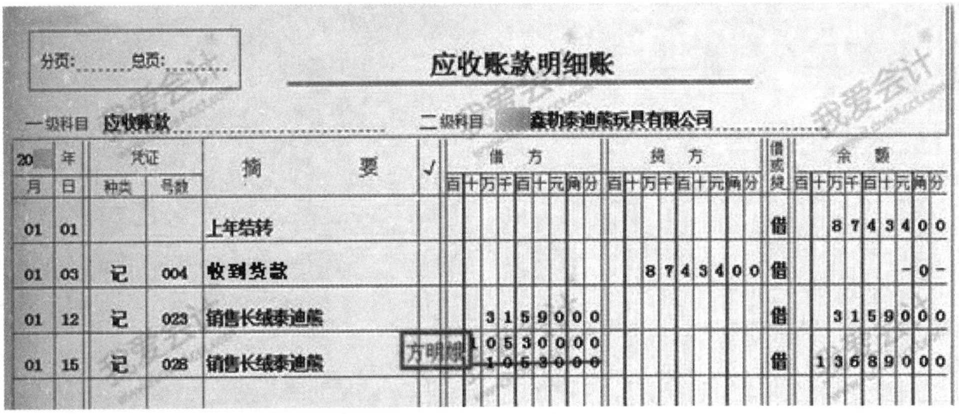

图 4-17　账簿更正

温馨提示

划线时,如果是文字错误,可只划错误部分;如果是数字错误,应将全部数字划销,不得只划错误数字。例如,金额"122100"错登成"123100",不应只将数字"3"单独划销,应将金额"123100"全部划销后修改。

四、常见实务问题及处理

1. **问**:什么情况下可以使用红色墨水登记账簿?

答:可以使用红色墨水记账的情况包括以下几种。

(1) 根据红字冲销的记账凭证冲销错误账簿记录。

(2) 在不设借贷等的多栏式账页中,登记减少数。

(3) 在三栏式账户的余额栏前,如未印明余额方向,在余额栏内登记负数余额。

(4) 国家统一会计制度规定可以用红字登记的其他会计记录。

2. **问**:企业当月没有发生额的会计科目,需要登记明细账吗?

答:不需要。明细账是根据当月的发生额进行登记的,当月没发生额则无须进行登记。

3. **问**:登记明细账时可不可以跳行登记?

答：登记明细账时一般不能跳行、隔行。如出现跳行、隔行，应划线注销或者注明"此行空白"，并由记账人员签名或盖章。

4. **问**：实务中，数量金额式明细账的单价乘以数量不等于金额时该如何处理？

答：数量金额式明细账的单价应尽量保留四位以上小数。如果单价乘以数量不等于金额，应以凭证金额为准，差额部分属于尾数差，可以不予调整。

实务小结

通过以上学习我们知道，会计人员应根据审核无误的记账凭证及其后附原始凭证及时登记各种明细账，包括登记数量金额式明细账、多栏式明细账和三栏式明细账。登记时，应将日期、凭证字号、摘要、金额等登记完整，并结出余额。

业务9 编制 T 形账与科目汇总表

会计人员填制完记账凭证后,应编制 T 形账,以汇总当期各科目的发生额,然后再根据 T 形账编制科目汇总表。实务中,T 形账和科目汇总表是登记总账的重要依据。

一、编制 T 形账

T 形账是根据记账凭证登记的简单账户格式。T 形账的格式(见图 4-18)相对简单,可由会计人员自己绘制。

图 4-18 T 形账

T 形账的编制通常分为以下五个步骤(见图 4-19)。

(一)设置账户科目

实务中,企业每月使用的会计科目差异不大。因此,会计人员设置 T 形账账户

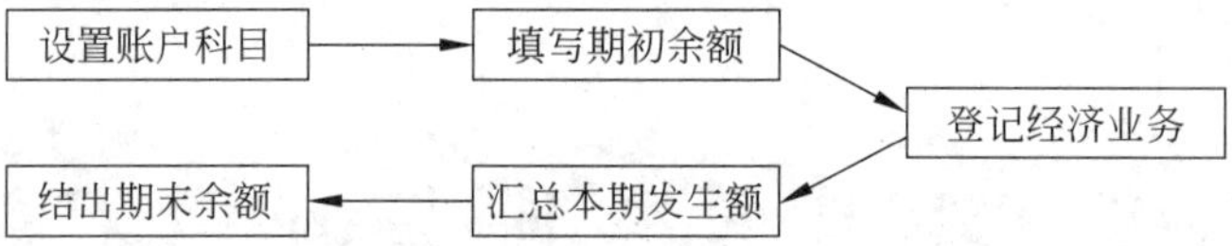

图 4-19　编制 T 形账的步骤

科目时,可以根据上月科目汇总表进行设置,也可以按照当月记账凭证的会计科目进行设置。

(二)填写期初余额

设置完 T 形账的账户科目后,就可以填写账户的期初余额。通常情况下,可直接摘抄上月总账科目的期末余额。

例如,去年 12 月份应收账款总分类账的期末余额为 130 000.00 元,则本年 1 月份应收账款 T 形账的期初余额也应为 130 000.00(见图 4-20)。

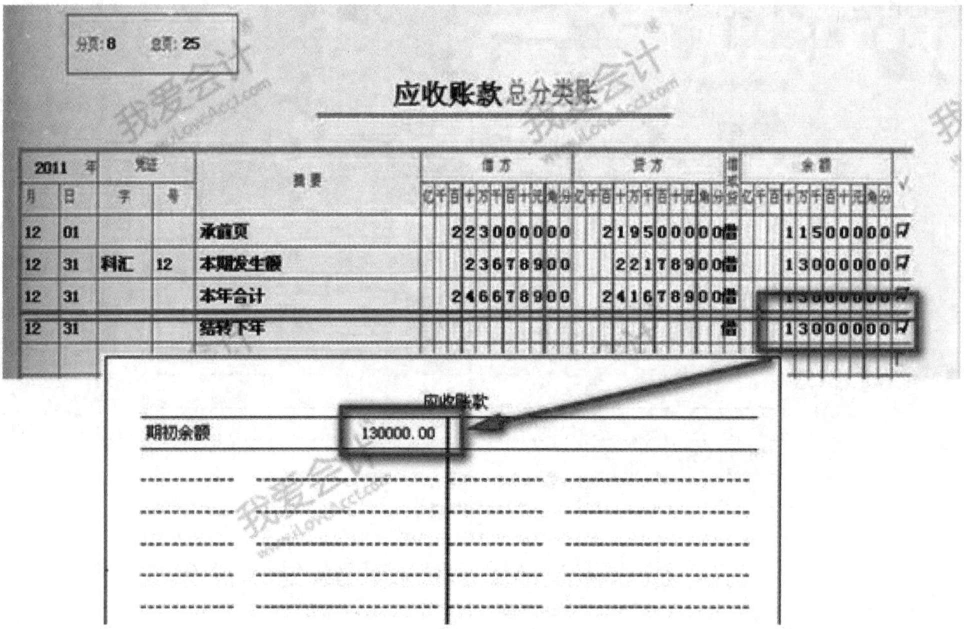

图 4-20　填写 T 形账期初余额

(三)登记经济业务

登记经济业务是指将记账凭证的信息登记到 T 形账中。实务中,为了方便查找对应的每一笔经济业务,在登记 T 形账的发生额时,应把相应的凭证号也一起登记在相应金额前方。如图 4-21 所示,记账凭证号为"041",金额为"675.56"。

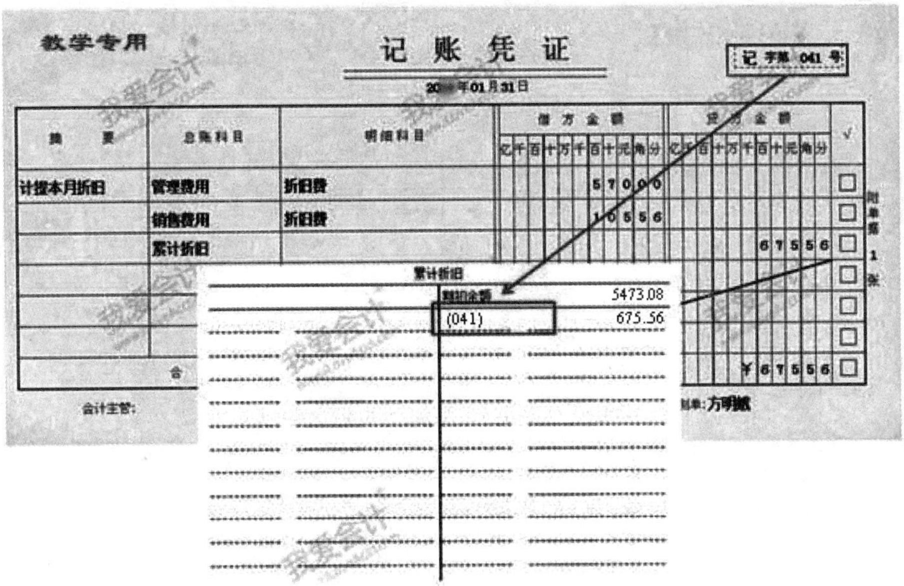

图 4-21　登记经济业务

（四）汇总本期发生额

会计将当期的记账凭证都登记到 T 形账上后，应在 T 形账最后一笔业务下画一横线，并汇总出当期的发生额（见图 4-22）。

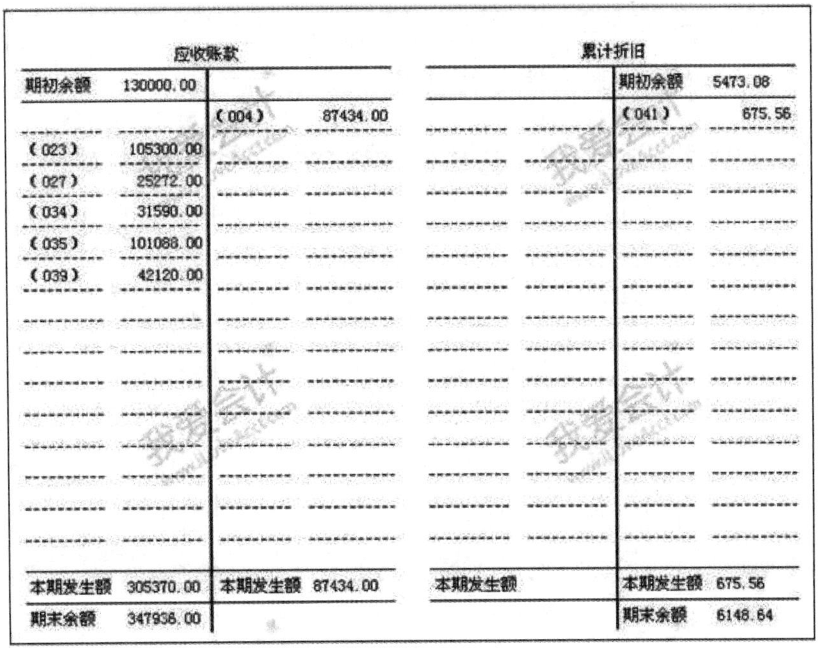

图 4-22　汇总 T 形账本期发生额

（五）结出期末余额

最后，根据下述公式计算出期末余额即可。

期末余额（借）＝期初余额（借）＋本期发生额（借）－本期发生额（贷）

期末余额（贷）＝期初余额（贷）＋本期发生额（贷）－本期发生额（借）

温馨提示

实务中，T 形账应根据企业核算制度及实际需要进行设置和登记。有些企业在设置 T 形账户时，不设置期初、期末余额；有些企业在登记时，不填写凭证字号。但为了方便检查错误及后续工作的进展，一般都应设置期初、期末余额，并登记凭证字号。

二、编制科目汇总表

会计人员根据当月的记账凭证编制 T 形账后，便可核算出各科目借、贷方的发生额合计数。然后，会计人员就可以根据 T 形账编制科目汇总表（见图 4-23）。

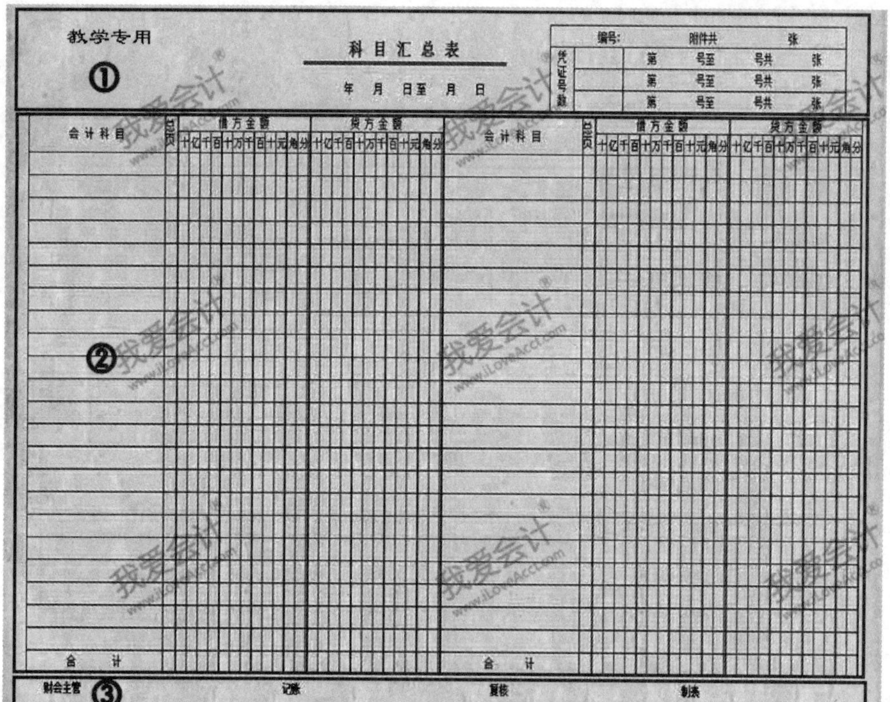

图 4-23　科目汇总表

科目汇总表通常包括以下三部分内容。

(1)基础信息:包括编制日期、编号、附件数、凭证号数等。编制时,应按实际编制日期填写日期,编号、凭证号数也应按实际情况填写。一般企业都只在月底编制科目汇总表,因此编号写"001"即可。

(2)科目汇总信息:包括会计科目、借方发生额、贷方发生额。

(3)签字栏。

下面举例说明科目汇总表的编制要点。

例如,2017 年 1 月 31 日,北京我爱会计贸易有限公司会计编制当月的科目汇总表,请根据 T 形账(见图 4-24 和图 4-25)登记科目汇总表(提示:只需填制库存现金、库存商品、应付账款)。

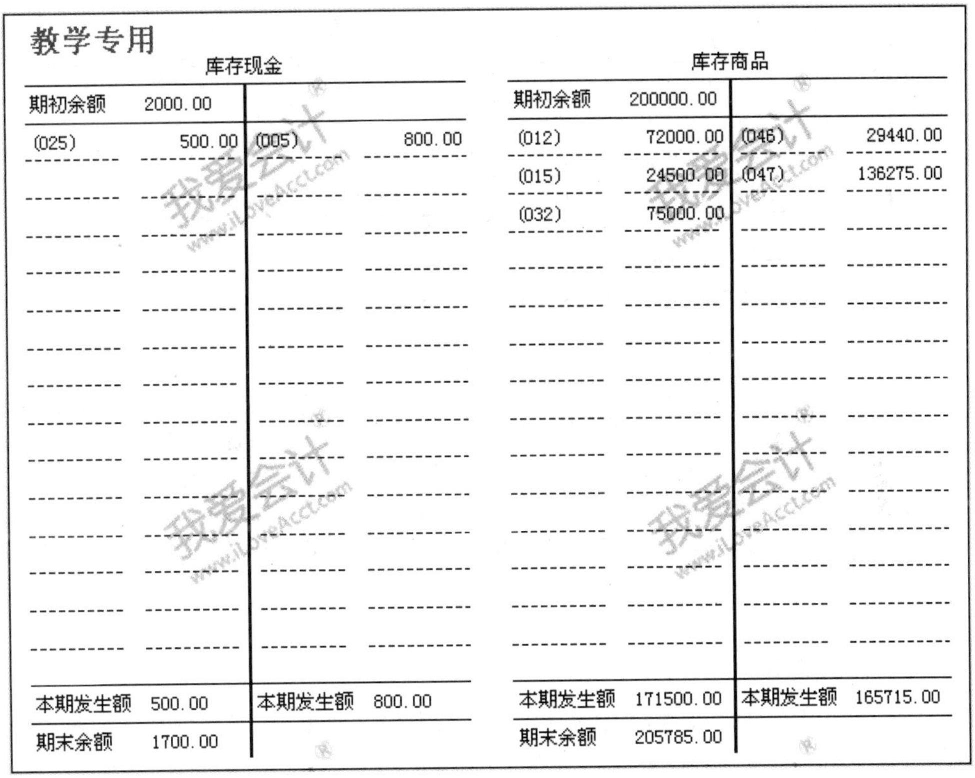

图 4-24 库存现金、库存商品 T 形账

1. 基础信息

本业务中,编制的是 2017 年 1 月份的科目汇总表,因此科目汇总表上应填写的日期为"2017 年 01 月 01 日至 01 月 31 日"(见图 4-26)。

教学专用

应付账款

	期初余额	35000.00
(006) 70000.00	(012)	84240.00
(035) 35000.00	(015)	28665.00
	(032)	87750.00
本期发生额 105000.00	本期发生额	200655.00
	期末余额	130655.00

图 4-25 应付账款 T 形账

科目汇总表 20□□年 01 月 01 日至 01 月 31 日		编号: 001 附件共 张
		凭证号数 记 第 001 号至 055 号共 55 张
		第 号至 号共 张
		第 号至 号共 张

会计科目	记账	借方金额	贷方金额	会计科目	记账	借方金额	贷方金额

图 4-26 科目汇总表(基础信息)

2. 科目汇总信息

将 T 形账的本期发生额填写到科目汇总表中。本业务中,库存现金本期借方发生额为 500.00 元,本期贷方发生额为 800.00 元;库存商品本期借方发生额为 171 500.00 元,本期贷方发生额为 165 715.00 元;应付账款本期借方发生额为 105 000.00,本期贷方发生额为 200 655.00,因此填写后的科目汇总表见图 4-27。

3. 签字栏

会计编制完科目汇总表后,应在"制表"处签字(见图 4-28)。经审核后,取得相关人员签字。

会计科目	借方金额	贷方金额	会计科目	借方金额	贷方金额
库存现金	50000	80000			
银行存款	8743400	17163617			
应收账款	30537000	8743400			
库存商品	17150000	16571500			
其他应收款	460730	460730			
累计折旧	—0—	67556			
其他应付款	—0—	50000			
应付账款	10500000	20065500			
应付职工薪酬	3663250	3663250			
应交税费	6034025	7174152			
主营业务收入	26100000	26100000			
主营业务成本	16571500	16571500			
税金及附加	182520	182520			
管理费用	3302213	3302213			
销售费用	1887167	1887167			
财务费用	25000	25000			
所得税费用	1032900	1032900			
本年利润	6247280	9345980			

图 4-27　科目汇总表（科目汇总信息）

会计科目	借方金额	贷方金额	会计科目	借方金额	贷方金额
财务费用	25000	25000			
所得税费用	1032900	1032900			
本年利润	6247280	9345980			
合　计			合　计		

财会主管	记账	复核	制表　方明娥

图 4-28　科目汇总表（签字栏）

实务小结

通过以上学习我们知道，会计应根据审核无误的记账凭证编制 T 形账，再按照 T 形账编制科目汇总表。

业务 10　登记总账与编制试算平衡表

总账能够对明细账进行统一、总体的反映。实务中，总账和试算平衡表是编制会计报表的主要依据。

一、登记总账

总账根据总分类科目进行设置，用于记录总账科目（一级科目）的本期发生额和期末余额。总账应登记的内容见图 4-29。

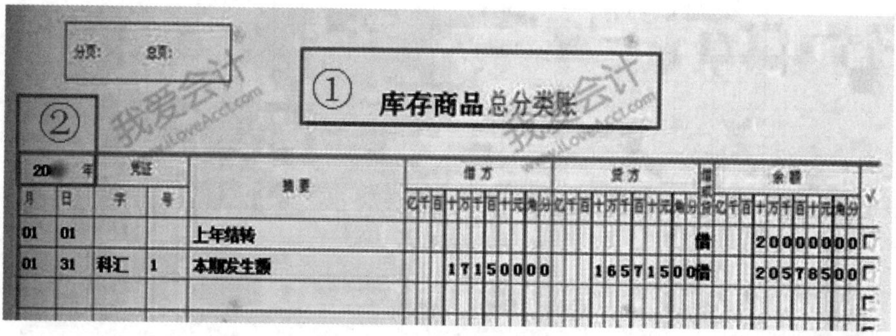
分页：　总页：

① 库存商品总分类账

②

20 年		凭证		摘要	借方	贷方	借或贷	余额	✓
月	日	字	号						
01	01			上年结转			借	20000000	
01	31	科汇	1	本期发生额	17150000	16571500	借	20578500	

图 4-29　库存商品总账

登记总账时应按以下步骤进行。

（1）按照科目汇总表的信息登记总账的时间、凭证字号、摘要、金额等。日期一般填写当期最后一天；由于总账是根据科目汇总表进行登记的，因此凭证字一般填写“科汇”；凭证号填写科目汇总表的编号；摘要为“本期发生额”；金额按科目汇总表里对应的金额进行填写。

（2）计算出余额。计算公式如下。

① 资产类

本行余额＝上行余额＋借方发生额－贷方发生额

② 负债、所有者权益类

本行余额＝上行余额－借方发生额＋贷方发生额

下面举例说明登记总账的方法。

如图 4-30 所示，该业务中，日期登记本期的最后一天，即“01 月 31 日”；凭证字填写"科汇";凭证号填写科目汇总的编号;摘要填写"本期发生额"或者"1 月 31 日汇总";借、贷方金额根据科目汇总表中的借、贷方金额填写;结出余额等于上期余额加上本期借方发生额减去本期贷方发生额。

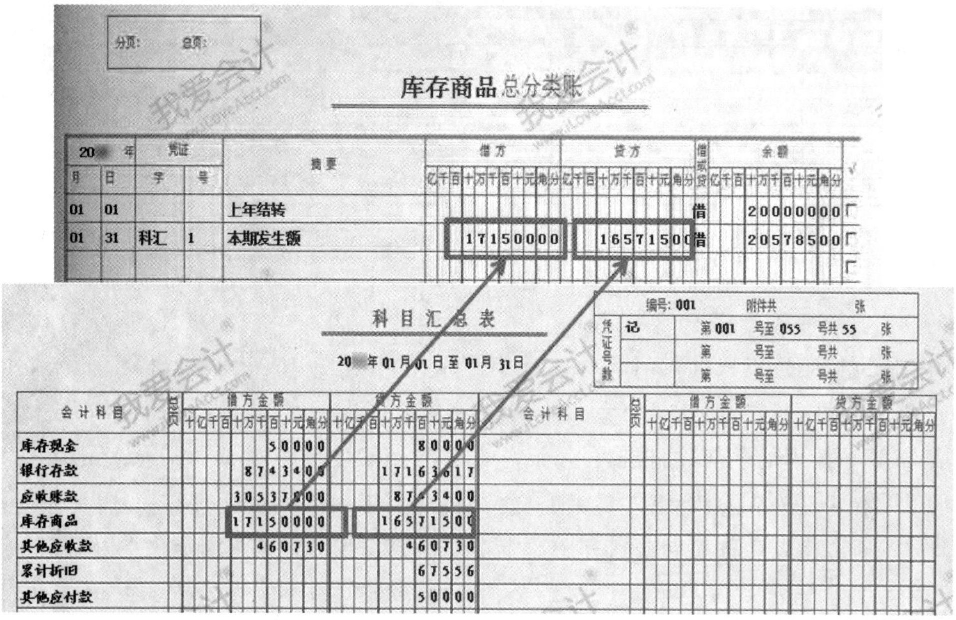

图 4-30 登记总账举例

二、试算平衡

所谓试算平衡,就是根据借贷记账法"有借必有贷,借贷必相等"的平衡原理,检查和验证账户记录正确性的一种方法。

试算平衡工作是通过编制试算平衡表完成的。编制试算平衡表能及时发现总账科目的错误并予以更正。试算平衡可以分为两步:一是编制试算平衡表;二是校验总账。

(一)编制试算平衡表

试算平衡表的格式见图 4-31。

实务中,会计人员应按以下步骤编制试算平衡表。

1. 填写基础信息

"单位"处直接填写企业营业执照上的全称;"会计期间"为试算平衡表对应的会计期间,如"2017 年 01 月";"单位"为本表的货币核算单位,一般为"元"。

2. 填写试算平衡表项目

试算平衡表项目包括科目代码、科目名称、期初余额、本期发生额、期末余额。

图 4-31　试算平衡表(部分)

其中,科目代码可以根据科目名称在准则附录的科目表中查找填写;科目名称直接将总账科目按资产、负债、所有者权益、费用、收入的顺序填写;根据上期期末数填写本期试算平衡表的期初数;根据科目汇总表的本期发生额填写试算平衡表的本期发生额(见图 4-32);根据期初数及本期发生额计算期末余额。对应的公式为:

期末借方余额＝期初借方余额＋本期借方发生额－本期贷方发生额

期末贷方余额＝期初贷方余额－本期借方发生额＋本期贷方发生额

图 4-32　试算平衡表

试算平衡表中期初借方余额合计数与贷方余额合计数相等、本期借方发生额合计数与贷方发生额合计数相等、期末借方余额合计数与贷方余额合计数相等。如果不相等，则证明本月账务处理有错误。

（二）校验总账

月末，会计人员登记完总账，编制完试算平衡表后，应将总账与试算平衡表进行比对，以校验总账的正确性。具体的校验方式如下。

1. 检查试算平衡表期初借贷方余额与总账期初借贷方余额是否相等

如果试算平衡表期初余额与总账期初余额不相等，可能是上期末没有进行试算工作。应先核对上期末试算平衡表和总账的期末余额是否一致：如果一致，则可能是摘抄错误，分别核对试算平衡表和总账的摘抄情况，找出错误并改正；如果不一致，则要进一步检查上期的科目汇总表、T形账和凭证的数据，直至找到错误。

2. 检查试算平衡表本期借贷方发生额与总账本期借贷方发生额是否相等

如果本期发生额不相等，应再次将科目汇总表与总账、试算平衡表分别核对，核实各自的本期发生额是否登记有误。

3. 检查试算平衡表期末借贷方余额与总账期末借贷方余额是否相等

如果试算平衡表期末余额不能平衡，则应根据以下公式检查期末计算是否有误。

期末借方余额＝期初借方余额＋本期借方发生额－本期贷方发生额

期末贷方余额＝期初贷方余额－本期借方发生额＋本期贷方发生额

温馨提示

通过试算平衡表来检查账簿记录是否正确并不是绝对的。从某种意义上讲，如果借贷不平衡，就可以肯定账户的记录或者是计算有错误。但如果借贷平衡，我们也不能肯定账户记录就一定没有错误，因为有些错误并不影响借贷双方的平衡关系。例如在有关账户中重记或漏记某项经济业务，或者将经济业务的借贷方向记反，就不一定能通过试算平衡发现错误。

实务小结

通过以上学习我们知道，会计人员期末应根据科目汇总表的数据登记总账，进行试算平衡。通过编制试算平衡表并结合借贷平衡原理，可以对总账进行校验。

第五篇

对账与结账

能 力 目 标

- 掌握对账的主要内容；
- 掌握账证核对、账账核对、账实核对的方法；
- 掌握财产清查的基本方式；
- 掌握结账的基本方法。

　　会计在登记完账簿后,为了保证账簿信息的真实性、完整性,应进行对账、财产清查和结账工作。

业务要点

　　实务中,对账与结账主要包括以下三项工作。

1. 对账

　　会计需将凭证与账簿、账簿与账簿、账簿与实物进行核对。

2. 财产清查

　　会计需正确认识财产清查,做好清查前的准备,掌握财产清查的方法以及结果的处理。

3. 结账

　　月末、年末,会计需对账簿进行结账。

　　本篇的业务要点和知识要点见表5-1。

表5-1　业务要点和知识要点

能　力　要　点	业　务　要　点	知　识　要　点
对账与结账	对账	账证核对
		账账核对
		账实核对
	财产清查	正确认识财产清查
		财产清查的流程
		财产清查的方法
		财产清查结果的处理
	结账	月结
		年结

重点难点

　　本篇的重点难点见表5-2。

表5-2　重点难点

业务目标	学　习　重　点	重要程度	难易程度	建议学时
对账	核对明细账与凭证、核对明细账与总账、核对账簿与实物	★★★★☆	★★★☆☆	1课时
财产清查	财产清查的方法	★★★★☆	★★★★☆	0.5课时
结账	月结、年结	★★★★☆	★★★☆☆	1课时

业务 11 对 账

对账是指在会计核算中,为保证会计数据正确可靠,应当对账簿、凭证等会计资料中的关联数据进行检查和核对,并定期与实物进行核对。对账工作通常在月末进行,实务中,月末对账主要应做好三项工作(见图 5-1)。

```
                    对账
         ┌───────────┼───────────┐
    账证核对      账账核对      账实核对
```

图 5-1 对账的内容

一、账证核对

账证核对即账簿与凭证核对。这里的"账"主要是明细账、日记账和 T 形账,这里的"证"包括记账凭证和原始凭证。会计核对账簿与凭证可按以下两个步骤进行。

(一)核对是否漏登

会计将账簿和记账凭证进行核对时,首先应看凭证是否有漏登。实务工作中,会计人员将记账凭证上的科目登记到明细账或日记账后,会在记账凭证对应科目的最右边方框里打"√",并且会在记账凭证签字栏的"记账"处签字。核对是否漏登时,重点查看是否存在未打上登账标记的会计科目。

(二)核对凭证信息与账簿信息是否一致

核对凭证信息与账簿信息是否一致时,主要核对凭证金额与账簿金额是否一致,会计科目借贷方向是否一致,以及记账凭证的时间、凭证字号、内容是否与账簿上的一致。在账证核对过程中,还要注意记账凭证后附的原始凭证与账簿记录的一致性。例如,对于数量金额式明细账,应将账簿记录的数量与记账凭证后附的出库单、入库单等原始凭证记录的数量进行核对。

二、账账核对

账簿与账簿间存在着相互依存的钩稽关系。因此,通过账簿的相互核对,可以发现账簿记录是否有误。日常工作中,会计进行账簿与账簿的核对时,主要包括以下四项工作。

(一)总账相关账户余额的核对

实务工作中,会计应保证所登记的每一笔经济业务借方发生额,也相应地登记到贷方发生额中。会计在进行总账相关账户余额的核对时,根据借贷平衡法和会计恒等式进行核对,通常采用编制试算平衡表来完成,该部分可参照第四篇"业务 10 登记总账与编制试算平衡表"进行学习。

(二)总账与所属明细账的核对

登记总账与明细账时,通常采用平行登记法,即总账账户与其所属明细账各账户的登记依据、期间、借贷方向金额应完全一致。因此,会计应将总账的本月合计数与明细账的本月合计数进行核对(包括发生额和余额)。如果出现不一致,就表示账簿记录有错,应查明原因后予以更正。

例如,2017 年 1 月 31 日,会计将应收账款总账(见图 5-2)与应收账款明细账(见图 5-3~图 5-5)进行核对。

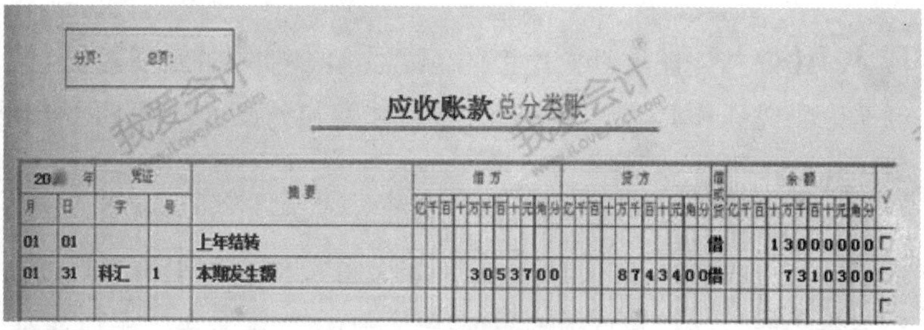

图 5-2　应收账款总账

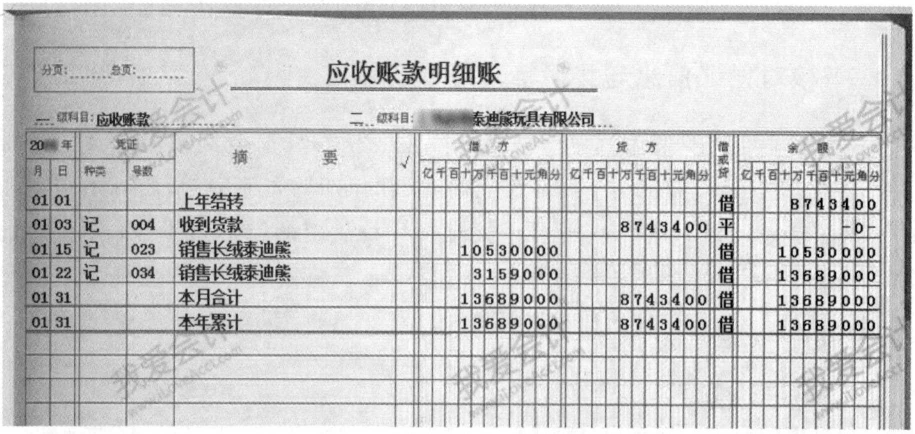

图 5-3　应收账款明细账(1)

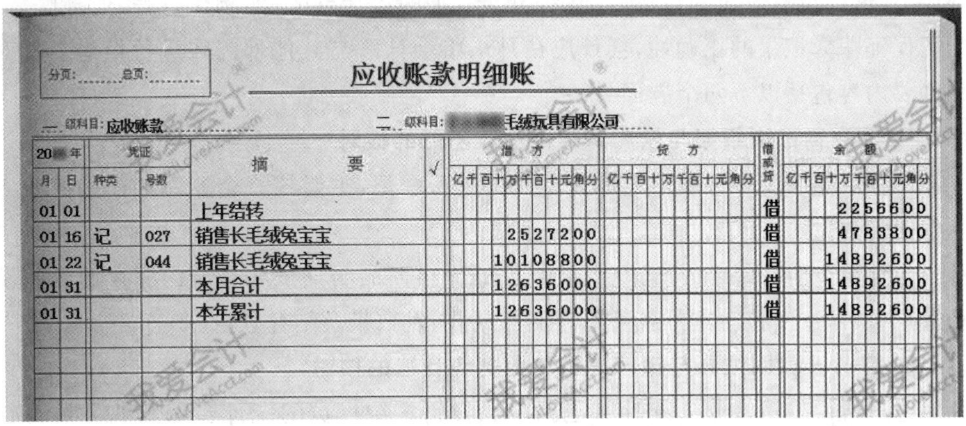

图 5-4 应收账款明细账(2)

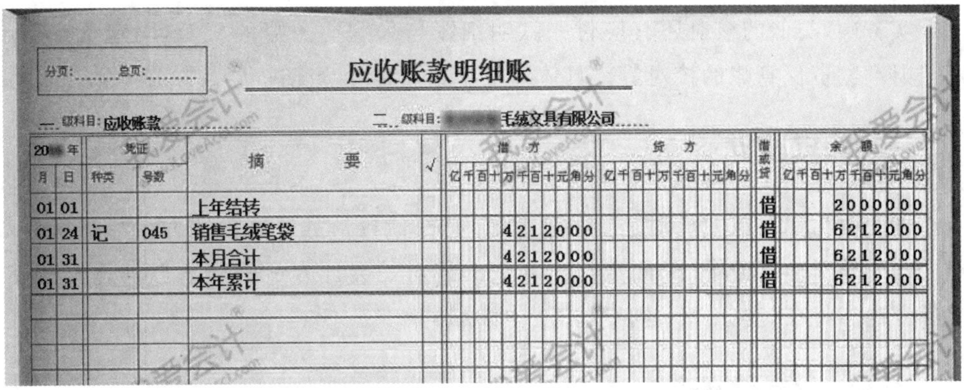

图 5-5 应收账款明细账(3)

会计核对后发现,应收账款明细账本期借方发生额合计为 305 370.00 元,总账本月借方金额为 30 537.00 元,两者金额不符;应收账款明细账期末余额合计为 347 936.00 元,总账期末余额为 73 103.00 元,两者金额不符。

(三)总账与日记账的核对

会计除了将总账与明细账进行核对外,还需将总账与日记账进行核对,包括将库存现金总账、银行存款总账与出纳登记的库存现金日记账、银行存款日记账进行核对。

将总账与日记账进行核对时,应将银行存款总账的本月合计数、余额与银行存款日记账的本月合计数、余额进行核对。

(四)会计账与其他部门账的核对

企业发生的经济业务,一般都会与其他部门有关联,除了会计部门有核算记录外，其他部门也有对应的台账等记录，包括有关的统计台账、实物保管账、业务账等。为了保证账簿记录的正确性，会计应在月末将会计账与其他部门账进行核对。核对的主要内容包括以下两个方面。

1. 库存商品明细账与仓库库存商品收发账的核对

库存商品收发账一般由仓库管理人员进行登记，主要核算企业库存商品的收入与发出的数量。

会计至少应在每个月结束时，将自己的库存商品明细账与仓库的库存商品收发账进行核对，主要核对本月各类库存商品的收、发数量及结存数量。

2. 应收账款明细账与销售部销售业务统计账的核对

这里所说的销售业务统计账包括单独设销售统计员的统计台账和业务员自行记录的业务账。核对的内容包括应收账款对应的客户名称及其本期发生额、余额等情况。

实务中，类似的核对还有应付账款明细账与采购业务账的核对，固定资产明细账与财产物资保管账的核对等。具体请根据企业实际情况进行操作。

三、账实核对

账面数与实存数的核对是指各项财产物资、债权债务等账簿账面余额与实有数额之间的核对。实务中，账面数与实存数的核对是会计人员必须掌握的重要技能，这部分内容将在"业务12　财产清查"中详细讲解。

实务小结

通过以上学习我们知道，会计人员为了保证所记录经济业务的真实完整，应于月末进行对账，确保账证核对相符、账账核对相符、账实核对相符。

业务 12　财产清查

通过填制和审核会计凭证,然后及时地在账簿中进行连续登记,能保证账簿记录较真实地反映企业各项财产的实有数。但在实际工作中,由于种种原因,账簿记录容易与实际数发生不一致,为了使账簿记录更真实地反映企业的实际财产状况,有必要进行财产清查。

一、正确认识财产清查

在已经完成账证、账账核对的基础上,为了使账上数据与企业的实际数据相一致,还要进行账实核对,即财产清查。财产清查的范围包括实物资产、货币资金、往来款项等的清查工作。

二、财产清查的流程

为了使财产清查顺利进行,首先要确保财产物资的账证、账账相符,因为财产清查依据的是账簿记录的数据。一般而言,财产清查分为以下四个步骤(见图 5-6)。

建立清查小组 ⟹ 制定清查方案 ⟹ 通知财产保管部门 ⟹ 清查、记录

图 5-6　财产清查的流程

1. 建立清查小组

清查小组一般需包括负责人、监督人员、清查人员等。监督人员一般安排财务人员,清查人员可以是各个部门的基层员工,由清查小组的负责人确定。

2. 制定清查方案

在方案中对清查对象、范围、方法、配备人员、清查任务等做出规定。

3. 通知财产保管部门

通知财产保管部门将本部门保管的资产进行全面整理,准备各种度量工具,方便清查小组进行清查。

4. 清查、记录

根据制定的清查方案进行财产清查。财产清查小组人员应备好各类财产的清查记录表格,以备清查人员及时进行登记。

三、财产清查的方法

不同的财产物资,其清查方法有所不同。会计人员应重点掌握以下三类主要财产物资的常用清查方法。

(一)实物资产的清查

企业常见的实物资产包括存货、固定资产。其中存货包括库存商品、包装物、低值易耗品等。实物资产清查最常用的方法是实地盘点法。

实地盘点法就是通过实地盘点确定财产物资的实有数。盘点结束,将盘点结果记入盘点报告表(见图 5-7),同时将盘点报告表记录的实存数与账面结存数核对。发现账实不符时,需填写"对比结果"处的信息,确定财产物资的盘盈、盘亏数。

教学专用

盘点报告表

编号	类别及名称	计量单位	单价	实存		账存		对比结果				备注
								盘盈		盘亏		
				数量	金额	数量	金额	数量	金额	数量	金额	
	合计											

盘点人: 监盘人:

图 5-7　实物资产盘点表

盘点时,实物保管人员必须在场。对于重要仪器或物品,为了防止仪器或物品损坏,应由保管人员进行盘点,财务人员监盘并记录。

(二)货币资金的清查

1. 库存现金的清查

库存现金的清查通常采用会计人员监盘的形式。由于现金的特殊性,因此对监盘人员有一定限制,一般由会计主管或其指定人员担任。通过实地监盘,确定现金的实有数;通过查库存现金日记账确定现金的账存数,并将现金实有数与账存数进行核对,确定现金长款、短款。

清查库存现金时,应注意以下几点:①必须由出纳进行盘点,由会计主管或指定人员监盘;②不得白条抵库;③根据盘点结果,编制库存现金盘点报告表,并由出纳、监盘人员签字。

2. 银行存款的清查

银行存款一般通过与银行对账单核对的形式进行清查。在清查日可以直接到银行打印对账单，然后根据对账单进行核对。核对不符时，要查清情况，属于记录错误，就修改错误；属于未达账项，应编制银行存款余额调节表。

所谓未达账项，是指公司与银行之间对同一项经济业务由于凭证传递上的时间差所形成的一方已登记入账，而另一方因未收到相关凭证尚未登记入账的事项。未达账项的产生原因见图 5-8。

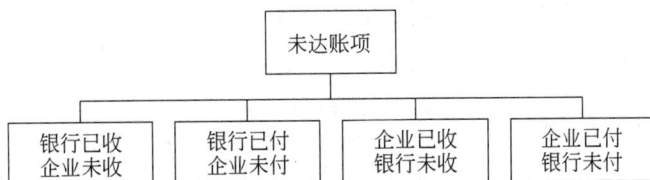

图 5-8 未达账项的产生原因

编制银行存款余额调节表（见图 5-9），要先填入开户银行、账号、日期、银行存款日记账的余额及银行对账单的余额。

图 5-9 银行存款余额调节表

（1）左边部分：根据银行对账单上、银行存款日记账未登记到的部分填入。

"银行已收，企业未收"表示银行对账单已经体现收入，但是企业可能还没有收到单据，如委托银行收款，结算凭证还未送达企业。

"银行已付，企业未付"表示银行对账单已经体现支出，但是企业可能还没有收到单据，如银行代扣电话费。

（2）右边部分：根据银行存款日记账上、银行对账单未登记到的部分填入。

"企业已收，银行未收"表示银行存款日记账上已经登记收款，但是单据还没有传递到银行，如收到客户转账支票，但未到银行办理进账。

"企业已付,银行未付"表示银行存款日记账上已经登记付款,但是单据还没有传递到银行,如开出支票付货款但持票人尚未提现或转账。

银行存款余额调节表调节后的余额计算。

① 左边部分的余额＝银行存款日记账的余额＋"银行已收,企业未收"－"银行已付,企业未付"。

② 右边部分的余额＝银行对账单的余额＋"企业已收,银行未收"－"企业已付,银行未付"。

最后,左边余额必须等于右边余额,否则就表明登记有误。

例如,2017 年 1 月 6 日,出纳收到银行对账单(见图 5-10),并与银行存款日记账(见图 5-11)进行核对。

教学专用

邮　　编　　000
存款人地址　　市城南区文禾路23号
存款人名称　　我爱会计贸易有限公司

交通银行(　　分行　　)对账单
BANK OF COMMUNICATIONS STATEMENT OF ACCOUNT

机构 67964568　　　　　　　币种 人民币　　　　　　　第 9 页

账号 1100076110　　城南支行　　　单位名称　　我爱会计贸易有限公司

日期	摘要		凭证	发生额		余额	记账部门	流水号
				借方	贷方			
1208	承前页					547045.80	398034	30980923
1209	支付上月材料款	转支	#1401	35000.00		512045.80	398034	30980927
1212	收回货款	委收	#2201		3726.10	515771.90	398034	30981577
1214	收回货款	委收	#2202		12000.00	527771.90	398034	30981634
1215	提取备用金	转支	#1402	20000.00		507771.90	398034	30983450
1215	支付上月税金	委收	#1403	7800.00		499971.90	398034	30983464
1216	收回货款	转支	#2203		6700.00	506671.90	398034	30983639
1220	支付利息	转支	#1404	1200.00		505471.90	398034	30984307
1222	收到个体户的款	委收	#2204		10000.00	515471.90	398034	30984333
1226	代付电话费	特转	#3201	1210.20		514261.70	398034	30984432
1229	收回货款	委收	#2205		34000.00	548261.70	398034	30984551
1230	代交电费	特转	#3202	2000.00		546261.70	398034	30984620

图 5-10　银行对账单

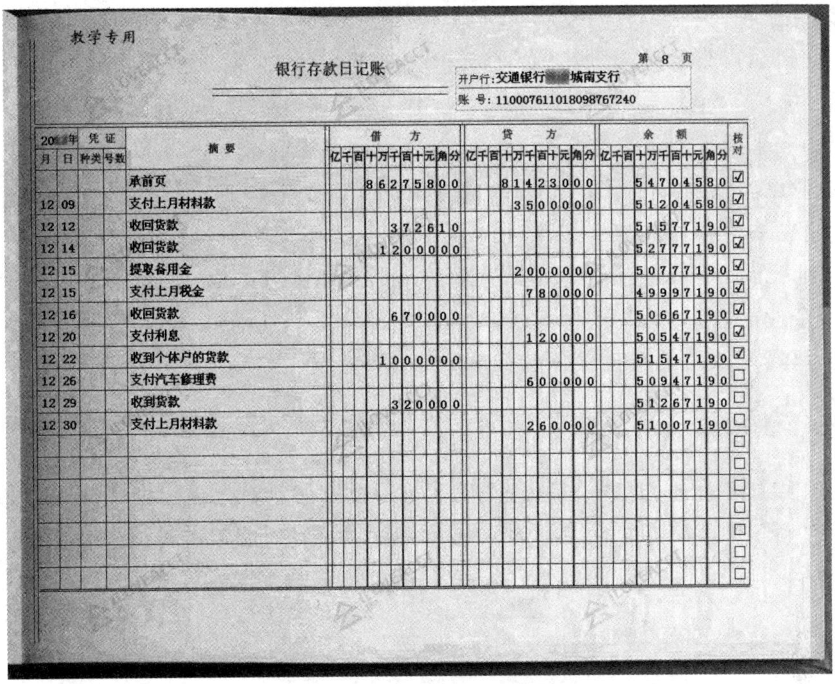

教学专用　　　银行存款日记账　　　第 8 页
开户行：交通银行 城南支行
账　号：11000761101 8098767240

2011年		凭证		摘要	借方	贷方	余额	核对
月	日	种类	号数		亿千百十万千百十元角分	亿千百十万千百十元角分	亿千百十万千百十元角分	
				承前页	862758 00	814230 00	5470458 0	☑
12	09			支付上月材料款		35000 00	5120458 0	☑
12	12			收回货款	37261 0		5157719 0	☑
12	14			收回货款	120000 0		5277719 0	☑
12	15			提取备用金		200000 0	5077719 0	☑
12	15			支付上月税金		78000 0	4999719 0	☑
12	16			收回货款	67000 0		5066719 0	☑
12	20			支付利息		12000 0	5054719 0	☑
12	22			收到个体户的货款	100000 0		5154719 0	☑
12	26			支付汽车修理费		60000 0	5094719 0	☐
12	29			收到货款	32000 0		5126719 0	☐
12	30			支付上月材料款		26000 0	5100719 0	☐

图 5-11　银行存款日记账

通过核对发现，银行对账单与银行存款日记账最后三笔业务不符。经核查，这几笔业务都是未达账项，此时需编制银行存款余额调节表（见图 5-12）。

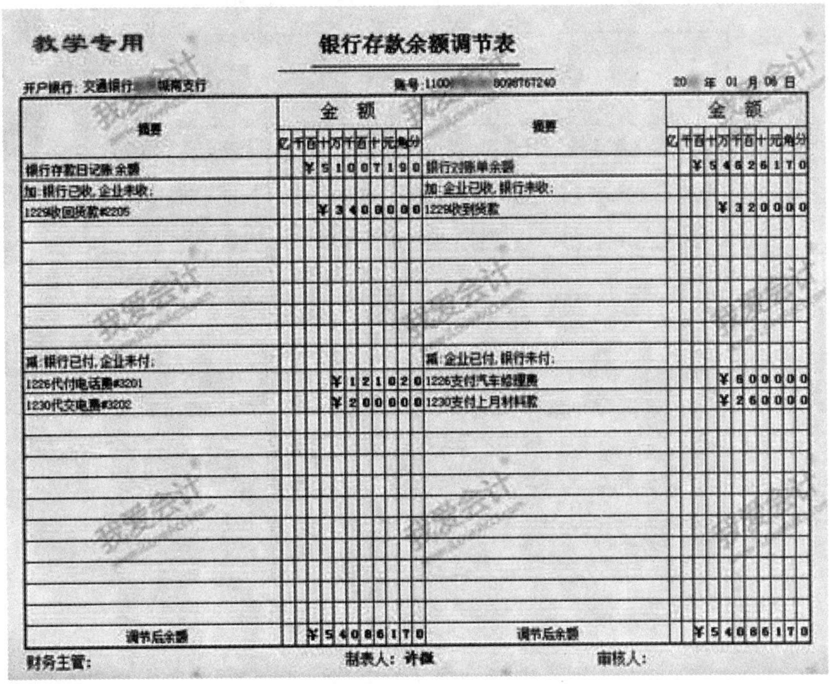

教学专用　　　银行存款余额调节表
开户银行：交通银行 城南支行　　账号：L100 8098767240　　20　年 01 月 09 日

摘要	金额	摘要	金额
	亿千百十万千百十元角分		亿千百十万千百十元角分
银行存款日记账余额	￥5100719 0	银行对账单余额	￥5462617 0
加：银行已收、企业未收：		加：企业已收、银行未收：	
1229 收回货款 #2205	￥32000 00	1229 收到货款	￥32000 0
减：银行已付、企业未付：		减：企业已付、银行未付：	
1225 代付电话费 #3201	￥12102 0	1226 支付汽车修理费	￥60000 0
1230 代交电费 #3202	￥20000 0	1230 支付上月材料款	￥26000 0
调节后余额	￥5406617 0	调节后余额	￥5406617 0

财务主管：　　　制表人：许微　　　审核人：

图 5-12　银行存款余额调节表

"银行已收，企业未收"：12月29日收回货款♯2205，由于银行已经登记入账，企业尚未收到银行收款通知，所以企业未登记入账。

"银行已付，企业未付"：12月26日代付电话费♯3201、12月30日代交电费♯3202，由于银行已经登记入账，企业尚未收到银行付款通知回单，所以企业未登记入账。

"企业已收，银行未收"：12月29日收到货款，由于企业已经登记入账，银行尚未收到企业收款信息，所以银行未登记入账。

"企业已付、银行未付"：12月26日支付汽车修理费、12月30日支付上月材料款，由于企业已登记入账，银行尚未收到企业付款信息，所以银行未登记入账。

最后，经调节后的银行存款余额都为540 861.70元。

（三）往来款项的清查

往来款项清查的主要方式是函证，也就是通过发函给对方进行询证。对于"应收账款"和明细科目为某某单位的"其他应收款"，一般通过发对账单进行确认（见图5-13）；对于明细科目为某某人的"其他应收款"，一般直接查看借款单据或与当事人进行核对。

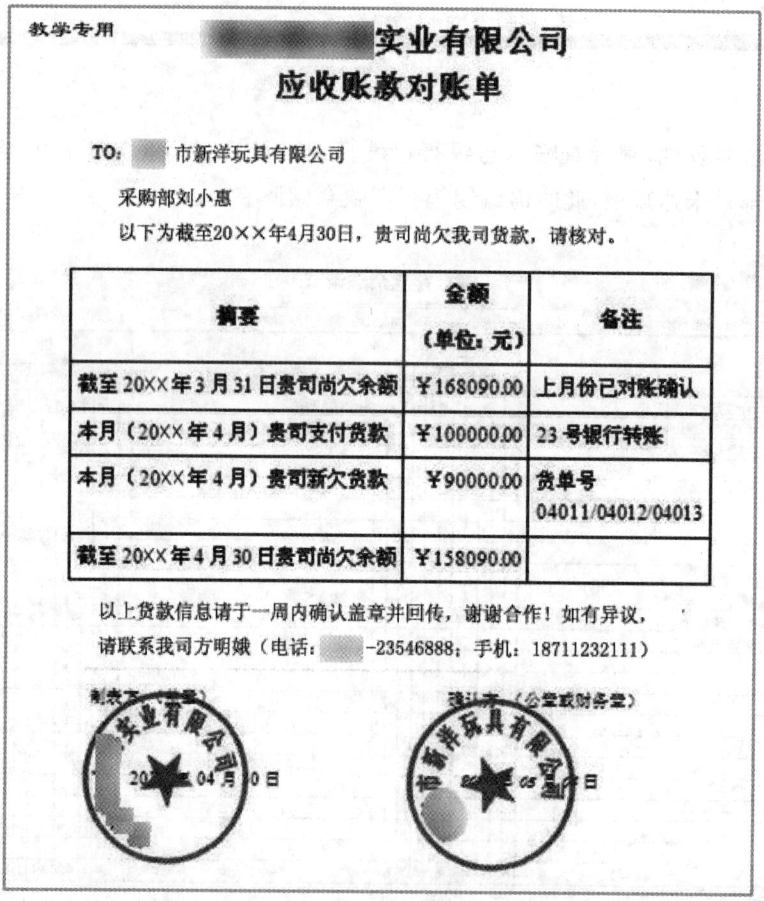

图5-13　应收账款对账单

清查往来款项时，清查人员应编制往来款项对账单，对于差异情况应查明原因，做出说明，可以编制往来款项清查报告（见图 5-14）。

往来款项清查报告

编制单位：我爱会计贸易有限公司　　　　20　年1月31日

往来款项名称	公司账面余额	对方账面余额	差额	差额说明	备注
应收账款					
预付账款					
其他应收款（单位）					
其他应收款（个人）					
合计					

清查人员：　　　　往来款管理人员：

图 5-14　往来款项清查报告

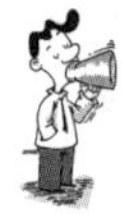

温馨提示

我们这里给出的关于财产清查的盘点表、报告单等原始凭证都只是一种参考样式，仅供大家参考，同学们在以后的工作中请根据实际需要灵活选择运用。

四、财产清查结果的处理

财产清查后，对于清查结果中账实不符部分，会计人员要调整账簿记录，做出对应的账务处理。账务处理分两步：一是审批之前的处理；二是审批之后的处理（见表 5-3）。

表 5-3　财产清查结果的处理

清查结果	财产项目	审批前的财务处理	审批后的财务处理
盘盈	库存现金	记入“待处理财产损溢”	记入“营业外收入”“其他应付款”等
	存货		冲“管理费用”或记入“营业外收入”等
	固定资产	记入“以前年度损益调整”	
盘亏	库存现金	记入“待处理财产损溢”	记入“营业外支出”
	存货		记入“管理费用”或“营业外支出”等
	固定资产		记入“营业外支出”

从表 5-3 可以看出，除固定资产盘盈外，其他清查结果在审批前都通过“待处理

财产损溢"这个科目来核算;待审批后,再记入"营业外收入"或"管理费用"等科目中。

　　存货盘亏时,属于一般经营损失的,记入"管理费用";属于个人或保险公司应赔偿的,记入"其他应收款"(见图 5-15);属于意外灾害性损失的,记入"营业外支出"。

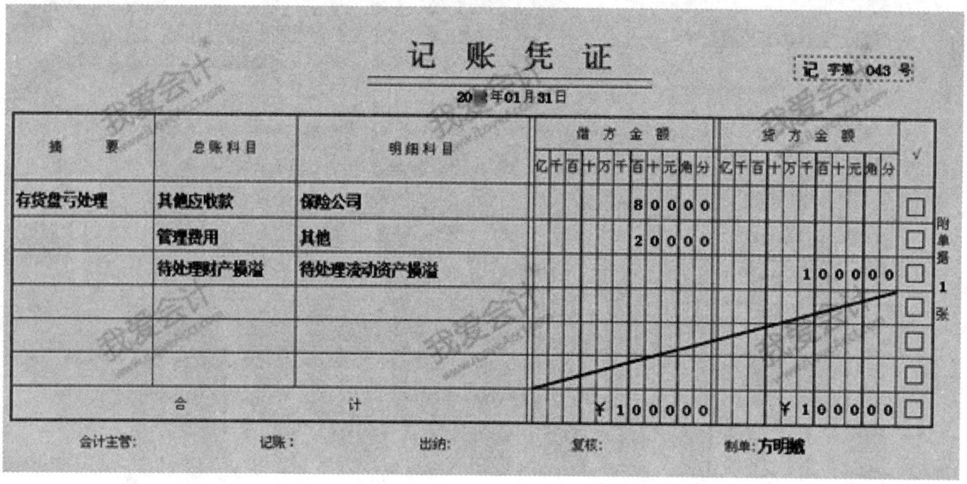

摘　要	总账科目	明细科目	借方金额 亿千百十万千百十元角分	贷方金额 亿千百十万千百十元角分	√	
存货盘亏处理	其他应收款	保险公司	8 0 0 0 0		□	
	管理费用	其他	2 0 0 0 0		□	附单据1张
	待处理财产损溢	待处理流动资产损溢		1 0 0 0 0 0	□	
					□	
					□	
					□	
合　　计			￥ 1 0 0 0 0 0	￥ 1 0 0 0 0 0	□	

记 账 凭 证　　记 字第 043 号
20　　年01月31日

会计主管:　　记账:　　出纳:　　复核:　　制单:方明

图 5-15　盘亏账务处理结果

温馨提示

　　银行存款一般不会像库存现金一样出现盘盈或盘亏,往来款项清查如果出现差额,要调整账簿记录,做出相应的账务处理。

实务小结

　　为了使企业账上的数据与实际的资产数一致,企业应进行财产清查,主要包括货币资金、实物资产和往来款项的清查。其中货币资金、实物资产的清查一般采用实地盘点的方法,往来款项一般通过与往来单位或个人进行对账确定。财产清查完毕,应制作相应的财产清查报告。出现账实不符的,应按规定进行相应的账务处理。

业务 13　结　　账

结账是指会计期末计算出各账户发生额及期末余额,并作相应结转的工作。结账可以总结一定期间内的财务数据,为及时编制会计报表提供有益资料。

实务工作中,结账工作主要分为月结和年结。

一、月结

月结,即月末结账,是指按月结出各类账簿的本期发生额和期末余额。一般来说,所有账簿都需要进行月末结账工作。

(一)明细账月末结账

会计进行明细账结账时,因账户的使用情况不同,结账方式也有所差异。一般情况下,会计结账时主要有以下两种情况。

1. 只需要结出"本月合计"的账户

对于各种需要按月结计累计发生额和期末余额的账户,如债权债务类账户,月末结账时,要加计本月的发生额并计算出余额。实务工作中,此类账户结账的一般步骤如下。

(1)结出本月发生额及余额,摘要注明"本月合计"字样。

(2)在月结行下面通栏画单红线,划线要紧贴着下一行的顶线,尽量不占用账页格子的空白,以免影响下一行登账。

如果本月只发生一笔交易或者事项,由于该笔记录的金额就是本月发生额,结账时,只要在此行记录下画一单红线,表示与下月的发生额分开就可以了,不需另结出"本月合计"数。

例如,会计对应收账款明细账进行结账时,应在摘要栏写明"本月合计",然后结算出本月借方发生额 136 890.00、贷方发生额 87 434.00 和余额 136 890.00,最后画单红线(见图 5-16)。

2. 需要结出"本月合计"和"本年累计"的账户

实务工作中,由于收入、成本费用一般在编制利润表时需要同时登记"本月发生额"及"本年累计发生额",因此针对这类账户,既要结出"本月合计"金额,还要结出"本年累计"金额。

每月结账时,可以分两个步骤进行。

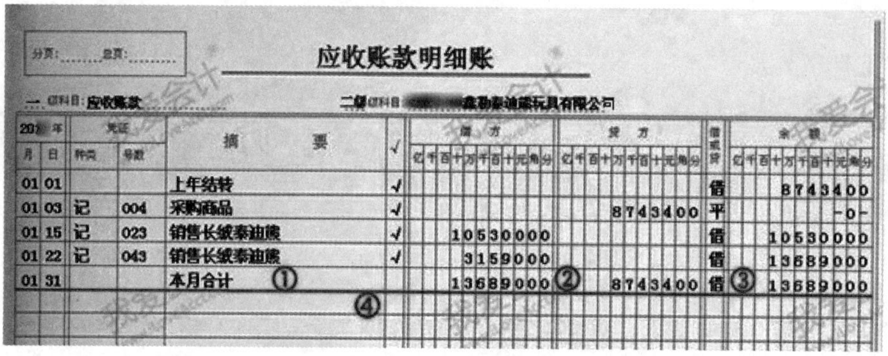

图 5-16　应收账款明细账

(1) 结出本月发生额及余额：先在摘要栏注明"本月合计"，结算出本月发生额和余额，最后在"月结行"的下一行并紧靠上线通栏画单红线。

(2) 结出"本年累计"。首先，在月结行下另起一行，摘要栏注明"本年累计"；其次，算出年初始至本月末止的累计发生额和月末余额，截至本月的本年累计金额＝上月末本年累计金额＋本月发生额；最后，在本年累计行下通栏画单红线。

例如，会计对管理费用明细账进行月结时，应先结算出"本月合计"，再结算出"本年累计"(见图 5-17)。

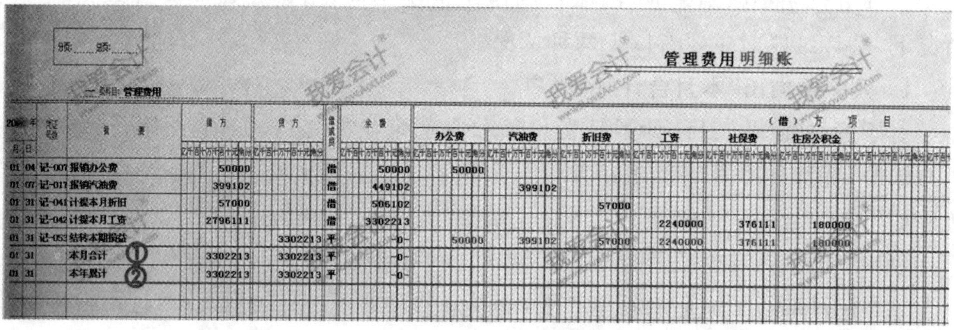

图 5-17　管理费用明细账

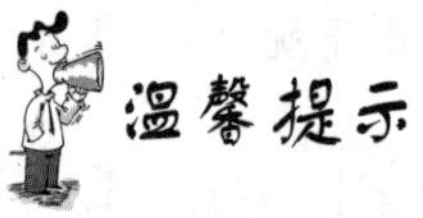

温馨提示

(1) 本月没有发生额的账户，不必进行月结，不画结账红线。

(2) 对不需要按月结计本期发生额而只求余额的明细账，每次记账后都要随时结出余额。月末结账时，只需要在最后一笔经济业务记录行的下一行并紧靠上线通栏画单红线，不需要再结计一次余额。

(3) 实务中，为了方便管理，很多企业会要求所有的明细账一律都在每月末结出"本月合计""本年累计"。这种方法简单易记，使用范围较广。

（二）总账月末结账

实务中,对总账结账的方式主要有两种。

（1）与明细账结账类似,分只需结转"本月合计"科目和需同时结转"本月合计""本年累计"科目进行结账操作,这里不再详细阐述。这种结账方式主要适用于一月内分好几次登记总账的企业。

（2）平时只结出账户余额,不计算当月发生额,也不画通栏单红线。这种结账方式主要适用于一月只汇总登记一次总账的企业。

（三）日记账月末结账

库存现金日记账、银行存款日记账需按月结计发生额。每月结账时,要结出本月发生额和余额,在摘要栏内注明"本月合计",并在下面通栏画单红线。一般情况下,该工作由出纳负责。

二、年结

年终,会计应当对所有账簿结账,既要做出 12 月的月末结账,同时还得进行年终结账。年结过程与月结大致相同,主要区别如下。

（1）年结时,所有科目都需要结出本年累计发生额,在摘要栏里注明"本年合计"字样。

（2）在"年结栏"下画通栏双红线（即封账线）。

（3）账户余额的处理。如果总账科目年末没有余额,只需在"本年合计"栏内结计全年借方发生额和贷方发生额,并在"借或贷"栏写"平"字和"余额"栏画"－0－"符号,然后在"本年合计"行下通栏画双红线,封账即可。

例如,会计对管理费用总账进行年终结账时,其年末无余额,结计全年借方发生额和贷方发生额后,应在"借或贷"栏写"平"字,并在"余额栏"画"－0－",最后在"本年合计"行下通栏画双红线（见图 5-18）。

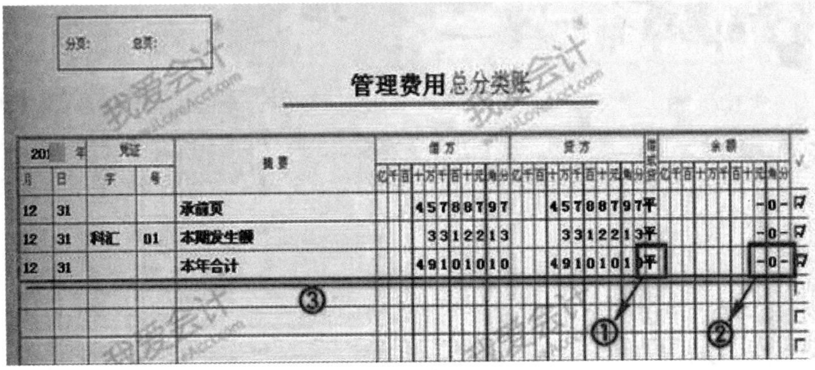

图 5-18 管理费用总账

温馨提示

年度终了结账时,有余额的账户,要将余额结转下年,并在摘要栏内注明“结转下年”的字样。

例如,会计年结累计折旧总账,该科目年末有余额,应在结计“本年合计”后,在下一栏填写“结转下年”,并摘抄余额(见图 5-19)。

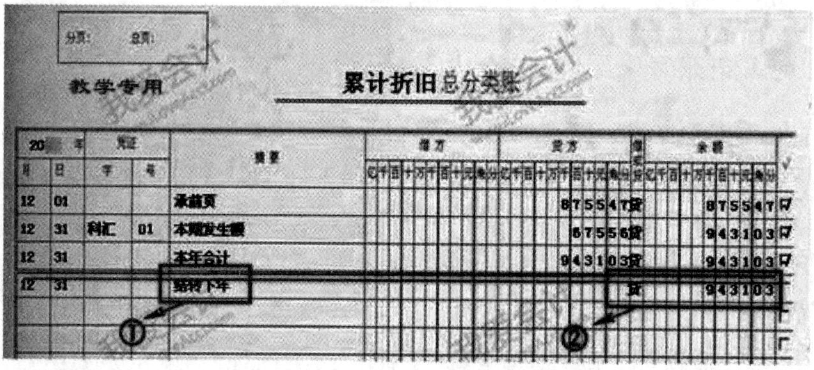

分页: 总页:

教学专用

累计折旧总分类账

20 年 月	日	凭证 字	号	摘要	借方	贷方	借或贷	余额	✓
12	01			承前页		875547	贷	875547	✓
12	31	科汇	01	本期发生额		67556	贷	943103	✓
12	31			本年合计		943103	贷	943103	✓
12	31			结转下年			贷	943103	

图 5-19 累计折旧总账

三、常见实务问题及处理

1. 问:结账时出现负数余额该怎么办?

答:结账时如果出现负数余额,可以用红字在余额栏登记。但如果余额栏前印有余额的方向,则应用蓝黑墨水书写,而不得使用红色墨水。

2. 问:需要结计本年累计发生额的某些明细账户,每月结账时,“本月合计”行已有余额的,“本年累计”行还需再写余额吗?

答:不需要。

温馨提示

会计核算上有表结法和账结法之分。表结法是指每月期末损益类科目不进行结转,不转到“本年利润”科目去,损益类科目有期末余额。

账结法是指每月的损益类科目都要结转到“本年利润”科目,损益类科目期末余额为零。

在资产负债表上如果采用表结法,净利润就是未分配利润的期末数;如果采用账结法,净利润就是未分配利润的期末余额加上“本年利润”的期末余额。

实务小结

通过以上学习我们知道，会计结账时，应结算出各账户的本月发生额和期末余额。结账时，要根据不同账户的特点，正确选择结账方法。例如，收入、费用类明细账，需结算"本月合计"和"本年累计"，并画线。

第六篇

编制报表

能力目标

- 掌握资产负债表的结构与编制方法；
- 掌握利润表的结构与编制方法；
- 掌握现金流量表的结构与编制方法。

除了编制凭证和登记账簿之外,会计人员还需要定期编制会计报表。会计报表是企业向外传递会计信息的主要手段。

业务要点

实务中,会计人员期末需要编制的报表主要有以下三种。

1. 资产负债表

会计人员应认识资产负债表的表内结构,并懂得编制资产负债表。

2. 利润表

会计人员应认识利润表的表内结构,并懂得编制利润表。

3. 现金流量表

会计人员应认识现金流量表的表内结构,了解各项目的含义,并懂得编制现金流量表。

本篇的业务要点和知识要点见表 6-1。

表 6-1　业务要点和知识要点

能力要点	业务要点	知识要点
编制报表	资产负债表	资产负债表的结构
		编制资产负债表
	利润表	利润表的结构
		编制利润表
	现金流量表	现金流量表的结构
		编制现金流量表

重点难点

本篇的重点难点见表 6-2。

表 6-2　重点难点

业务目标	学习重点	重要程度	难易程度	建议学时
资产负债表	编制资产负债表	★★★★☆	★★★★☆	1 课时
利润表	编制利润表	★★★★☆	★★★★☆	1 课时
现金流量表	编制现金流量表	★★★★☆	★★★★☆	1 课时

业务 14 资产负债表

资产负债表是反映企业每一期期末所拥有的资产、承担的负债以及股东权益这三项财务状况的报表。实务工作中,会计通常按月、季度、年度编制资产负债表。

一、资产负债表的结构

资产负债表的结构见图 6-1。

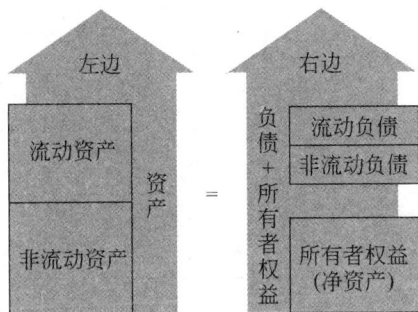

图 6-1 资产负债表的结构

由图 6-1 可知,资产负债表是根据"资产＝负债＋所有者权益"这一会计等式,依照一定的分类标准和顺序,将企业在某一特定日期的全部资产、负债和所有者权益项目进行适当分类、汇总、排序后编制而成的。资产负债表可以反映企业在某一时点的资产、负债和所有者权益的情况。

二、编制资产负债表

实务中,会计人员应根据总账、明细账和科目汇总表编制资产负债表。资产负债表的编制流程见图 6-2。

填写基础信息 → 填写年初余额 → 填写期末余额 → 签字盖章

图 6-2 资产负债表的编制流程

（一）填写基础信息

企业编制资产负债表前,应先填制资产负债表的基础信息,具体包括以下几项内容。

1. 编制单位

根据营业执照上的企业名称填写。

2. 报表编制时间

编制时间填写编表当期的最后一天。如编制 2017 年 10 月份的资产负债,则填写"2017 年 10 月 31 日"。

3. 货币单位

一般填写"元"。

填写基础信息前、后的资产负债表分别见图 6-3 和图 6-4。

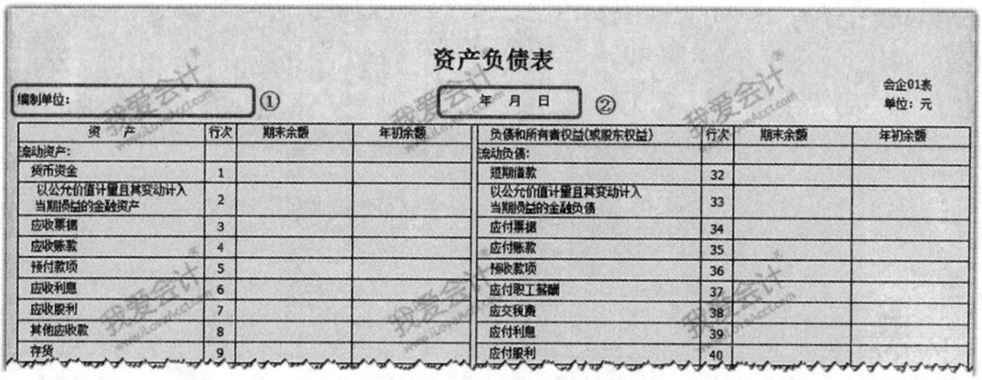

图 6-3　资产负债表(填写基础信息前)

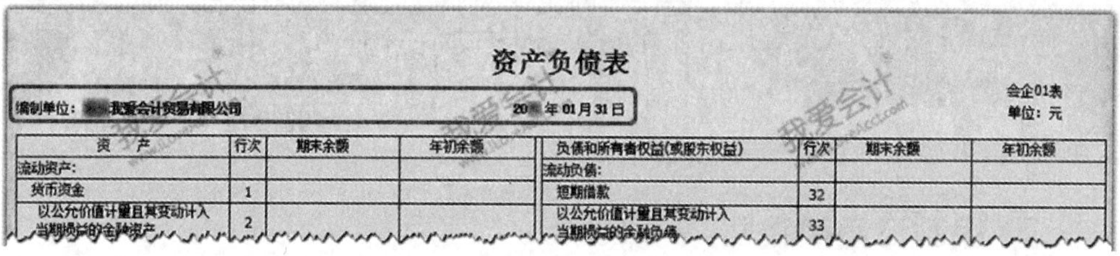

图 6-4　资产负债表(填写基础信息后)

（二）填写年初余额

资产负债表的年初余额是上一会计年度的期末余额,填写时可直接将上年度的年度报表期末余额摘抄到本期资产负债表年初余额对应位置。

填写年初余额前、后的资产负债表分别见图 6-5 和图 6-6。

资产负债表

会企01表

编制单位：
年 月 日
单位：元

资产	行次	期末余额	年初余额	负债和所有者权益(或股东权益)	行次	期末余额	年初余额
流动资产：				流动负债：			
货币资金	1			短期借款	32		
以公允价值计量且其变动计入当期损益的金融资产	2			以公允价值计量且其变动计入当期损益的金融负债	33		
应收票据	3			应付票据	34		
应收账款	4			应付账款	35		
预付款项	5			预收款项	36		
应收利息	6			应付职工薪酬	37		
应收股利	7			应交税费	38		
其他应收款	8			应付利息	39		
存货	9			应付股利	40		
一年内到期的非流动资产	10			其他应付款	41		
其他流动资产	11			一年内到期的非流动负债	42		
流动资产合计	12			其他流动负债	43		
非流动资产：				流动负债合计	44		
可供出售金融资产	13			非流动负债：			
持有至到期投资	14			长期借款	45		
长期应收款	15			应付债券	46		
长期股权投资	16			长期应付款	47		
投资性房地产	17			专项应付款	48		
固定资产	18			预计负债	49		
在建工程	19			递延收益	50		
工程物资	20			递延所得税负债	51		
固定资产清理	21			其他非流动负债	52		
生产性生物资产	22			非流动负债合计	53		
油气资产	23			负债合计	54		
无形资产	24			所有者权益(或股东权益)：			
开发支出	25			实收资本(或股本)	55		
商誉	26			资本公积	56		
长期待摊费用	27			减：库存股	57		
递延所得税资产	28			其他综合收益	58		
其他非流动资产	29			盈余公积	59		
非流动资产合计	30			未分配利润	60		
				所有者权益(或股东权益)合计	61		
资产合计	31			负债和所有者权益(或股东权益)合计	62		

单位负责人
会计主管
复核
制表

图 6-5 资产负债表(填写年初余额前)

图 6-6　资产负债表(填写年初余额后)

(三)填写期末余额

期末,会计应当根据总账和明细账填写资产负债表的期末余额。实务中,报表项目的期末金额填列有以下三种情况。

1. 按相关总账科目余额的合计数填列

资产负债表中"货币资金""存货""固定资产""未分配利润"等项目的期末余额应根据有关总账科目期末余额的合计数填列。例如"货币资金"项目,应根据"库存现金""银行存款""其他货币资金"三个总账科目期末余额的合计数填列;"未分配利润"则要根据"利润分配"和"本年利润"两个总账科目期末余额的合计数填列。

例如,图 6-7 中资产负债表的"货币资金"项目的期末余额,是根据"库存现金""银行存款""其他货币资金"三个总账科目余额的合计数来填写的。因此,资产负债表中货币资金的期末金额为 592 433.86,即③＝①＋②(其他货币资金为 0)。

2. 按明细科目余额重分类结果填列

资产负债表中的"应收账款""预付账款""应付账款""预收账款"等项目,应根据

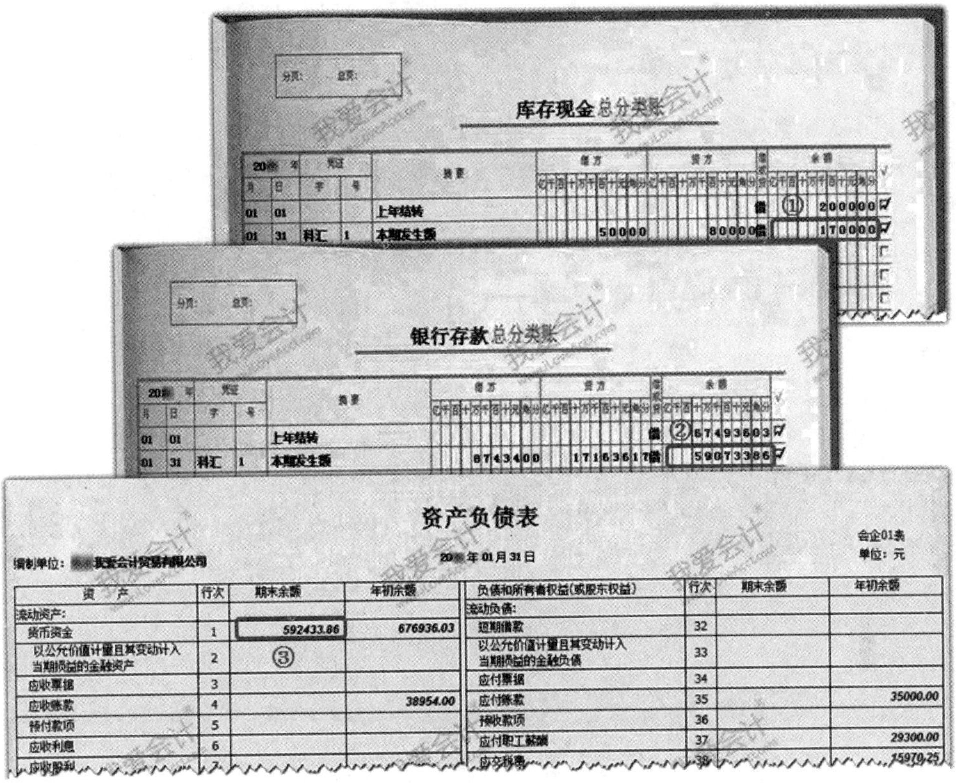

图 6-7 资产负债表(填列"货币资金"项目)

明细科目余额重分类后填列。例如"应收账款"项目,取自"应收账款"科目下各明细科目的期末借方余额合计数。其他三个项目的填列方法类似。

例如,图 6-8 中资产负债表的"应收账款"项目的期末余额,是根据"应收账款"科目下各明细科目的期末借方余额合计数来填写的。因此,资产负债表中应收账款的期末金额为 347 936.00,即①=②+③+④。

3.按总账科目余额直接填列

资产负债表中"应付职工薪酬""应交税费""其他应付款"等项目的期末余额应根据其总账科目的余额直接填列。

例如,图 6-9 中资产负债表的"应付职工薪酬"项目的期末余额,等于总分类账中"应付职工薪酬"的期末贷方余额。因此,本业务中应付职工薪酬的期末金额为 29 300.00。

(四)签字盖章

会计人员编制完报表后,应在"制表"栏签字或盖章,再将报表交给相应负责人进行审核,审核无误后由相关负责人在报表上签名或盖章(见图 6-10)。

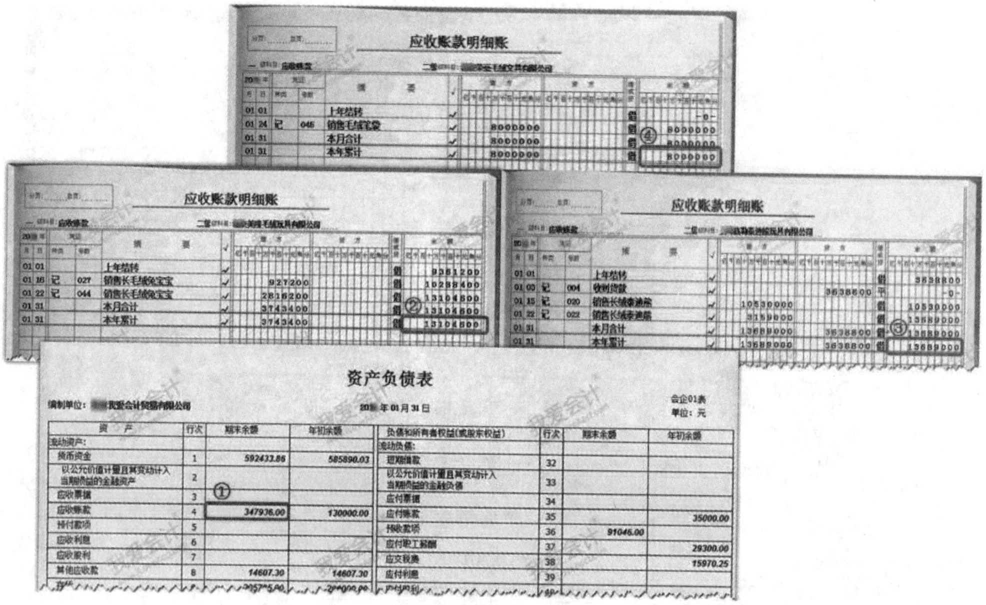

图 6-8　资产负债表(填列"应收账款"项目)

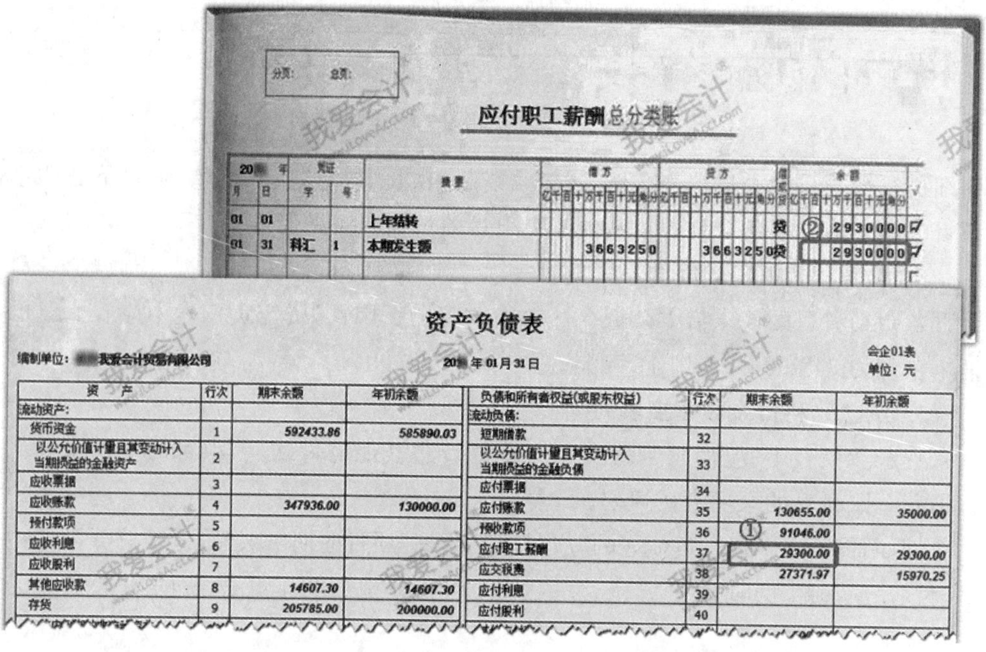

图 6-9　资产负债表(填列"应付职工薪酬"项目)

长期待摊费用	27			减：库存股	57		
递延所得税资产	28			其他综合收益	58		
其他非流动资产	29			盈余公积	59		
非流动资产合计	30	25451.36	26126.92	未分配利润	60	107340.55	76345.00
				所有者权益(或股东权益)合计	61	907340.55	876354.00
资产合计	31	1186213.52	956624.25	负债和所有者权益(或股东权益)合计	62	1186213.52	956624.25
单位负责人 张理勤			会计主管 王丽萍		复核 王丽萍		制表 方珂娥

图 6-10　签字盖章后的资产负债表

实务小结

通过以上学习我们知道，资产负债表可以根据总账、明细账、科目汇总表或试算平衡表进行编制。编制时，报表项目期末余额的填列分三种情况：①按相关总账科目余额的合计数填列；②按明细科目余额重分类结果填列；③按总账科目余额直接填列。最后，报表必须由相关负责人签字盖章。

业务 15　利　润　表

利润表又称损益表,是反映企业在一定会计期间经营成果的报表。实务工作中,会计通常按月、季度、年度编制利润表。

一、利润表的结构

利润表的结构见图 6-11。

由图 6-11 可知,利润表根据"利润＝收入－成本费用"这个会计等式,把一定时期内的收入减去相应的成本费用,从而计算出企业当期的利润。利润表可以反映企业在一定会计期间的收入、费用、利润(或亏损)的实现及构成情况。

二、编制利润表

实务中,会计人员根据科目汇总表(或总账、试算平衡表)编制利润表。编制利润表的流程见图 6-12。

(一)填写基础信息

企业编制利润表前,要先填写利润表的基础信息,包括编制单位、会计期间、计量单位。

1. 编制单位

根据企业营业执照上的企业名称填写。

2. 会计期间

填写编表当期的月份,如编制 2017 年 1 月份的利润表,则填写"2017 年 01 月"。

3. 计量单位

一般填写"元"。

填写基础信息前、后的利润表分别见图 6-13 和图 6-14。

项目
一、营业收入
减：营业成本
税金及附加
销售费用
管理费用
财务费用
资产减值损失
加：公允价值变动收益（损失以"－"填列）
投资收益（损失以"－"填列）
其中：对联营企业和合营企业的投资收益
二、营业利润（亏损以"－"填列）
加：营业外收入
其中：非流动资产处置利得
减：营业外支出
其中：非流动资产处置损失
三、利润总额（亏损总额以"－"号填列）
减：所得税费用
四、净利润（净亏损以"－"号填列）
五、其他综合收益的税后净额
（一）以后不能重分类进损益的其他综合收益
1.重新计量设定受益计划净负债或净资产的变动
2.权益法下在被投资单位不能重分类进损益的其他综合收益中享有的份额
（二）以后将重分类进损益的其他综合收益
1.权益法下在被投资单位以后将重分类进损益的其他综合收益中享有的份额
2.可供出售金融资产公允价值变动损益
3.持有至到期投资重分类为可供出售金融资产损益
4.现金流量套期损益的有效部分
5.外币财务报表折算差额
六、综合收益总额
七、每股收益
（一）基本每股收益
（二）稀释每股收益

图 6-11　利润表的结构

图 6-12 编制利润表的流程

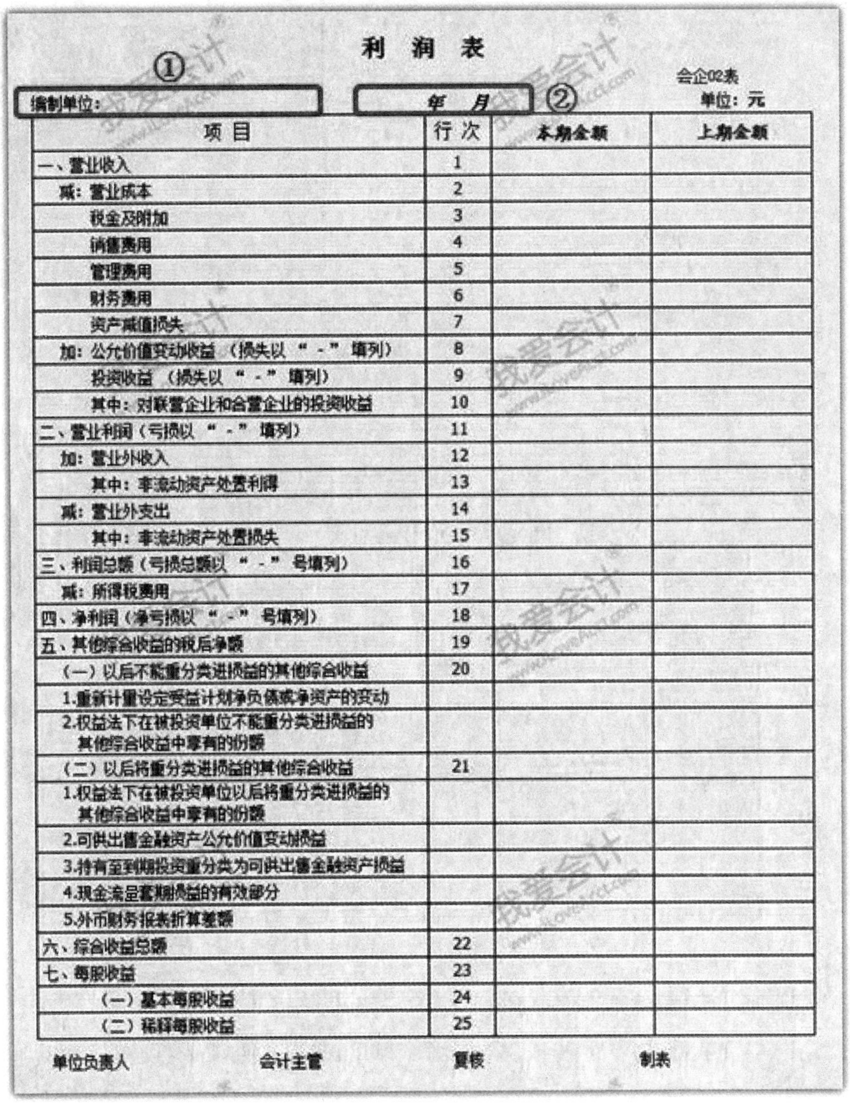

图 6-13 利润表(填写基础信息前)

(二)填写本期金额

实务工作中,会计可根据科目汇总表或总分类账填写利润表的本期金额。

通常情况下,利润表中的"本期金额",除了"营业收入""营业成本"两个项目需根据总账科目发生额合计数填列以外,其余项目可直接根据总账科目发生额填列。

图 6-14　利润表（填写基础信息后）

1. "营业收入""营业成本"的填列

利润表中"营业收入""营业成本"这两个项目应根据总账科目发生额合计数填列（见表 6-3）。

表 6-3　营业收入/营业成本取数

项　目	取　数
营业收入	"主营业务收入"本年 1 月份至填报截至所属月份的累计数＋"其他业务收入"本年 1 月份至填报截至所属月份的累计数
营业成本	"主营业务成本"本年 1 月份至填报截至所属月份的累计数＋"其他业务成本"本年 1 月份至填报截至所属月份的累计数

例如，图 6-15 的利润表中"营业收入"项目的本期发生额，等于科目汇总表中"主

营业务收入"与"其他业务收入"的金额合计;"营业成本"项目的本期发生额等于科目汇总表中"主营业务成本"与"其他业务成本"的金额合计。由图 6-15 中的科目汇总表可知,本期没有发生"其他业务收入"和"其他业务成本",因此,利润表中"营业收入"的本期发生额直接等于"主营业务收入"的金额 261 000.00(①＝③),"营业成本"的本期发生额直接等于"主营业务成本"的金额 165 715.00(②＝④)。

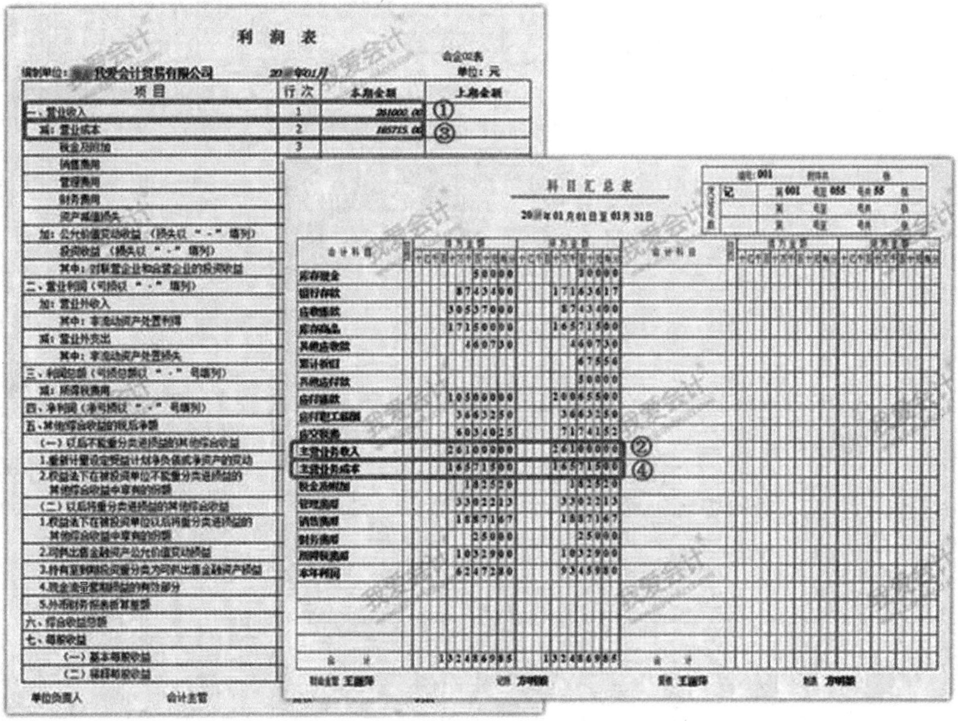

图 6-15 营业收入的取数

2. 其他项目的填列

利润表中除了"营业收入""营业成本"这两个项目,其余项目如"税金及附加""销售费用""管理费用"等,可直接根据总账科目发生额填列。

例如,图 6-16 的利润表中"管理费用"项目可以直接将科目汇总表中的"管理费用"总账科目的发生额摘抄过来,即"管理费用"的本期金额为 33 022.13(①＝②)。

最后,根据公式"营业利润＝营业收入－营业成本－税金及附加－销售费用－管理费用－财务费用(实务中的公允价值和投资收益较少见到,故将公式进行简化)""利润＝收入－费用""净利润＝利润－所得税",计算出"利润""净利润"的本期金额。

(三)填写上期金额

利润表的上期金额(见图 6-17)等于对应项目应填写的去年同期数。会计可以根据去年同期利润表的本期金额进行填写。

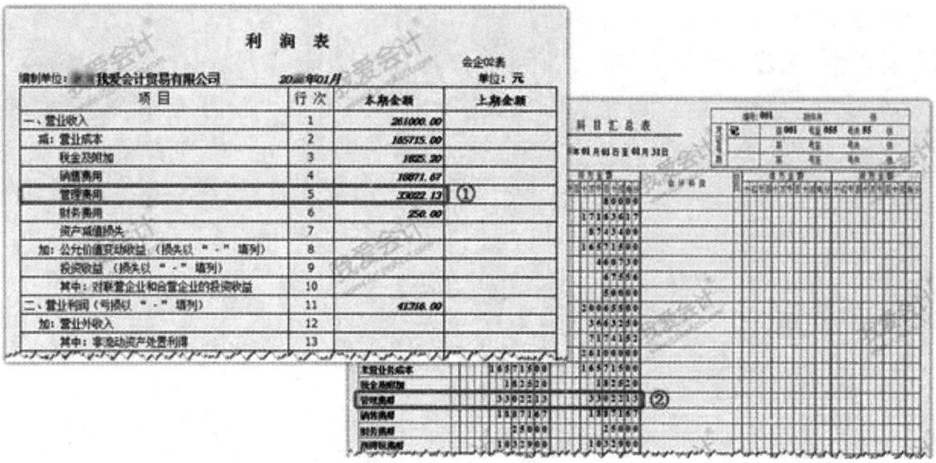

图 6-16　管理费用的取数

图 6-17　利润表(上期金额)

例如,2017 年 1 月份利润表中各项目的"上期金额"可根据 2016 年 1 月份利润表中各项目的"本期金额"填写(见图 6-18)。

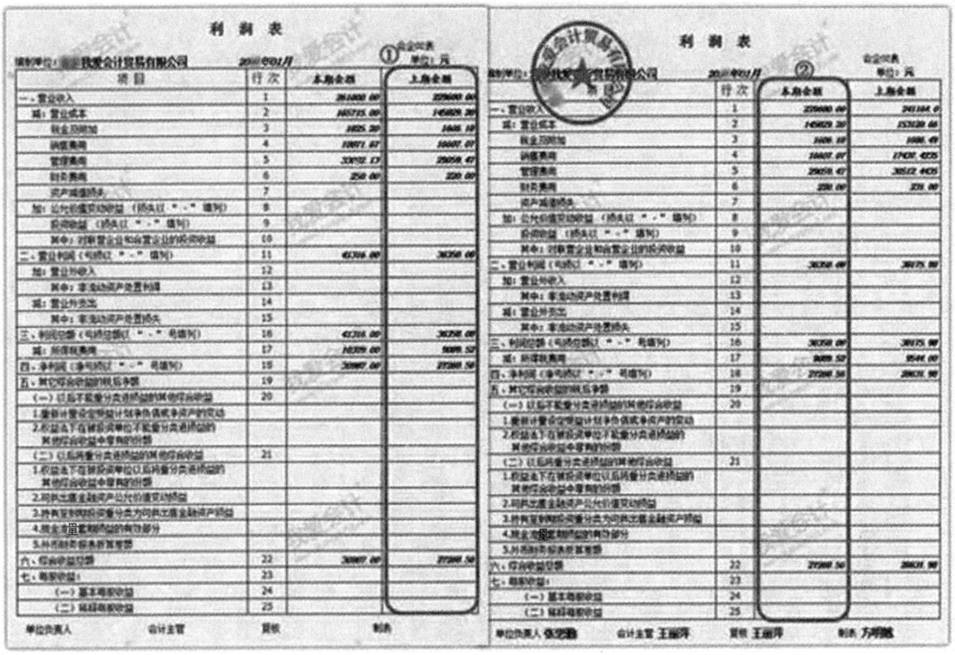

图 6-18　上期金额的取数

(四)审批签章

会计编制完利润表后,应在制表栏签字或盖章,再将报表交给相应负责人进行审核,审核无误后由相关负责人在报表上签字或盖章(见图 6-19)。

三、常见实务问题及处理

问:资产负债表和利润表有什么关联吗?

答:资产负债表与利润表的表间关系主要体现在以下两个方面。

(1) 资产负债表未分配利润的期末数＝资产负债表未分配利润的年初数＋利润表(年度)净利润本期金额(假定未分配股利、未提取盈余公积)。

(2) 如果企业对以前年度多计或少计的重大盈亏数额进行过调整,为了不影响到本年度利润总额,通过"以前年度损益调整"科目进行核算,结转时,直接把"以前年度损益调整"科目结转到"利润分配"科目下。用公式表示为:资产负债表未分配利润的期末数＝资产负债表未分配利润的年初数＋利润表(年度)净利润本期金额±以前年度损益调整金额(假定未分配股利、未提取盈余公积)。

利 润 表

编制单位：我爱会计贸易有限公司　　　20 年01月

会企02表
单位：元

项 目	行 次	本期金额	上期金额
一、营业收入	1	229680.00	241164.0
减：营业成本	2	145829.20	153120.66
税金及附加	3	1606.19	1686.49
销售费用	4	16607.07	17437.4235
管理费用	5	29059.47	30512.4435
财务费用	6	220.00	231.00
资产减值损失	7		
加：公允价值变动收益（损失以"－"填列）	8		
投资收益（损失以"－"填列）	9		
其中：对联营企业和合营企业的投资收益	10		
二、营业利润（亏损以"－"填列）	11	36358.08	38175.98
加：营业外收入	12		
其中：非流动资产处置利得	13		
减：营业外支出	14		
其中：非流动资产处置损失	15		
三、利润总额（亏损总额以"－"号填列）	16	36358.08	38175.98
减：所得税费用	17	9089.52	9544.00
四、净利润（净亏损以"－"号填列）	18	27268.56	28631.98
五、其他综合收益的税后净额	19		
（一）以后不能重分类进损益的其他综合收益	20		
1.重新计量设定受益计划净负债或净资产的变动			
2.权益法下在被投资单位不能重分类进损益的其他综合收益中享有的份额			
（二）以后将重分类进损益的其他综合收益	21		
1.权益法下在被投资单位以后将重分类进损益的其他综合收益中享有的份额			
2.可供出售金融资产公允价值变动损益			
3.持有至到期投资重分类为可供出售金融资产损益			
4.现金流量套期损益的有效部分			
5.外币财务报表折算差额			
六、综合收益总额	22	27268.56	28631.98
七、每股收益	23		
（一）基本每股收益	24		
（二）稀释每股收益	25		

单位负责人 张思勤　　会计主管 王丽萍　　复核 王丽萍　　制表 方明娜

图 6-19　审批签章后的利润表

实务小结

通过以上学习我们知道，会计人员在完成所有的账务处理后，应及时编制利润表。编制时，应关注的内容包括填写企业信息、本期金额、上期金额以及审批签章。

业务 16　现金流量表

现金流量表是用于反映一定期间内企业现金及现金等价物增减变动情况的报表。实务中,企业通常按月、季度、年度编制现金流量表。

一、现金流量表的结构

现金流量表的结构见图 6-20,主要包括基础信息、现金流量信息和审批栏三部分。

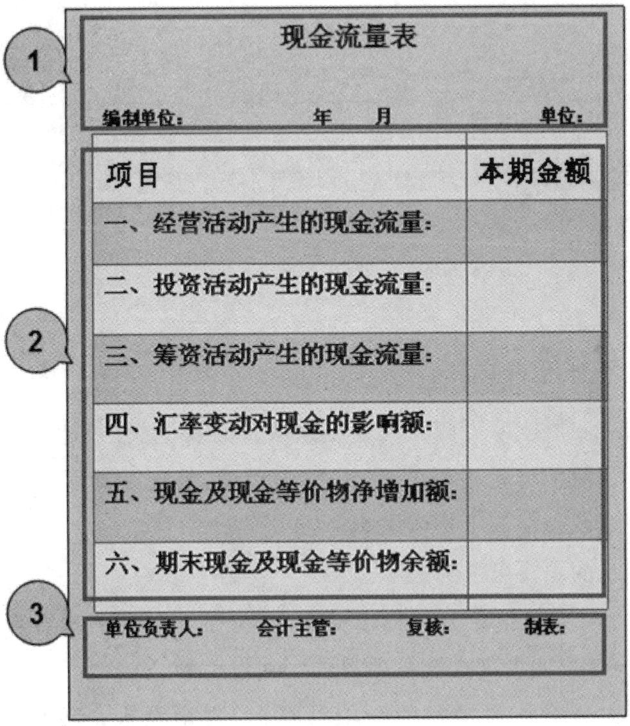

图 6-20　现金流量表的简易结构

（1）基础信息：主要包括编制单位、会计期间、计量单位等信息。

（2）现金流量信息：主要包含现金流量项目及其对应的金额等信息。

（3）审批栏：主要包括制表人、复核人、会计主管、单位负责人等人员的签章信息。

二、编制现金流量表

实务中,会计人员可根据记账凭证、账簿、资产负债表、利润表、科目汇总表编制现金流量表。编制现金流量表的流程见图 6-21。

填写基础信息 ⟶ 填制现金流量信息 ⟶ 签字盖章

图 6-21　现金流量表的编制流程

(一)填写基础信息

企业编制现金流量表前,应先填写现金流量表的基础信息,包括编制单位、会计期间、计量单位(见图 6-22)。

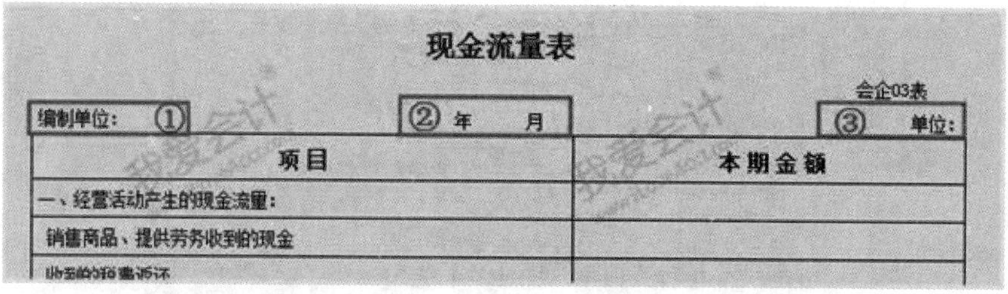

图 6-22　现金流量表(部分)

(二)填制现金流量信息

现金流量信息主要应填写四大现金流量项目的发生额,并计算出净现金流量及余额。四大现金流量项目是指经营活动、投资活动、筹资活动所产生的现金流量以及汇率变动对现金及现金等价物的影响。

现金流量信息的填写可分为三步。

(1)根据凭证和账簿信息分析得出的数据,分别填列四大现金流量项目对应子项目的流量,并统计出四大现金流量项目的当期发生额。

(2)根据四大现金流量项目的金额计算出"现金及现金等价物净增加额"的金额。

(3)结合"期初现金及现金等价物"的数据计算得出期末现金及现金等价物的余额。

现金流量最常用的项目主要是经营活动、投资活动和筹资活动所产生的现金流量,其具体项目见表 6-4。

表 6-4 现金流量表常用项目

现金流量大项	具 体 项 目
一、经营活动产生的现金流量	销售商品、提供劳务收到的现金
	收到的税费返还
	收到的其他与经营活动有关的现金
	购买商品、接受劳务支付的现金
	支付给职工以及为职工支付的现金
	支付的各项税费
	支付的其他与经营活动有关的现金
二、投资活动产生的现金流量	收回投资所收到的现金
	取得投资收益所收到的现金
	处置固定资产、无形资产和其他长期资产收回的现金净额
	收到的其他与投资活动有关的现金
	购建固定资产、无形资产和其他长期资产所支付的现金
	投资所支付的现金
	支付的其他与投资活动有关的现金
三、筹资活动产生的现金流量	吸收投资所收到的现金
	取得借款所收到的现金
	收到的其他与筹资活动有关的现金
	偿还债务所支付的现金
	分配股利、利润和偿付利息所支付的现金
	支付的其他与筹资活动有关的现金

（三）签字盖章

会计人员编制完现金流量表后,应在制表栏签名字或盖章,再将报表交给相应负责人进行审核,审核无误后由相关负责人在报表上签名或盖章(见图 6-23)。

筹资活动产生的现金流量净额	
四、汇率变动对现金的影响额	
五、现金及现金等价物净增加额	
加:期初现金及现金等价物余额	
六、期末现金及现金等价物余额	
单位负责人:张思勤　　会计主管:王丽萍　　复核:王丽萍　　制表:方明娃	

图 6-23 签字盖章后的现金流量表(部分)

实务小结

通过以上学习我们知道,会计人员应掌握现金流量表的结构,学会根据资产负债表、利润表和科目汇总表等编制现金流量表。

第七篇

会 计 档 案

能 力 目 标

- 掌握凭证的整理与装订；
- 掌握账簿的装订；
- 掌握报表的装订。

实务中,会计人员要将收到的原始凭证进行分类整理;记账后,会计人员还要把各种凭证、账簿、报表进行整理,再装订成册。

业务要点

会计人员与会计档案有关的主要工作包括以下两项。

1. 凭证的整理与装订

凭证的整理与装订工作包括凭证的整理和凭证的装订。

2. 账簿与报表的装订

账簿与报表的装订工作包括会计账簿的装订和会计报表的装订。

本篇的业务要点和知识要点如表 7-1 所示。

表 7-1　业务要点和知识要点

能 力 要 点	业 务 要 点	知 识 要 点
会计档案	凭证的整理与装订	凭证的整理
		凭证的装订
	账簿与报表的装订	账簿的装订
		报表的装订

重点难点

本篇的重点难点如表 7-2 所示。

表 7-2　重点难点

业 务 目 标	学 习 重 点	重要程度	难易程度	建议学时
凭证的整理与装订	凭证的整理与装订	★★★★☆	★★★☆☆	0.5 课时
账簿与报表的装订	账簿与报表的装订	★★★★☆	★★☆☆☆	0.5 课时

业务 17 凭证的整理与装订

月底,会计必须将填制完整的记账凭证和对应的原始凭证进行整理,并装订成册。会计凭证装订好后,要妥善保存,以方便后期查阅。

一、凭证整理

会计人员整理记账凭证时,主要需做两件事情。

(1)确保记账凭证不断号、不跳号。按照凭证的凭证号、记账日期进行排查,检查记账凭证是否缺失或者跳号,如果存在凭证缺失或者跳号应当及时进行更正(见图 7-1)。

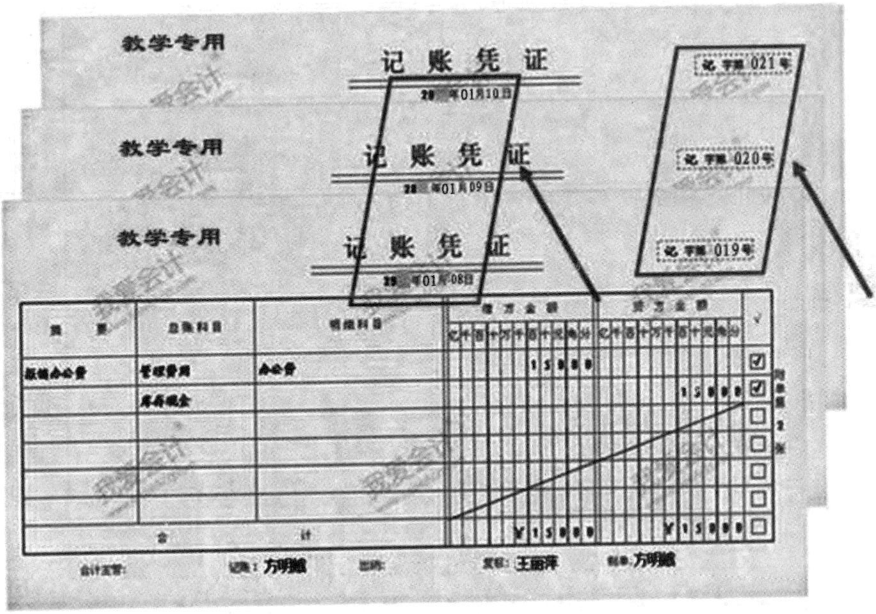

图 7-1 凭证排序

(2)检查记账凭证上所载的日期、金额、经济业务与后附的原始凭证是否一一对应,如检查记账凭证的附件数与后附原始凭证数是否一致。装订前应将固定凭证的回形针抽出。

二、凭证装订

会计将凭证整理完成后,就可以开始装订。凭证装订的步骤见图 7-2。

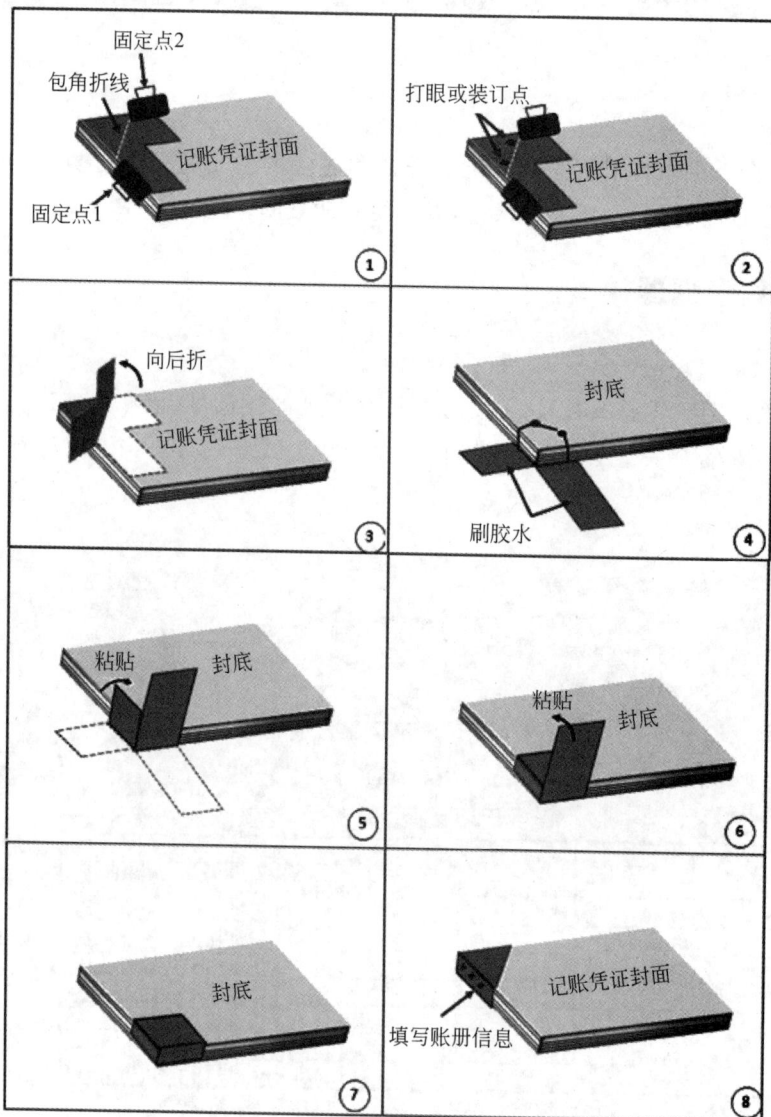

图 7-2　记账凭证装订的步骤

图 7-2 所示的步骤可以进一步归纳为以下四步。

1. 整理、放置封皮、封底与包角

将凭证封皮和封底裁开,分别附在凭证前后,在左上角放上凭证包角,并拿夹子将包角连同准备装订的账簿夹住,将其固定好(见图 7-2 的①)。

2. 打孔、装订

在包角折线上的适当位置（一般为折角线上 0.2～0.5 厘米处）用铅笔画出 2 个装订点并打孔、装订（见图 7-2 中的②）。

3. 折叠并粘贴包角

将包角按顺序，先向上翻折再向左侧翻折，并涂抹上胶水将其与凭证贴紧（见图 7-2 中的③～⑦）。

4. 填写账册信息

在封面和包角侧面填写企业和账册信息（见图 7-2 中的⑧）。

装订好的记账凭证封面见图 7-3。

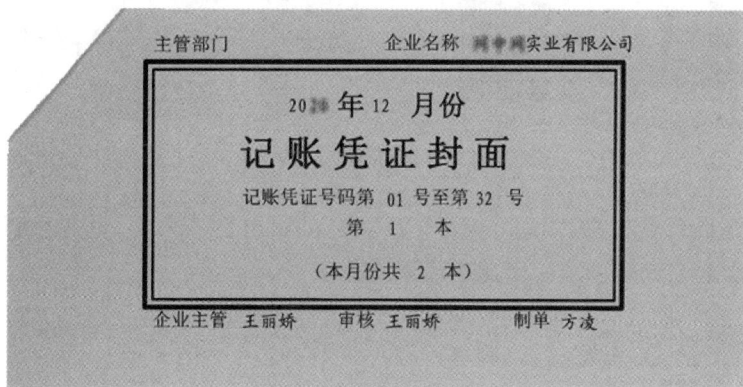

图 7-3　记账凭证（封面）

三、常见实务问题及处理

（1）问：凭证装订的厚度一般为多少？

答：一般凭证装订厚度为 1.5 厘米，这样可保证凭证装订牢固，美观大方。最多不要超过 2 厘米，装订超过 2 厘米的凭证既不美观，也不利于后期查阅。当凭证装订成一本过厚时，可以分本装订。

（2）问：由于原始凭证粘贴过于集中，造成凭证中间大两边小，无法装订怎么办？

答：剪一些三角形的小纸板，垫在凭证左上角装订处，直到厚度与中间凸起的厚度相同，再进行装订，这样问题就解决了（见图 7-4）。

（3）问：整理记账凭证时发现跳号，怎么办？

答：出现这种情况一般是工作上的失误。有两种解决方法。方法一：插入一张空白凭证，在空白凭证右上角写上跳号的凭证号码，并画一条红色的斜对角线，最后，用蓝字或黑字在线上标明"此页空白"字样。方法二：抽取当天的一笔记账凭证进行拆分。由于原始凭证一般是关联的，拆分容易影响到原始凭证的合法性与合理

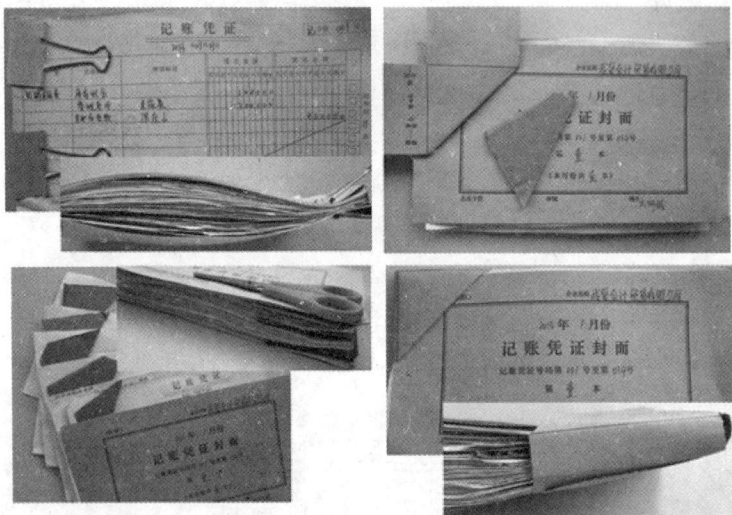

图 7-4　装订凭证小技巧

性，例如一张报销单的签字审批一般只有一次，如果分拆成两笔，就要重新再审批签字，这样操作起来比较麻烦。因此建议采用方法一。

实务小结

通过以上学习我们知道，月底，会计人员必须对记账凭证进行整理和装订。整理时，一要保证凭证无缺失、跳号；二要保证记账凭证与原始凭证的一致性。装订时，应先将凭证封面、封底及包角与凭证整理、固定好，一起打孔、装订，装订完成后应在封面及包角侧面填写企业和账簿信息。

业务18 账簿与报表的装订

期末，会计人员除了要将会计凭证整理装订以外，还应当将活页的会计账簿和会计报表也装订成册。

一、账簿的装订

如前所述，账簿分为订本式和活页式。总账和日记账采用的是订本式，期末无须再重新装订；明细账一般采用活页式，因此在期末要装订成册。

实务中，会计在年终结账后，应将三栏式明细账、多栏式明细账和数量金额式明细账装订成册。通常，会计账簿只需一年装订一次。账簿装订包括以下三个步骤（见图7-5）。

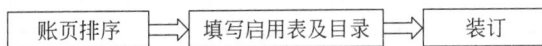

图7-5 账簿装订的步骤

（一）账页排序

首先，将活页式账簿按资产类、负债类、所有者权益类的会计科目顺序排列账页。

其次，给账页编页码（见图7-6）。页码一般包括总页和分页，总页是指本张账页在整个账簿中所对应的页码；分页是指本张账页在同一账户的账页中所处的位置。

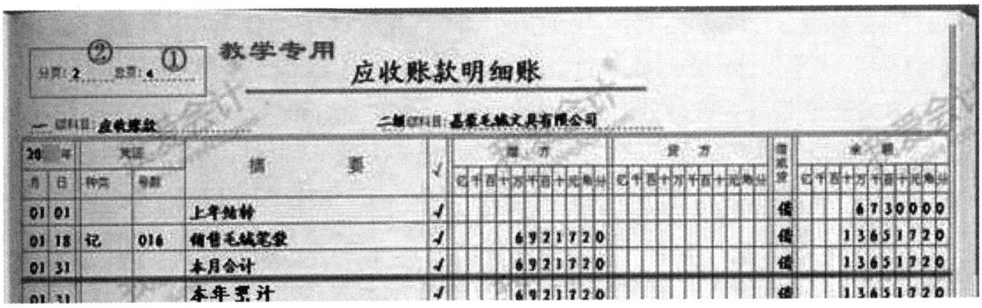

月	日	种类	号数	摘要	√	借方	贷方	借或贷	余额
01	01			上年结转	√			借	6730000
01	18	记	016	销售毛城笔袋	√	6921720		借	13651720
01	31			本月合计	√	6921720		借	13651720
01	31			本年累计	√	6921720		借	13651720

图7-6 编制页码

（1）总页。假设应收账款明细账所在的账簿总页数为50页，那么整本账簿的总页可以按照从1到50的顺序填写。图7-6所示的账页处于整本账簿的第4页，因此在①处填写数字"4"。

(2)分页。假设"应收账款"科目的明细账账页在整本账簿中总共有 10 页,那么"应收账款"的所有明细账的分页可以按照从 1 到 10 的顺序编号。图 7-6 所示的应收账款下二级明细科目"嘉豪毛绒文具有限公司"的账页处于"应收账款"科目下所有账页的第 2 页,因此在②处填写数字"2"。

温馨提示

由于多栏式明细账的账页比较特殊,一般应将完整的两面作为一张分页。例如在应交增值税明细账中,图 7-7 所示为一张分页。

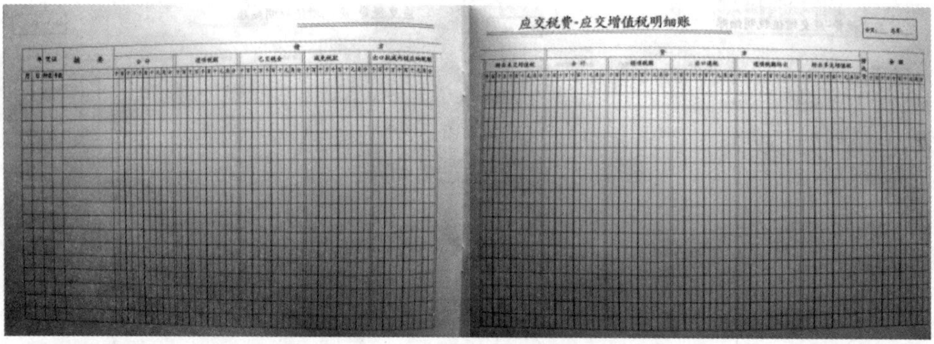

图 7-7　应交增值税明细账的分页

(二)填写启用表及目录

如前面建账所述,账簿扉页应附启用页,因此在装订账簿时应附上账簿启用表。此外,为了方便查阅账簿,还要附上目录表。实务中,一般将这两张表合二为一,正面为启用表,背面为目录表。附好后,即可填写启用表及目录表。

1. 填写启用表

启用表填写与订本账类似,可参照第一篇"业务 2 建账操作"中账簿启用相关内容进行学习。不同之处在于账簿的命名。实务中,若企业业务量大,同种格式的明细账页的数量较多,则可以将同种账页格式的明细账装订为一本,命名为"三栏式明细账"或"数量金额式明细账"等;若业务量少,同种格式的明细账页的数量较少,则可以将不同格式的明细账页都整理在一起装订为一本,命名为"明细分类账"。

2. 填写目录表

在启用表填写完成后,还应当按照各科目名称编制一份目录表。实务工作中,通常按照一级科目来填写账簿目录(见图 7-8)。

(三)装订

上述事项完成后,就可以将账簿装订成册了。如图 7-9 所示,先要将账簿封面、

图 7-8　目录表

启用表及目录表、账页、账簿封底从上到下排列并对齐,然后用账页钉在打孔处将账簿固定。如果账簿封面没有写账簿名称,还要在封面填上账簿名称。

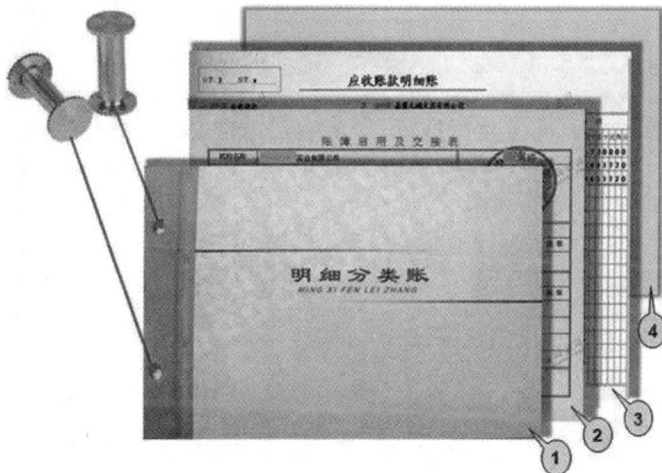

图 7-9　账簿装订

二、报表的装订

通过前面的学习可知,会计要在每期期末(月末、季末、年末)编制会计报表,主要包括资产负债表、利润表和现金流量表。会计报表是企业重要的财务资料,会计应将报表装订成册,并妥善保管。

报表装订的步骤见图 7-10。

(一)整理报表

整理的报表主要包括资产负债表、利润表、现金流量表。整理时,应将报表的上

图 7-10　报表装订的步骤

边、左边分别对齐压平、防止折角。

(二) 装订

整理完成后,就可以将报表装订成册了。如图 7-11 所示,报表装订的具体方法是:将会计报表封面、整理后的会计报表、会计报表封底从上到下排列并对齐,对齐后直接装订成册。

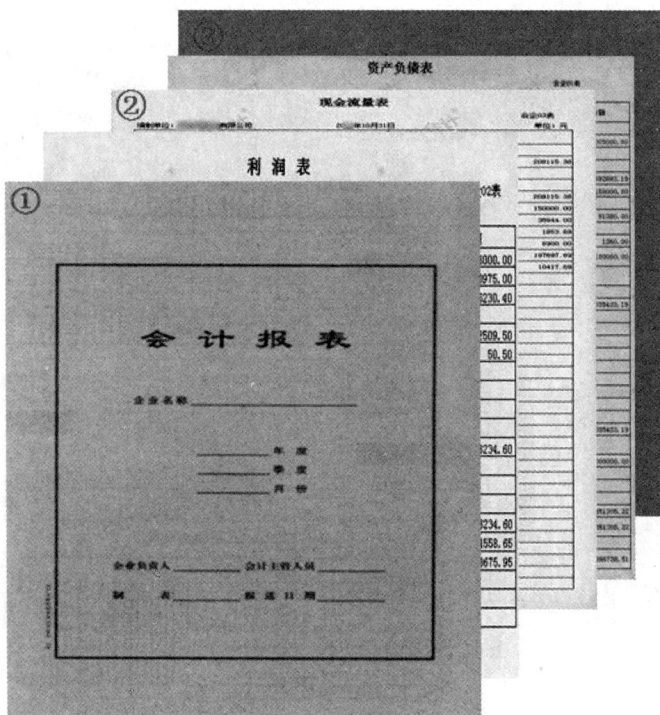

图 7-11　报表装订

(三) 填写报表封面

报表封面内容主要包括企业名称、报表所属期、企业负责人、财务负责人、编报人员、编报日期等(见图 7-12)。

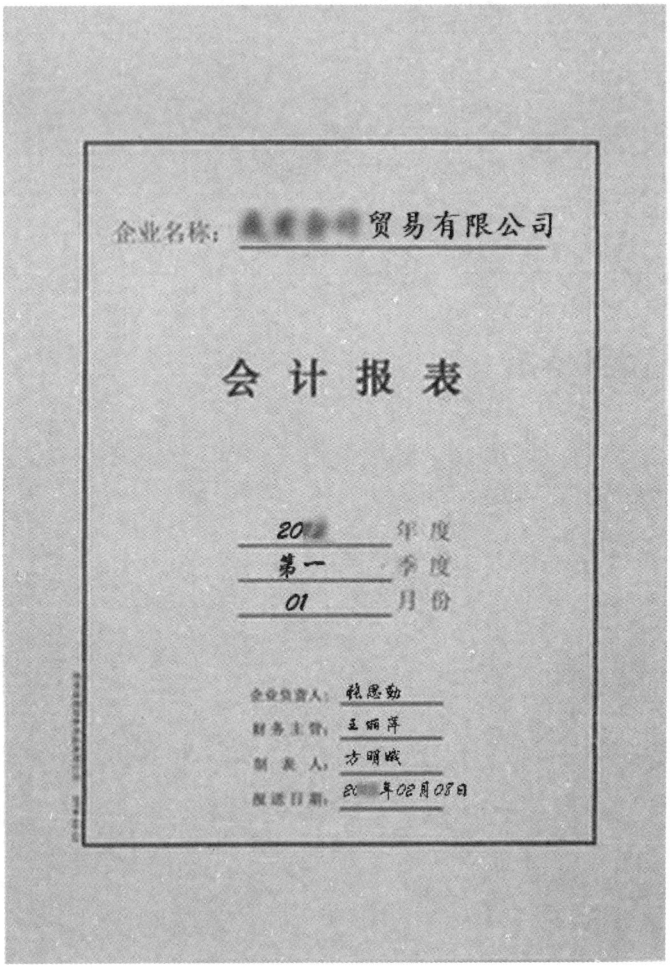

图 7-12 报表封面

温馨提示

　　除了凭证、账簿、报表之外，企业的其他会计资料，如科目汇总表、T 形账、银行存款余额调节表等，也应装订成册。装订时，可以与凭证一起装订，也可以单独装订。

三、常见实务问题及处理

问：装订完会计凭证、账簿和报表后，需归档保存，具体的保存期限是多久呢？

答：会计档案因重要程度不同，其保管期限也有所不同。常见会计档案的保管期限见表 7-3。

表 7-3　常见会计档案的保管期限

常见会计档案	保管期限
年度财务报告	永久保存
库存现金日记账、银行存款日记账	25 年
记账凭证、原始凭证、科目汇总表、T 形账、试算平衡表	15 年
总账、明细账、备查账簿	15 年
月度财务报告、季度财务报告	3 年

实务小结

　　通过以上学习我们知道,会计需将会计账簿和会计报表装订成册。通常情况下,会计账簿只需一年装订一次,而会计报表需每月进行装订。装订后,要在封面上填写好相关信息,存档并妥善保管。

第八篇

会计电算化

能 力 目 标

- 掌握电算化账务处理流程；
- 掌握电算化初始建账；
- 掌握电算化日常处理；
- 掌握电算化月末处理；
- 掌握电算化报表生成。

实务中,手工记账对于会计人员来说,不仅工作量大,而且核算准确性也不高。为了减轻会计人员的核算工作量,提高企业财会管理水平和经济效益,会计电算化已经开始取代手工记账。

会计电算化是指企业通过财务软件,应用计算机处理的方式替代人工记账、算账和报账等会计工作。会计电算化与手工账的账务处理流程大致一样,都需要经过四个步骤(见图 8-1)。

初始建账 → 日常处理 → 月末处理 → 报表生成

图 8-1　账务处理流程

虽然电算化与手工记账的账务处理流程相似,但两者还是有许多不同之处。

1. 初始建账

初始建账时,会计电算化与手工账的区别主要包括以下几点(见图 8-2)。

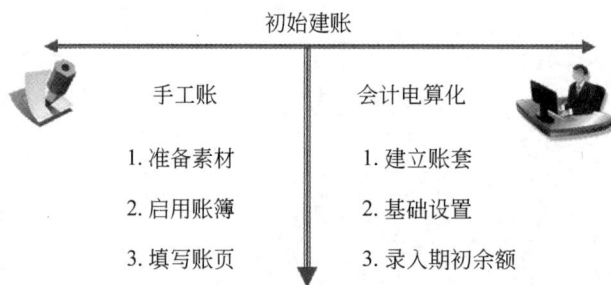

初始建账

手工账　　　　　会计电算化

1.准备素材　　　1.建立账套

2.启用账簿　　　2.基础设置

3.填写账页　　　3.录入期初余额

图 8-2　初始建账的区别

(1) 会计电算化系统中的电子账套代替了手工账中的准备素材。

(2) 电算化环境下,基础设置(包括部门档案、人员档案、客户档案、会计科目等的设置)代替了手工账中的启用账簿。

(3) 电算化环境下,电子录入期初余额代替了手工账中的填写账页。

2. 日常处理

实务中,会计人员收到原始凭证后,无论是手工账处理还是会计电算化处理,都需要对原始凭证的内容进行审核,判断经济业务类型并进行账务处理。两者的区别在于:会计电算化通过系统填制记账凭证代替了手工账中的填制记账凭证(见图 8-3)。

3. 月末处理

月末,无论是手工账处理还是会计电算化处理,都需要先对所有记账凭证进行

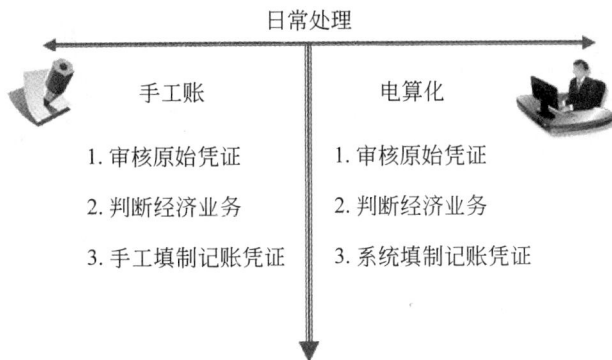

图 8-3 日常处理的区别

审核,再进行月末处理。两者在月末处理时的区别主要包括以下几点(见图 8-4)。

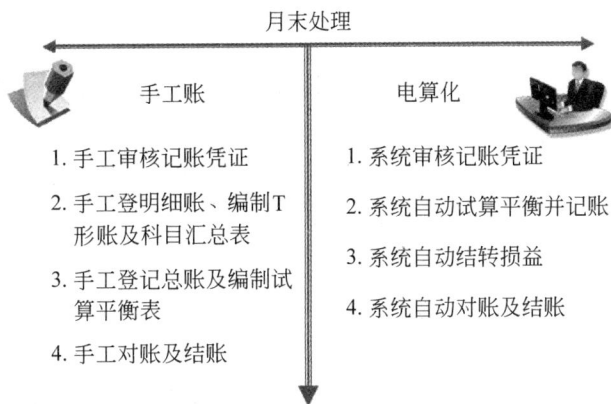

图 8-4 月末处理的区别

(1)电算化环境下,系统自动记账代替了手工登记账簿、编制 T 形账及科目汇总表。

(2)电算化系统中的自动结转损益代替了手工结转损益。

(3)电算化系统中的自动试算平衡代替了手工编制试算平衡表。

(4)电算化系统中的自动对账、结账代替了手工对账、结账。

4. 报表生成

月末,会计人员可通过电算化系统自动生成资产负债表、利润表,从而代替了手工账下的财务报表编制。

会计电算化和手工账的主要区别见图 8-5。

电算化数据的自动处理,代替了传统的手工账,提高了会计人员的工作效率。因此,会计人员应熟悉会计电算化操作。

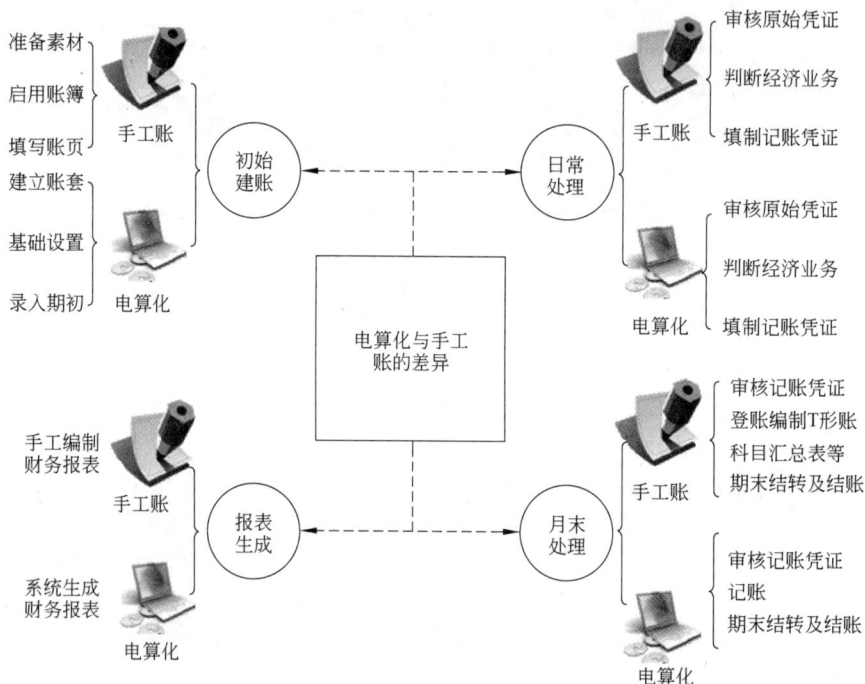

图 8-5 会计电算化和手工账的主要区别

业务要点

本篇的业务要点和知识要点见表 8-1。

表 8-1 业务要点和知识要点

能 力 要 点	业 务 要 点	知 识 要 点
会计电算化操作	初始建账	建立账套
		基础设置
		录入期初余额
	日常处理	填制涉及金额的记账凭证
		填制涉及数量金额的记账凭证
		填制涉及辅助核算的记账凭证
		填制涉及外币核算的记账凭证
	月末处理	凭证审核、记账
		损益结转
		计提、结转所得税
		查账、对账、结账
	报表生成	生成资产负债表及利润表

重点难点

本篇的重点难点见表 8-2。

表 8-2 重点难点

业务目标	学习重点	重要程度	难易程度	建议学时
初始建账	基础设置	★★★★☆	★★★★☆	1 课时
日常处理	填制记账凭证	★★★★☆	★★★★☆	1 课时
月末处理	凭证审核、记账、损益结转、计提及结转所得税、对账、查账、结账等	★★★★☆	★★☆☆☆	1 课时
报表生成	生成资产负债表、利润表	★★★☆☆	★★☆☆☆	1 课时

业务 19　初 始 建 账

电算化环境下的初始建账工作主要包括建立账套、基础设置和录入期初余额。

一、建立账套

会计人员建立账套时，应先设置账套信息和单位信息，具体操作步骤如下。

步骤一：登录电算化平台，单击"新建账套"按钮（见图 8-6）。

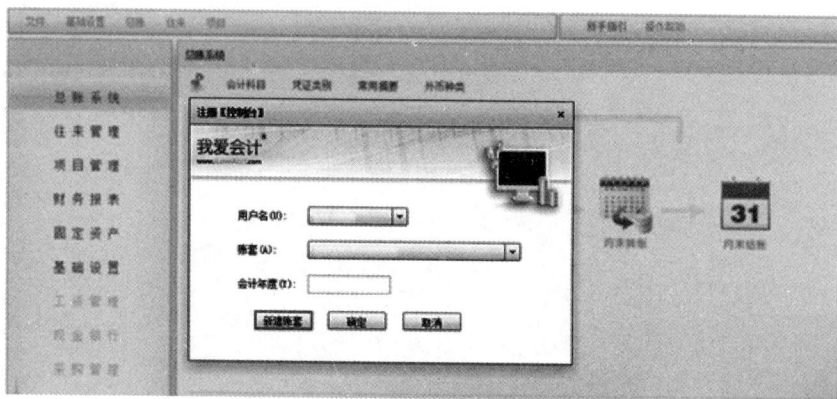

图 8-6　新建账套（步骤一）

步骤二：录入账套号、账套名称、启用期间，然后单击"下一步"。其中，启用期间关系到会计核算期间的确定，因此，手工记账转电算化时，应与当月会计期间相符（见图 8-7）。

图 8-7　新建账套（步骤二）

步骤三：根据营业执照的信息录入单位信息，包括单位名称、单位地址、公司类型、经营范围等。录入的单位信息必须与营业执照上的信息保持一致，然后单击"下一步"（见图8-8）。

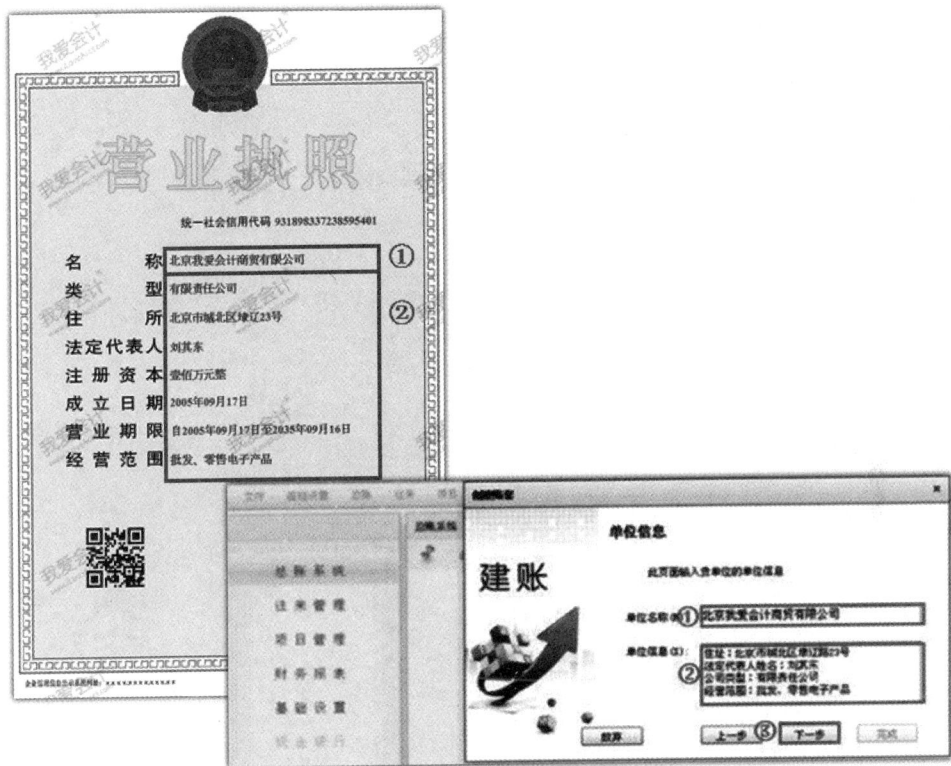

图 8-8　新建账套（步骤三）

步骤四：选择"企业性质"。企业性质直接影响到预置的会计科目和会计核算，因此，应根据企业类型正确选择企业性质，最后单击"完成"即可（见图8-9）。

二、基础设置

（一）设置凭证类别和基础档案

1. 设置凭证类别

实务中，通常将凭证类别设置为"记"字。根据企业采用电算化软件的不同，有些软件系统已经默认好凭证类别，有默认就不用进行设置；如果碰到没有默认的话，就要进行设置。具体操作如下。

步骤一：在电算化系统主界面单击"凭证类别"（见图8-10）。

步骤二：单击"增加"→录入"记"→录入"记账凭证"，最后单击"保存"即可（见图8-11）。

图 8-9 新建账套(步骤四)

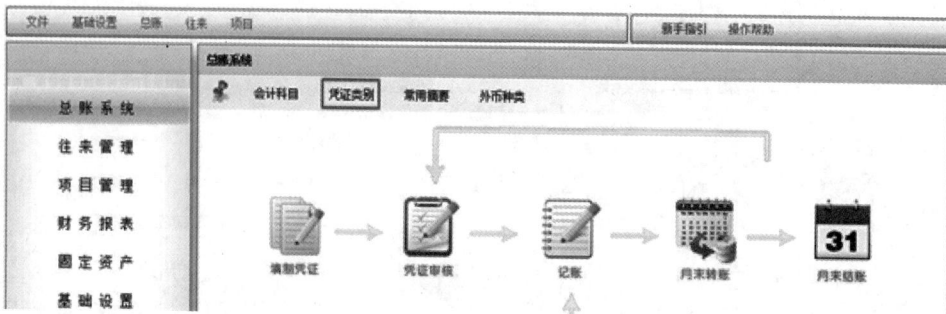

图 8-10 设置凭证类别(步骤一)

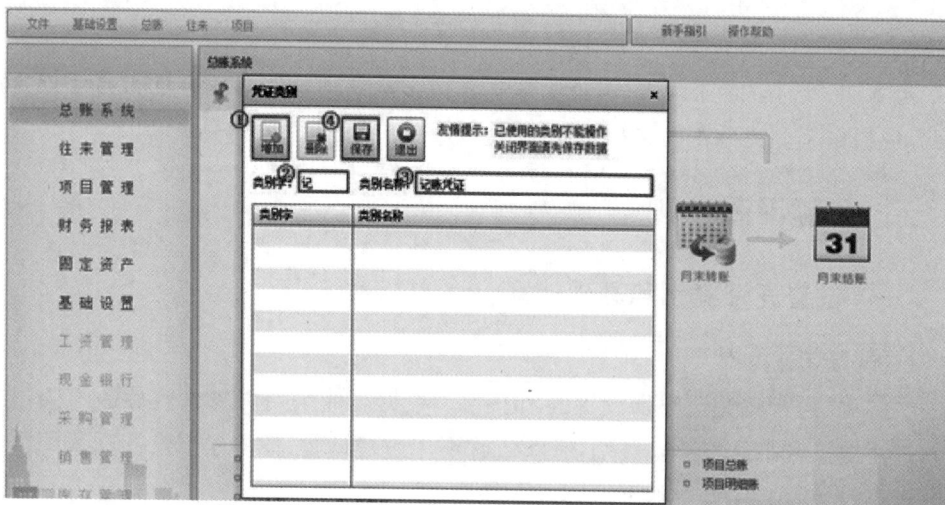

图 8-11 设置凭证类别(步骤二)

2. 设置部门档案

设置完凭证类别以后，接着应根据行政部提供的公司人员信息表，设置部门档案和职员档案。接下来以设置"财务部"部门档案为例进行讲解。具体操作如下。

步骤一：在电算化系统主界面单击"基础设置"→"机构设置"→"部门档案"（见图 8-12）。

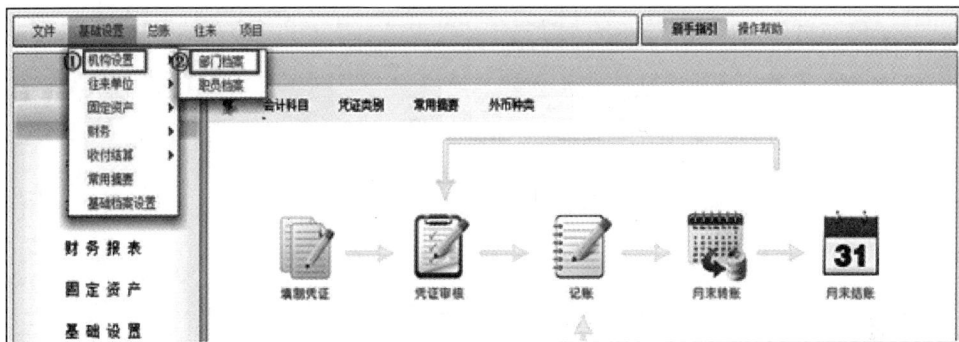

图 8-12　设置部门档案（步骤一）

步骤二：单击"增加"→录入"部门编码"→录入"部门名称"，最后单击"保存"即可（见图 8-13）

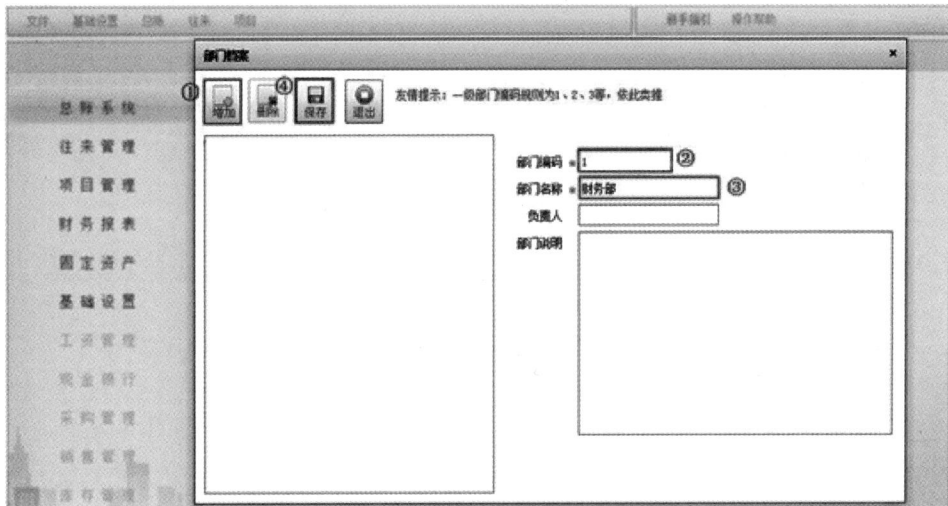

图 8-13　设置部门档案（步骤二）

3. 设置职员档案

接着以设置"总经理刘其东"职员档案为例来进行讲解，具体操作如下。

步骤一：在电算化系统主界面单击"基础设置"→"机构设置"→"职员档案"（见图 8-14）。

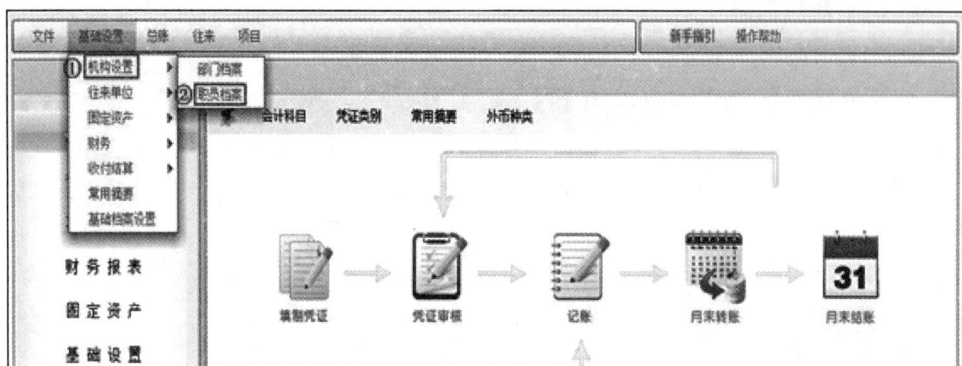

图 8-14　设置职员档案(步骤一)

步骤二：单击"增加"→录入"编码"→录入"名称"→选择"部门"→录入"属性"，最后单击"保存"(见图 8-15)。

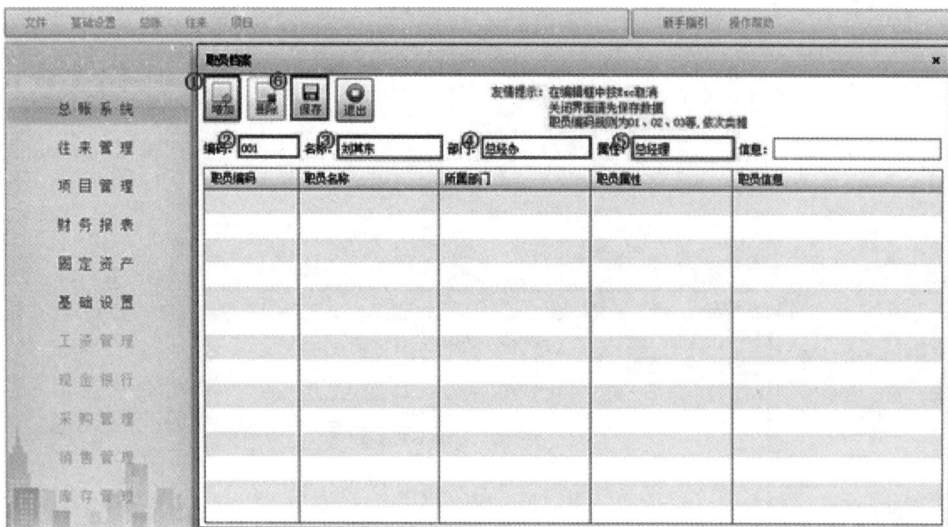

图 8-15　设置职员档案(步骤二)

4. 外币核算设置

实务中,进出口企业或者外贸企业都会涉及外币核算业务。有外币核算的企业,还要进行外币核算的设置。接下来以设置一级会计科目应收账用美元核算为例进行讲解。假设 10 月份记账汇率是 6.622 7,具体操作如下。

步骤一：在电算化系统主界面单击"外币种类"(见图 8-16)。

步骤二：单击"增加"→录入"币符"→录入"币名"→录入"记账汇率"→单击"保存"(见图 8-17)。

步骤三：在电算化系统主界面点击"会计科目"(见图 8-18)。

步骤四：在"会计科目"窗口找到"资产"→选择"应收账款"→单击"修改"→选择

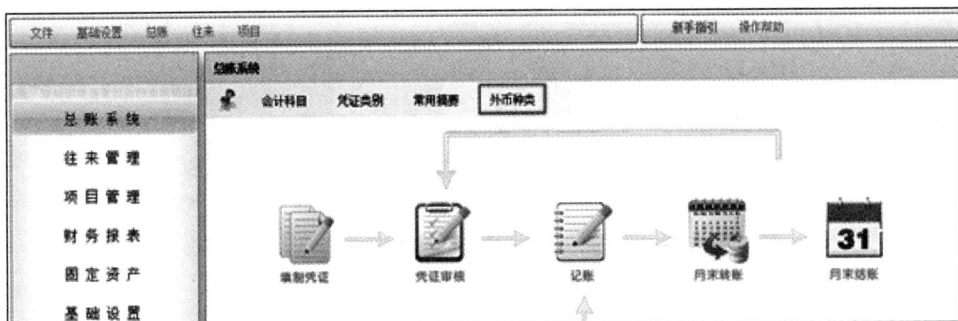

图 8-16 外币核算设置(步骤一)

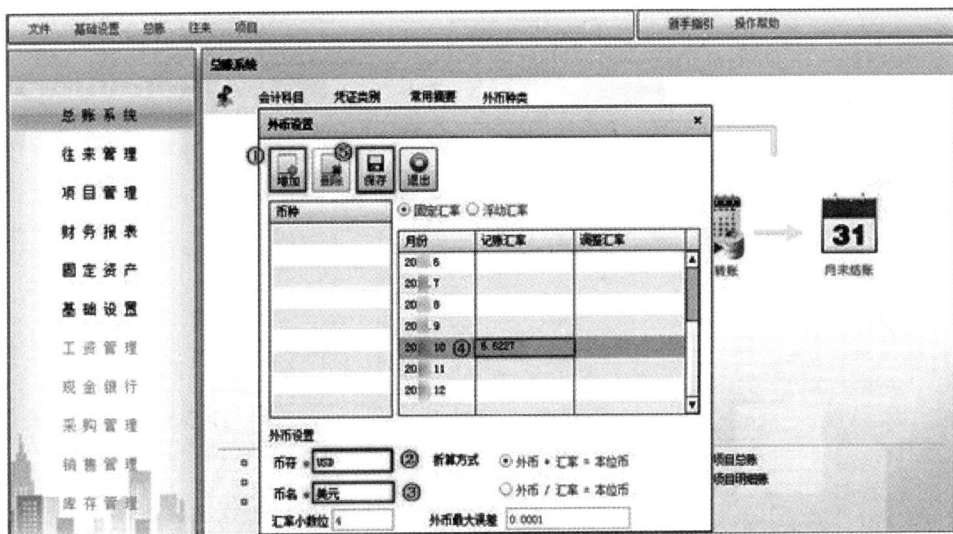

图 8-17 外币核算设置(步骤二)

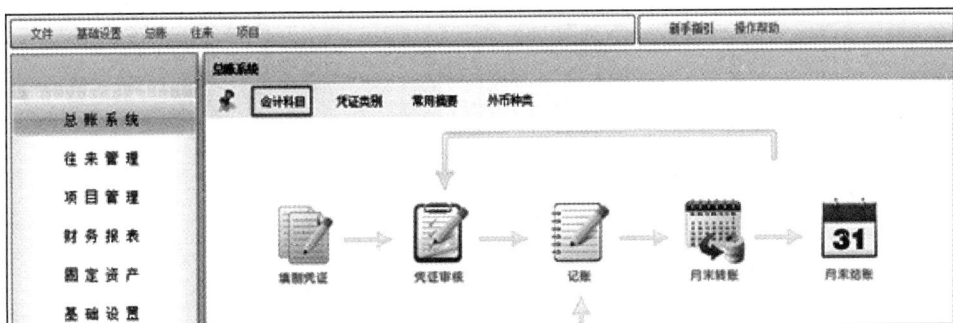

图 8-18 外币核算设置(步骤三)

"外币核算"和"币种",最后单击"确认"即可(见图 8-19)。

图 8-19　外币核算设置(步骤四)

温馨提示

　　实务工作中,由于汇率经常变动,为了减轻会计人员的核算工作量,通常采用每月 1 日的汇率作为当月的记账汇率,所以每月月初会计人员都要设置当月的记账汇率。记账汇率一般采用中间价,也可采用银行买入价。

　　每月最后一天,会计人员要按照当日实际汇率设置调整汇率,并进行期末汇兑损益结转。如何进行汇兑损益结转?本书后面会讲解具体的操作方法。

(二) 设置会计科目及辅助核算

设置会计科目及辅助核算是初始建账工作中的关键环节,关系到日后的会计核算。

1. 设置明细科目

在手工记账转电算化的过程中,可以根据各明细账来设置相应的会计明细科目。

下面以设置管理费用明细科目(见图 8-20)为例来讲解,具体操作如下。

步骤一:在电算化系统主界面单击"会计科目"(见图 8-21)。

步骤二:找到"损益"→单击"增加"→录入"科目编码"→录入"科目中文名称"→

图 8-20　管理费用明细账

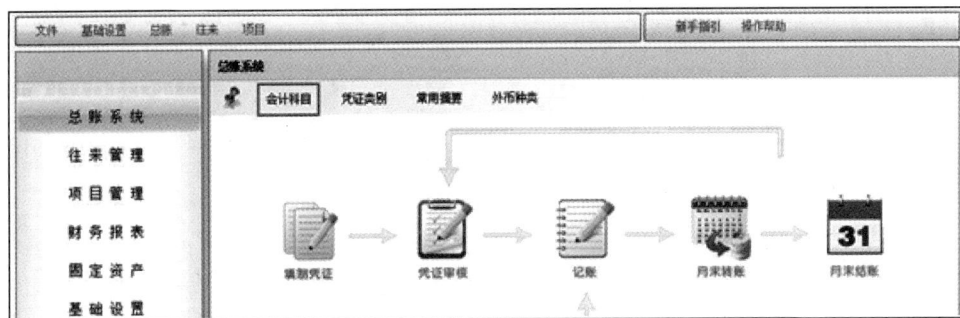

图 8-21　设置明细科目(步骤一)

单击"确认"(见图 8-22)。

图 8-22　设置明细科目(步骤二)

步骤三：其他明细科目的设置方法同步骤二，明细科目设置完成后单击"退出"即可（见图8-23）。

图 8-23　设置明细科目（步骤三）

2. 设置数量金额式辅助核算

企业发生采购材料、销售商品的经济业务，涉及原材料、存货的核算，应对原材料、库存商品等科目设置数量金额式辅助核算。

例如，企业采购一批数码相机准备用于销售，在新增"数码相机"明细科目时要对"库存商品/数码相机"设置数量金额式辅助核算。具体操作跟设置明细科目类似，此处不赘述。唯一的区别是在录入完科目名称后要选择"数量核算"和录入"计量单位"，最后单击"确认"（见图8-24）。

图 8-24　设置数量金额辅助核算

3．设置往来单位辅助核算

往来单位辅助核算涉及的会计科目有应收账款、应付账款、预收账款、预付账款、其他应收款、其他应付款等。实务工作中，如果企业往来单位不多，直接设置明细科目就可以了；如果企业往来单位比较多，为了方便日后查找，应设置往来单位辅助核算。

下面以应收账款明细账（见图 8-25）为例来讲解如何设置二级明细科目及往来单位辅助核算。

图 8-25　应收账款明细账

（1）直接在一级会计科目下面直接新增二级明细科目，这与设置明细科目的操作方法一样（见图 8-26）。

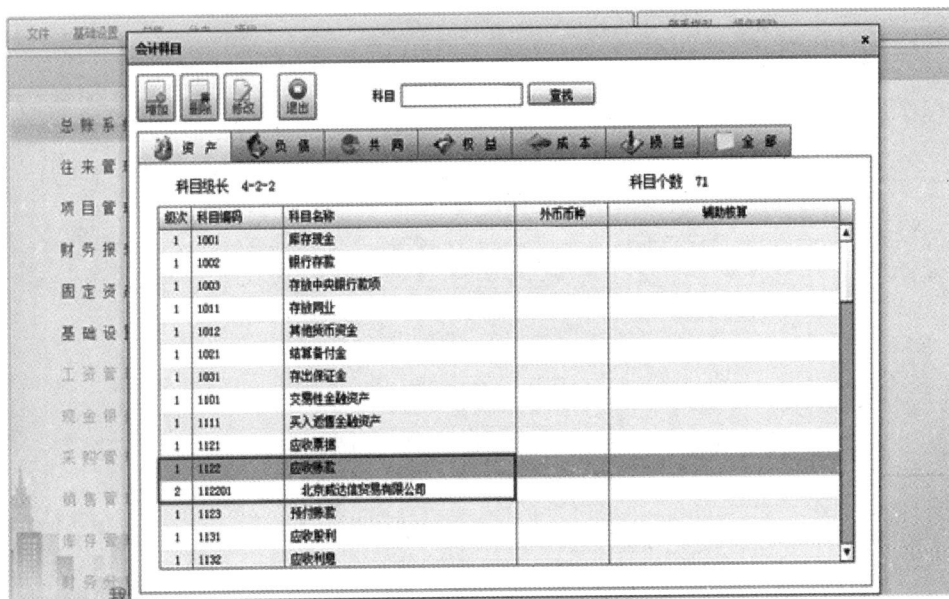

图 8-26　设置往来单位明细科目

（2）设置往来单位辅助核算，具体操作如下。

步骤一：在电算化系统中的主界面单击"会计科目"（见图8-27）。

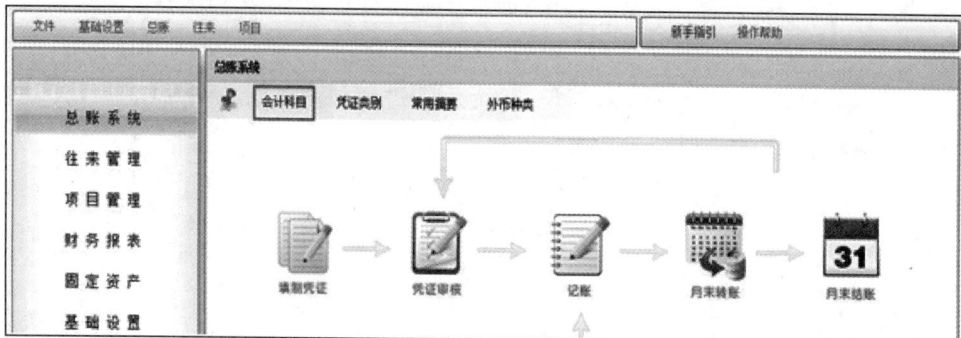

图 8-27　设置往来单位辅助核算（步骤一）

步骤二：找到"资产"→选择"应收账款"→单击"修改"→选择"客户往来"→单击"确认"（见图8-28）。

图 8-28　设置往来单位辅助核算（步骤二）

步骤三：更新成功后，单击"确认"（见图8-29）。

步骤四：在电算化系统主界面单击"基础设置"→"往来单位"→"客户档案"（见图8-30）。

步骤五：单击"增加"→录入"编号"→录入"名称"→录入"简称"（见图8-31）。

步骤六：单击"保存"→"确认"即可（见图8-32）。

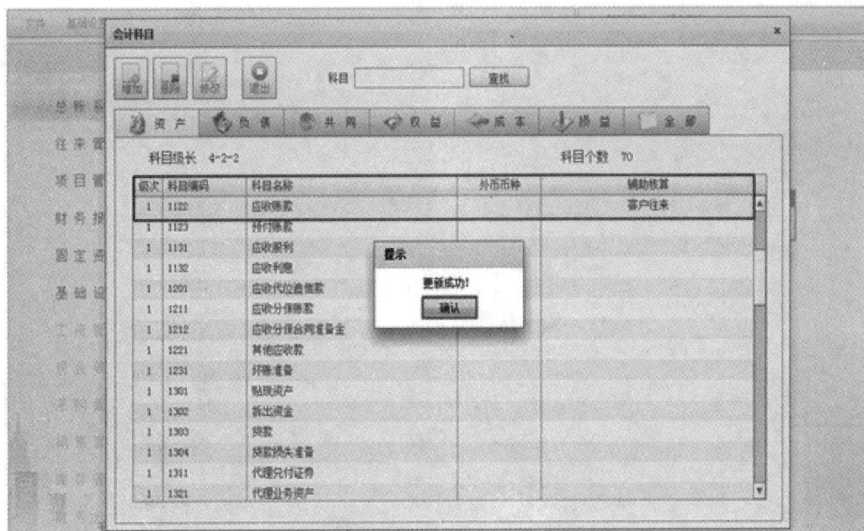

图 8-29　设置往来单位辅助核算（步骤三）

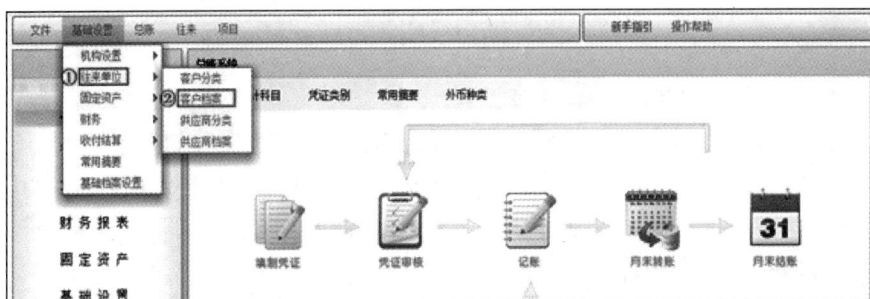

图 8-30　设置往来单位辅助核算（步骤四）

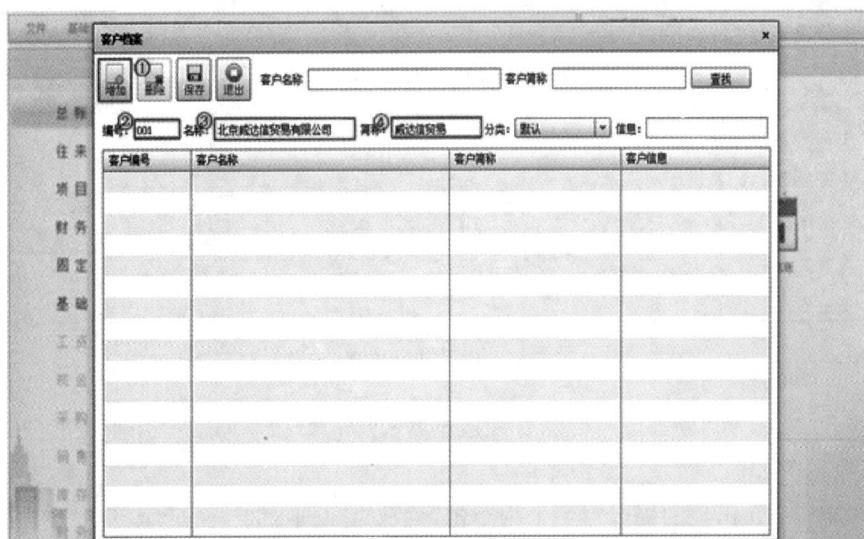

图 8-31　设置往来单位辅助核算（步骤五）

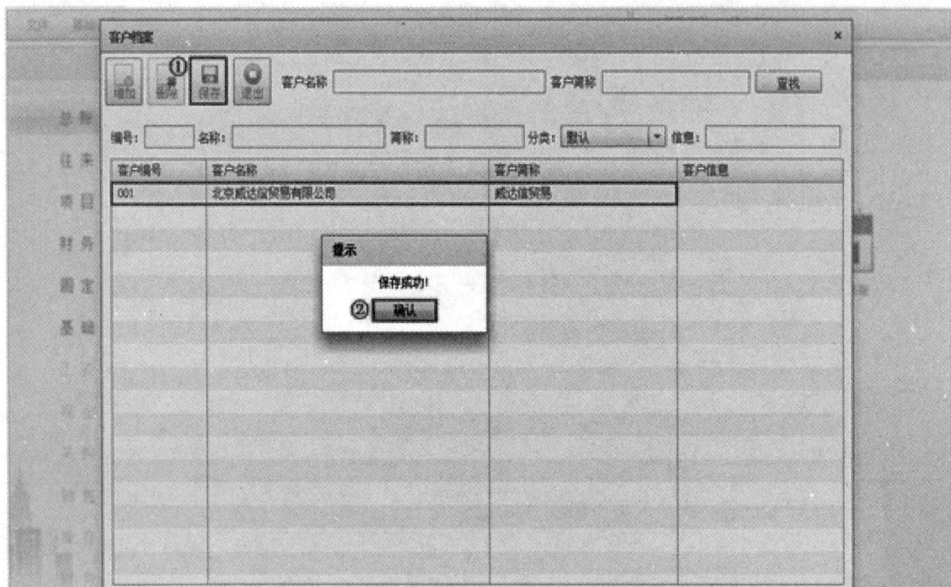

图 8-32　设置往来单位辅助核算(步骤六)

4．设置项目辅助核算

实务中,房地产和建安企业等一些比较特殊的行业,为了项目核算需要,会设置项目辅助核算。接下来,我们以某房地产企业开发新楼盘"新湖花园"设置"开发成本"的项目辅助核算为例进行讲解。会计人员设置项目辅助核算首先要新增一级科目的辅助核算信息,然后再设置具体的项目名称,具体操作如下。

步骤一：在电算化系统中的主界面单击"会计科目"(见图 8-33)。

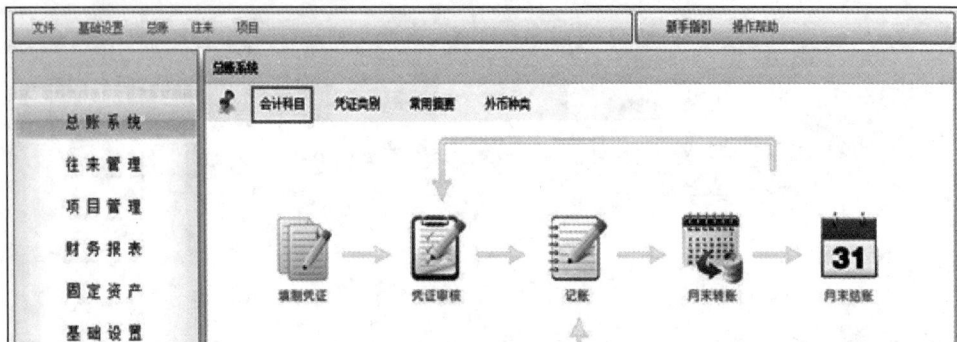

图 8-33　设置项目辅助核算(步骤一)

步骤二：找到"成本"→选择"开发成本"→单击"修改"→选择"项目核算"→单击"确认"(见图 8-34)。

步骤三：在出现的提示对话框内单击"确认"(见图 8-35)。

步骤四：在电算化系统主界面单击"基础设置"→"财务"→"项目档案"(见图 8-36)。

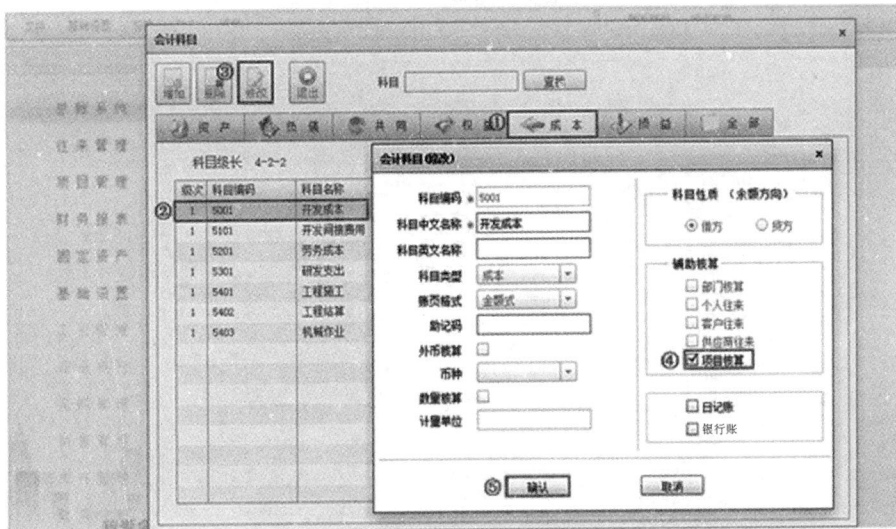

图 8-34 设置项目辅助核算(步骤二)

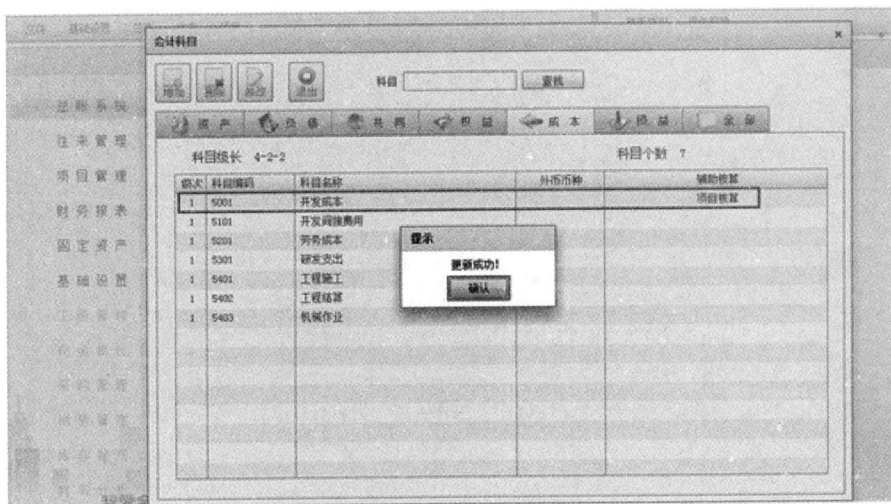

图 8-35 设置项目辅助核算(步骤三)

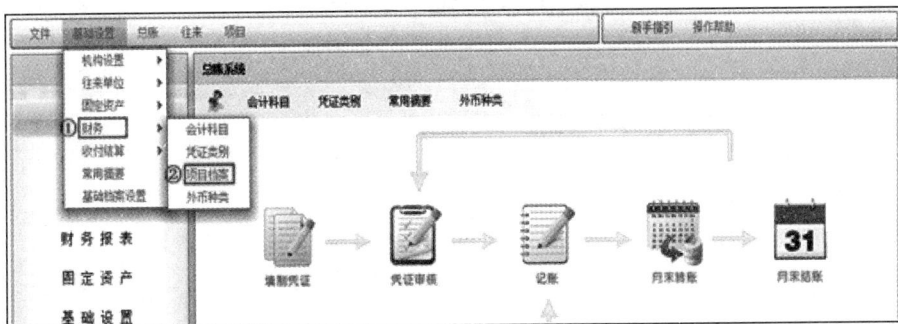

图 8-36 设置项目辅助核算(步骤四)

步骤五：单击"增加"→录入"编码"→录入"名称"→选择"方向"（见图 8-37）。

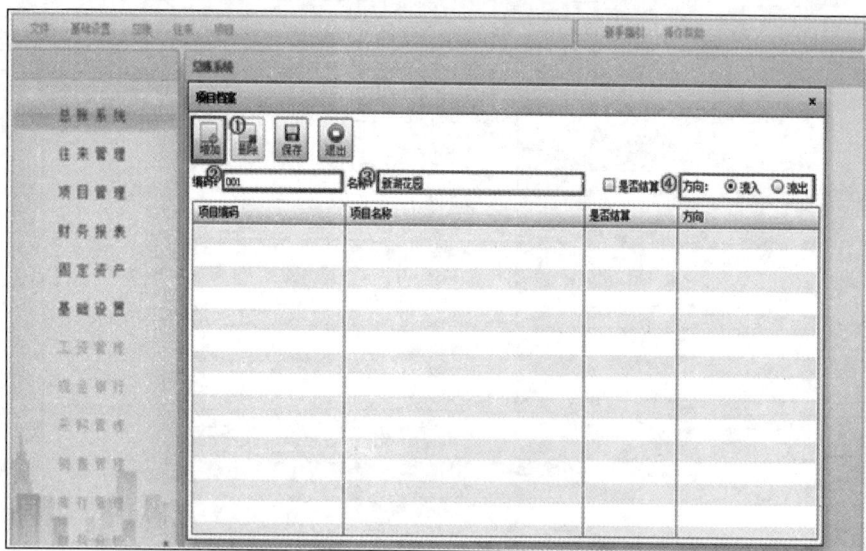

图 8-37　设置项目辅助核算（步骤五）

步骤六：单击"保存"→"确认"即可（见图 8-38）。

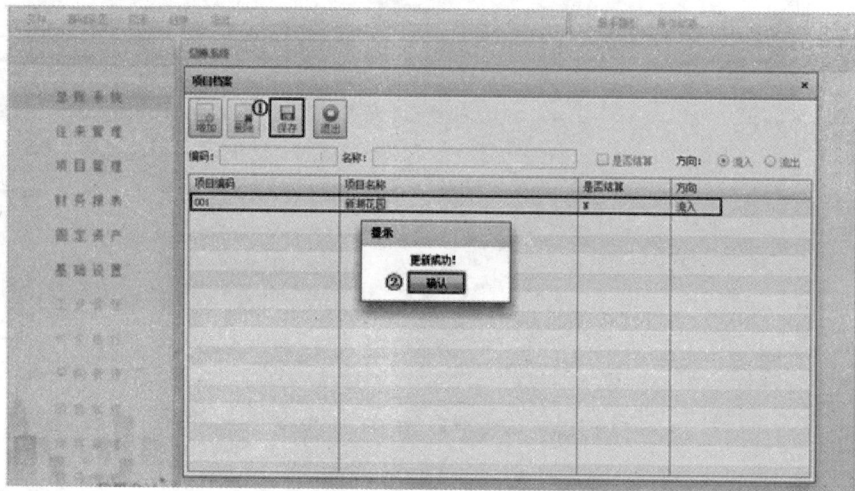

图 8-38　设置项目辅助核算（步骤六）

温馨提示

　　实务工作中，会计人员需要根据自己企业的特性和核算需要设置相应的辅助核算。设置辅助核算不仅可以减轻会计人员的核算工作量，也能提高工作效率。

三、录入期初余额

设置完账套基础信息和会计科目后，会计人员就可以录入期初余额了。

（一）年初录入期初余额

会计人员年初录入期初余额时，只需根据各科目明细账的上期期末余额填写电算化系统中的“期初余额”栏。

下面以库存现金总分类账（见图 8-39）为例来讲解如何在电算化系统中录入年初期初余额，具体操作如下。

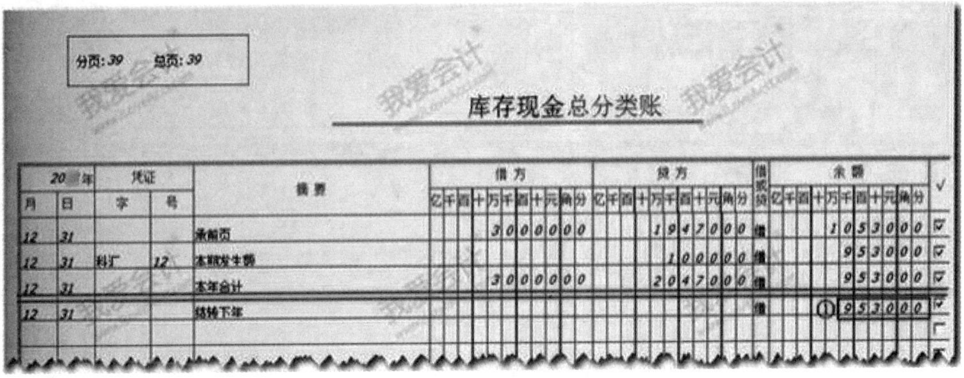
分页:39 总页:39

库存现金总分类账

月	日	凭证字	凭证号	摘要	借方	贷方	借或贷	余额	√
12	31			承前页	3000000	1947000	借	1053000	☑
12	31	科厂	12	本期发生额		1000000	借	953000	☑
12	31			本年合计	3000000	2047000	借	953000	☑
12	31			结转下年			借	①953000	☑

图 8-39 库存现金总分类账

步骤一：在电算化主界面单击“总账”→“设置”→“期初余额”（见图 8-40）

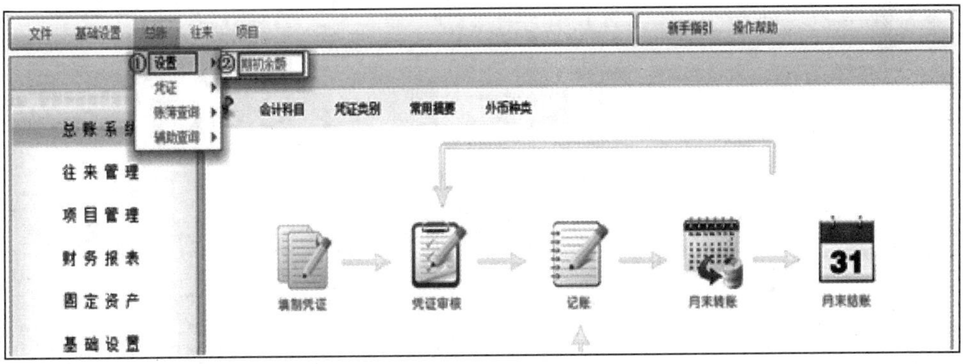

图 8-40 年初录入期初余额（步骤一）

步骤二：找到“库存现金”，将“库存现金总分类账”的年末余额录入电算化系统的“期初余额”栏（见图 8-41）。

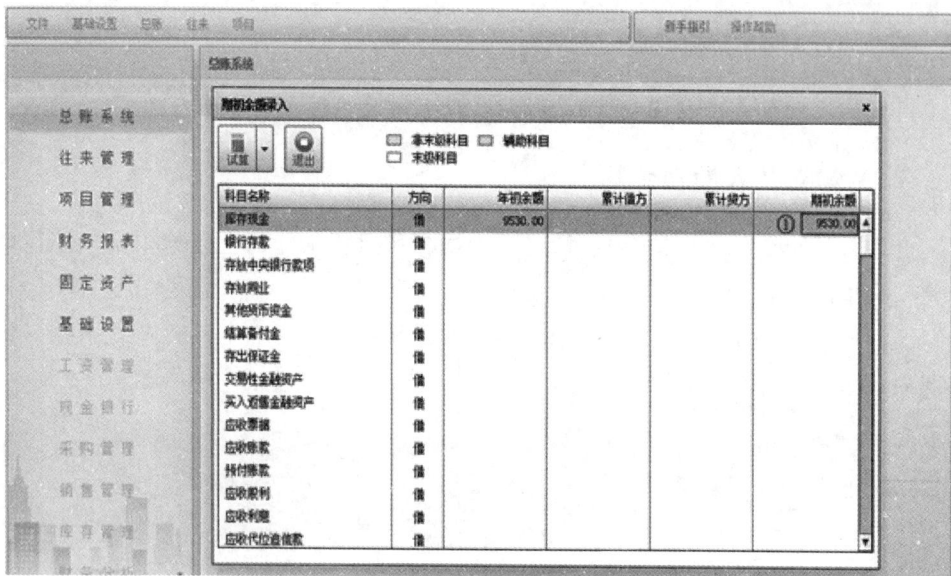

图 8-41　年初录入期初余额(步骤二)

(二) 年中录入期初余额

企业如果年中启用电算化,则需要录入启用月份的月初余额、本年累计借方发生额和本年累计贷方发生额,系统将根据录入的数据自动计算出年初余额。下面以应付账款明细账(见图 8-42)为例来讲解如何在电算化系统中录入年中期初余额。具体操作与前面录入年初期初余额一样,主要区别在于年中录入期初余额还要录入本年累计借方发生额和本年累计贷方发生额。

图 8-42　应付账款明细账

步骤一:在电算化系统主界面单击"总账"→"设置"→"期初余额"(见图 8-43)。
步骤二:找到"应付账款"下的二级明细科目"北京郝特装饰材料有限公司",根

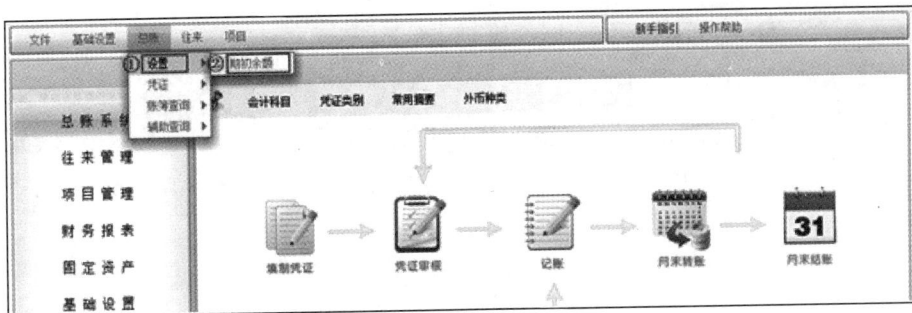

图 8-43　年中录入期初余额(步骤一)

据"应付账款明细账"的期末余额、本年累计贷方发生额、本年累计借方发生额,分别录入电算化系统相对应的栏内即可,系统自动会算出年初余额(见图 8-44)。

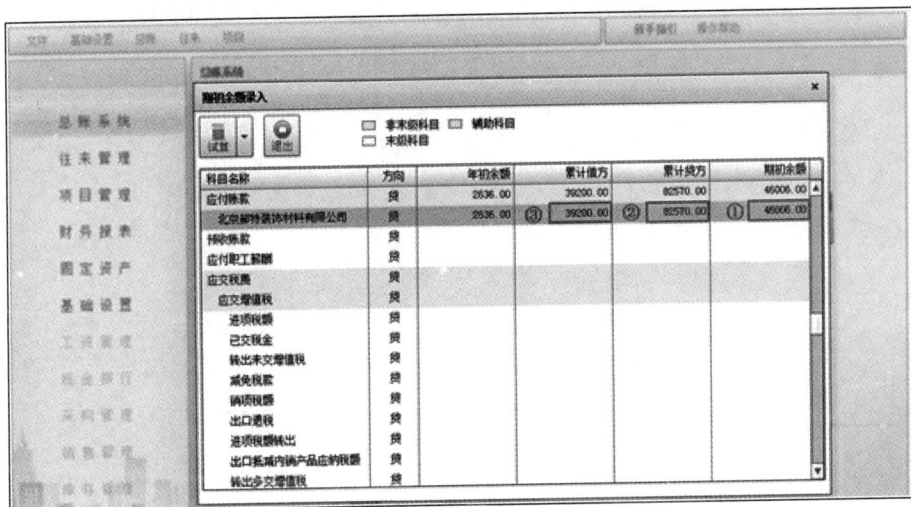

图 8-44　年中录入期初余额(步骤二)

期初数据录入完毕后,必须检查录入的会计科目余额是否平衡,总账与明细账、辅助账是否一致,是否有尚未设置、定义的项目等。试算平衡后,初始建账工作就完成了。

温馨提示

(1) 年中录入期初余额,应先汇总各科目明细账本年累计发生额。

(2) 涉及数量金额式的会计科目,如库存商品、原材料、周转材料、在途物资等,录入期初余额时,还需录入对应的数量、单价。

(3) 若某一会计科目涉及辅助核算,还应将辅助核算的期初数据录入到系统中。

实务小结

通过以上学习我们知道,会计进行初始建账的工作主要包括建立账套、基础设置、录入期初余额。其中,基础设置和录入期初余额是初始化工作的关键环节,会计人员应重点掌握。本业务小结见图 8-45。

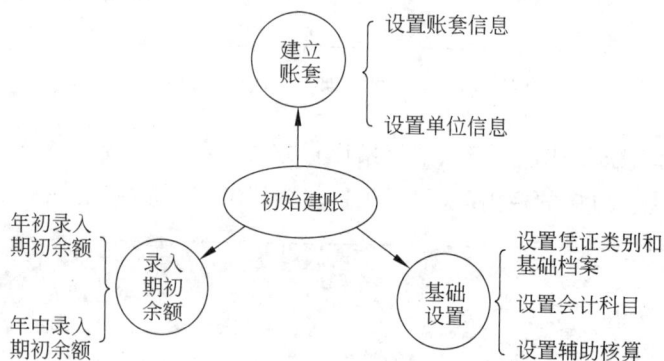

图 8-45　业务小结

业务 20　日　常　处　理

期初余额的成功录入,标志着在电算化系统中已经建立了完整的核算体系,具备了进行日常核算的基本条件,可以进行日常账务处理了。

一、填制涉及金额的记账凭证

实务中,会计人员收到出纳递交的原始凭证就可以开始在电算化系统中录入记账凭证,那么,如何在电算化系统中填制记账凭证呢?填制记账凭证要注意哪些事项呢?下面以提取备用金的业务为例进行详细讲解。会计人员收到出纳递交的现金支票存根(见图 8-46),可据此判断该业务是提取备用金的经济业务。

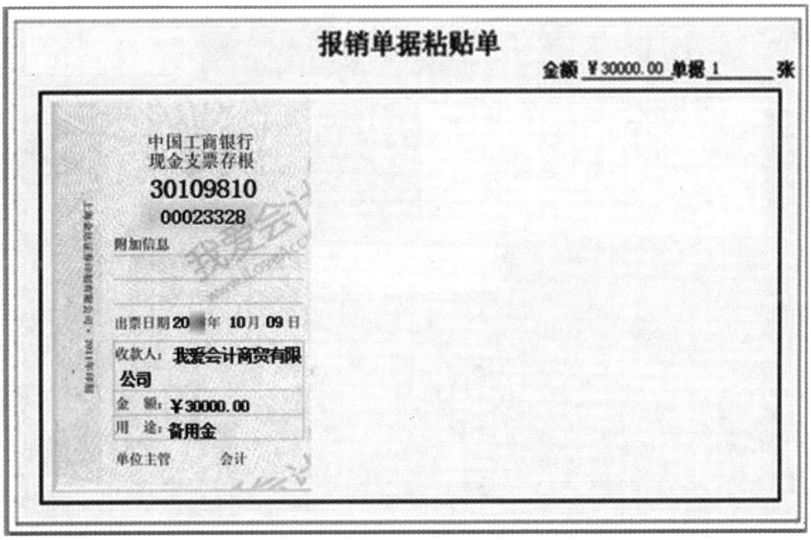

图 8-46　现金支票存根

因为提取备用金只涉及金额,所以需填制涉及金额的记账凭证,具体操作如下。

步骤一:在电算化系统主界面单击"填制凭证"(见图 8-47)。

步骤二:选择"制单日期"→录入"附单据数"→录入"摘要"(见图 8-48)。凭证号一般是系统自动编号,无须手工录入。

步骤三:"提取备用金"会使库存现金增加,银行存款减少,应借记"库存现金",贷记"银行存款"。双击"科目名称",找到"资产",选择"库存现金",单击"确定"(见图 8-49)。

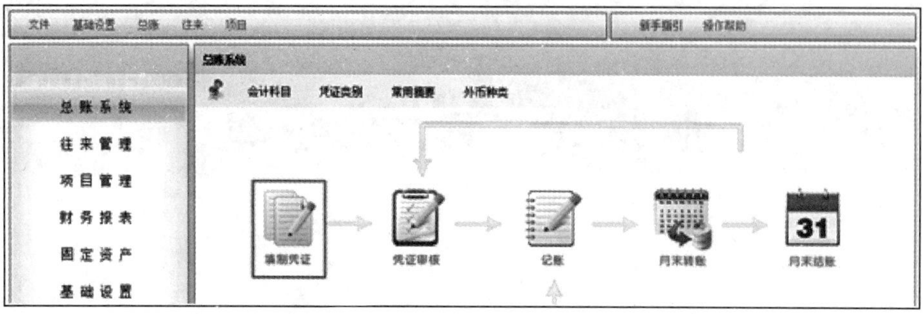

图 8-47　填制涉及金额的记账凭证（步骤一）

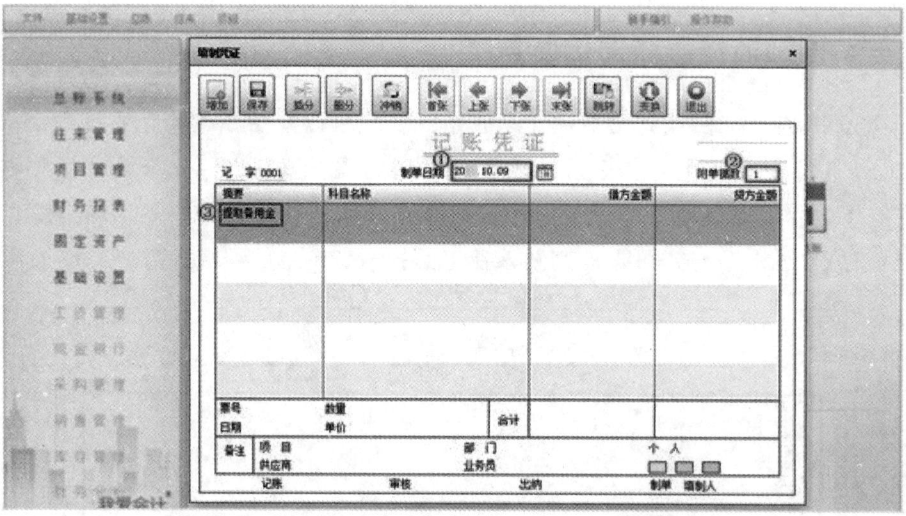

图 8-48　填制涉及金额的记账凭证（步骤二）

图 8-49　填制涉及金额的记账凭证（步骤三）

步骤四：根据现金支票存根上的金额 30 000.00，在借方金额栏录入 30 000.00（见图 8-50）。

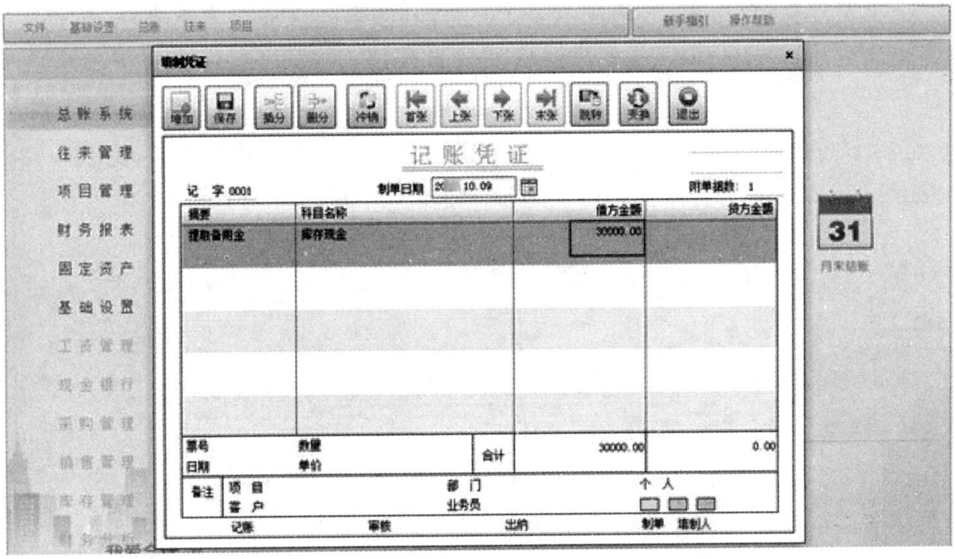

图 8-50 填制涉及金额的记账凭证（步骤四）

步骤五：完整录完第一行的分录后，敲下"回车键"，系统自动跳转到第二行，到第二行接着录贷方会计科目和金额，具体操作同上。录完相关信息后，单击"保存"即可（见图 8-51）。

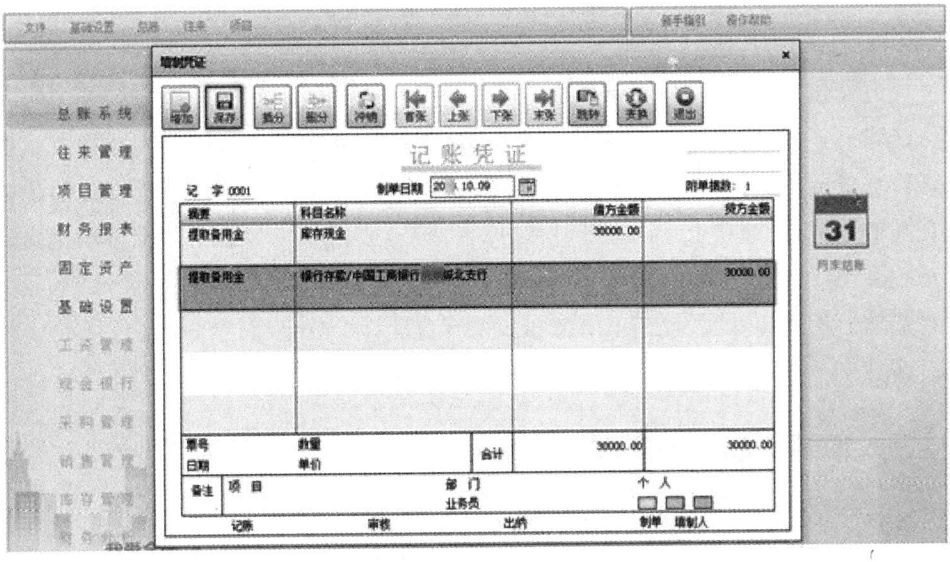

图 8-51 填制涉及金额的记账凭证（步骤五）

二、填制涉及数量金额的记账凭证

企业发生采购、销售、结转成本等业务时，其账务处理都会涉及数量、金额的核算。为了方便日后查找商品或者材料的收发情况，应填制涉及数量金额的记账凭证。

下面以采购业务为例进行讲解。当会计人员收到增值税普通发票(见图 8-52)、销售单、入库单和银行转账回单时，可据此判断企业发生了采购业务。

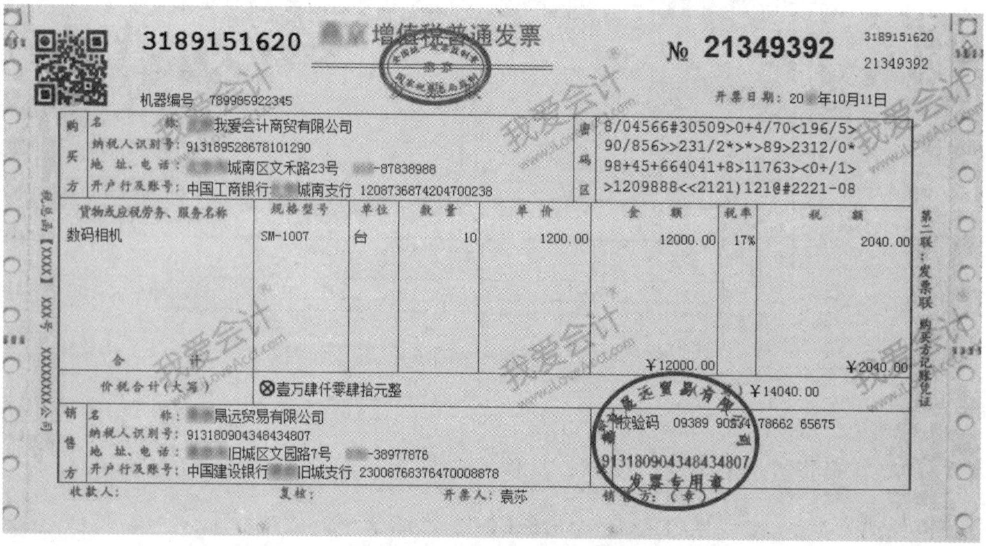

3189151620 增值税普通发票 № 21349392 3189151620 21349392

机器编号 789985922345 开票日期：20 年10月11日

购买方	名称：我爱会计商贸有限公司 纳税人识别号：913189528678101290 地址、电话：城南区文禾路23号 -87838988 开户行及账号：中国工商银行城南支行 1208736874204700238			密码区	8/04566#30509>0+4/70<196/5> 90/856>>231/2*>*>89>2312/0* 98+45+664041+8>11763><0+/1> >1209888<<2121)121@#2221-08		
货物或应税劳务、服务名称	规格型号	单位	数量	单价	金额	税率	税额
数码相机	SM-1007	台	10	1200.00	12000.00	17%	2040.00
合计					¥12000.00		¥2040.00
价税合计(大写)	⊗壹万肆仟零肆拾元整				(小写)¥14040.00		
销售方	名称：晟远贸易有限公司 纳税人识别号：913180904348434807 地址、电话：旧城区文园路7号 -38977876 开户行及账号：中国建设银行旧城支行 23008768376470008878			备注	校验码 09389 90534 78662 65675		

收款人： 复核： 开票人：袁莎 销售方：(章)

第二联：发票联 购买方记账凭证

图 8-52 增值税普通发票(发票联)

在电算化系统中，填制涉及数量金额的记账凭证的具体操作如下。

步骤一：企业用银行存款采购商品，会使库存商品增加，银行存款减少，故本业务涉及数量金额的辅助核算，其增加凭证、会计科目等操作与填制涉及金额的记账凭证类似，主要区别在于录入会计科目“库存商品/数码相机”后，系统会自动跳出辅助项，这时要根据增值税普通发票、入库单等信息填入商品入库数量、单价(本业务收到的增值税普通发票，税额不能抵扣)，系统自动算出总金额(见图 8-53)。

步骤二：填制完的涉及数量金额的记账凭证见图 8-54。

三、填制涉及辅助核算的记账凭证

实务工作中，如果企业往来单位不多、规模较小，可以不设置辅助核算，而是直接设置二级明细科目；如果企业往来单位较多、规模较大，为减轻核算工作量，提高工作效率，就要设置相应的辅助核算。企业一旦设置了辅助核算，在填制涉及辅助核算的凭证时必须录入辅助核算信息。

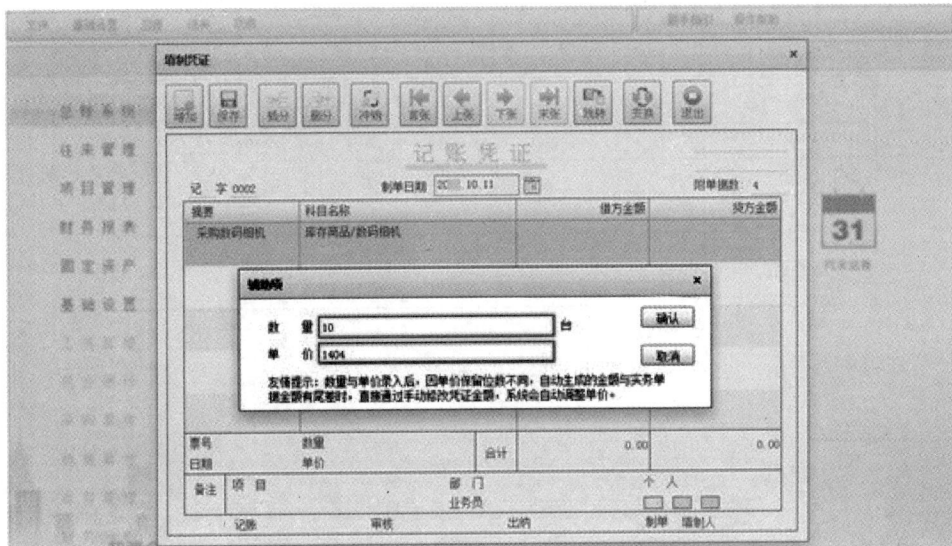

图 8-53　填制涉及数量金额记账凭证（步骤一）

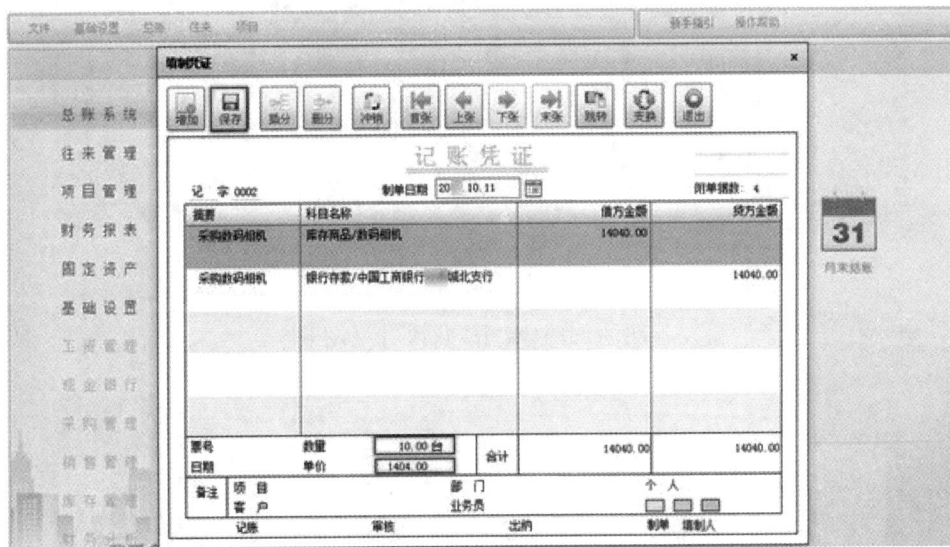

图 8-54　填制涉及数量金额记账凭证（步骤二）

　　例如，当会计人员收到借款单（见图 8-55）时，可据此判断该业务为员工借款业务。

　　在电算化系统中，填制涉及辅助核算的记账凭证的具体操作如下。

　　步骤一：本业务涉及个人往来的辅助核算，其增加凭证、会计科目等操作与填制涉及金额的记账凭证类似，主要区别在于当借方录入"其他应收款"会计科目之后，系统会自动跳出辅助项，这时要根据借款单的信息选择借款人的名称（见图 8-56）。

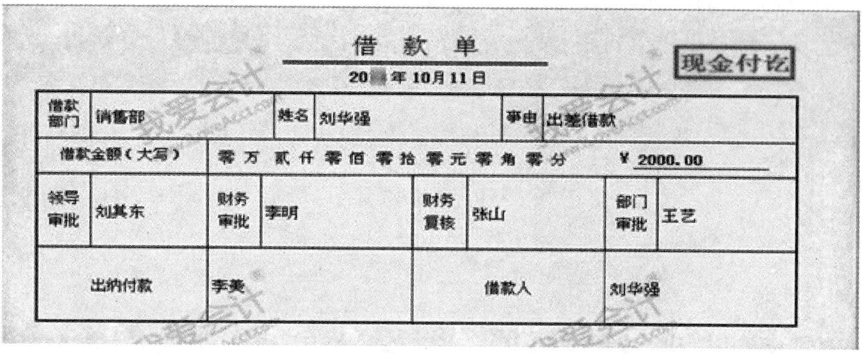

图 8-55　借款单

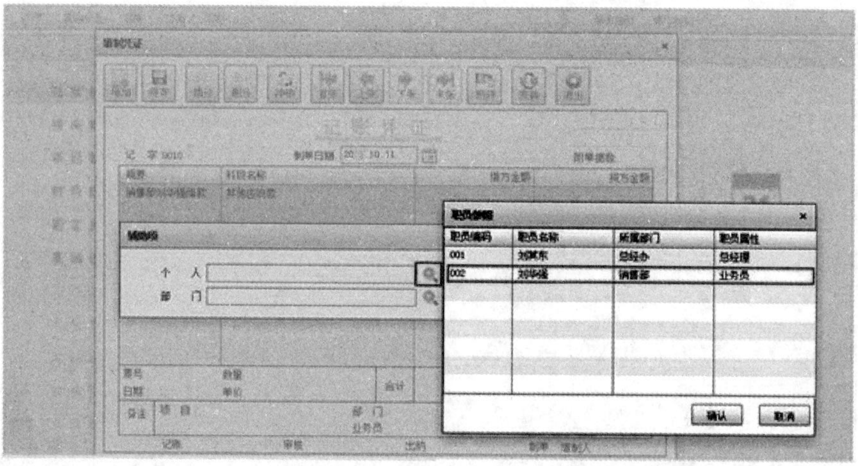

图 8-56　填制涉及辅助核算的记账凭证(步骤一)

步骤二：选择借款人所在的部门，单击"确认"(见图 8-57)。

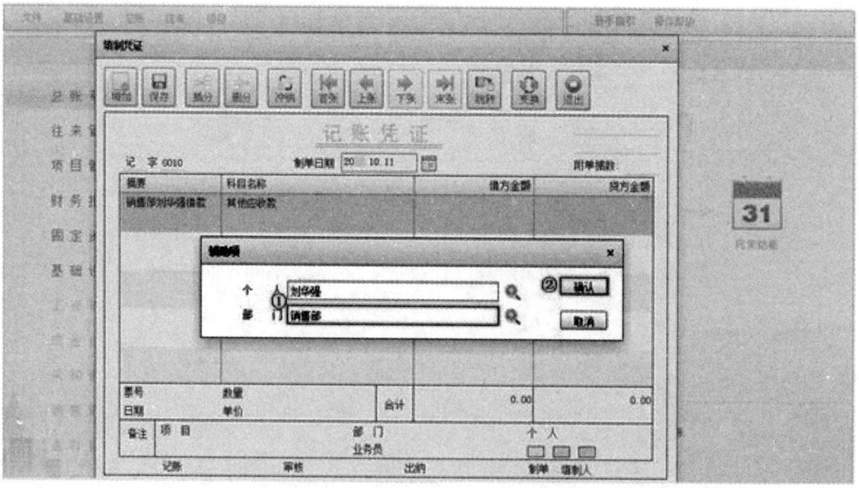

图 8-57　填制涉及辅助核算的记账凭证(步骤二)

步骤三：填制完成的涉及辅助核算的记账凭证见图 8-58。

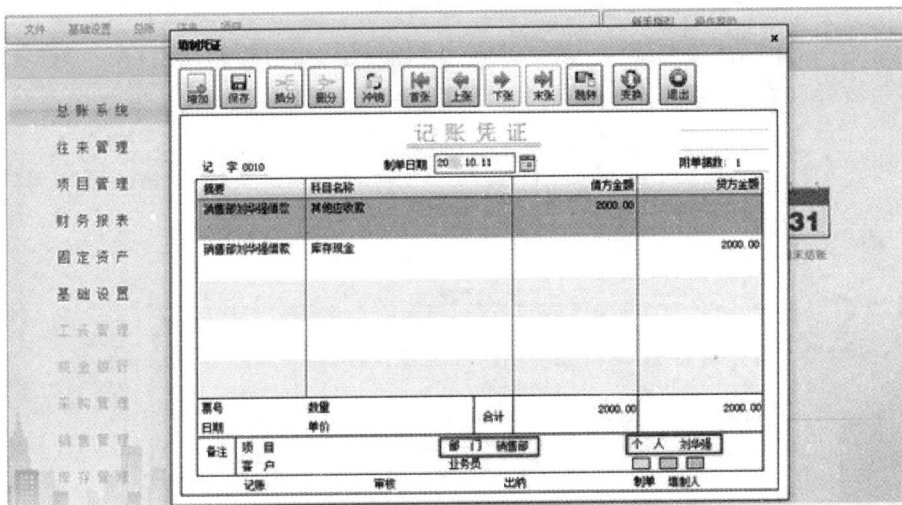

图 8-58　填制涉及辅助核算的记账凭证(步骤三)

四、填制涉及外币核算的记账凭证

实务工作中，只有进出口企业或者对外贸易的企业才会涉及外币核算。如果碰到外币业务，就应填制涉及外币核算的记账凭证。

例如，企业收到一张境外汇入汇款的通知书(见图 8-59)，可据此判断该企业收到一笔美元货款。

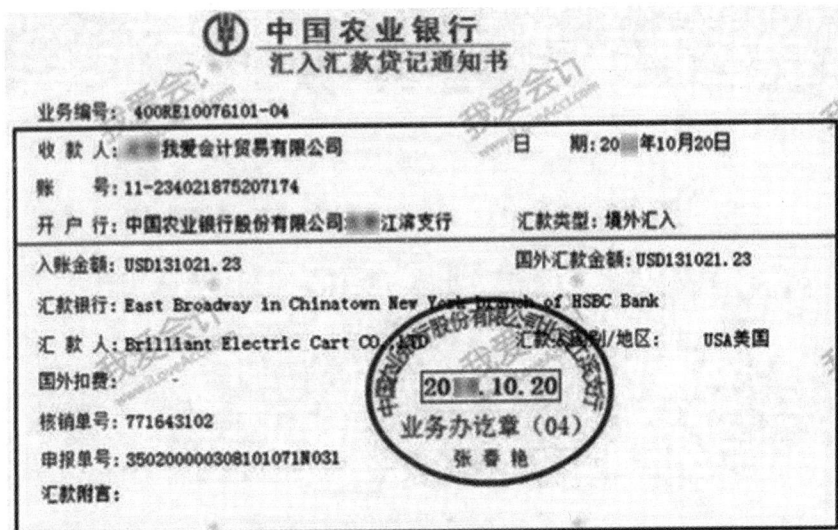

图 8-59　汇入汇款贷记通知书

在电算化系统中,填制涉及外币核算的记账凭证的具体操作如下。

步骤一:对于涉及外币核算的记账凭证,其增加记账凭证、会计科目等操作与填制涉及金额的记账凭证类似,主要区别在于填制凭证之前要先点击"变换"按钮,转换成带有外币的记账凭证(见图 8-60)。

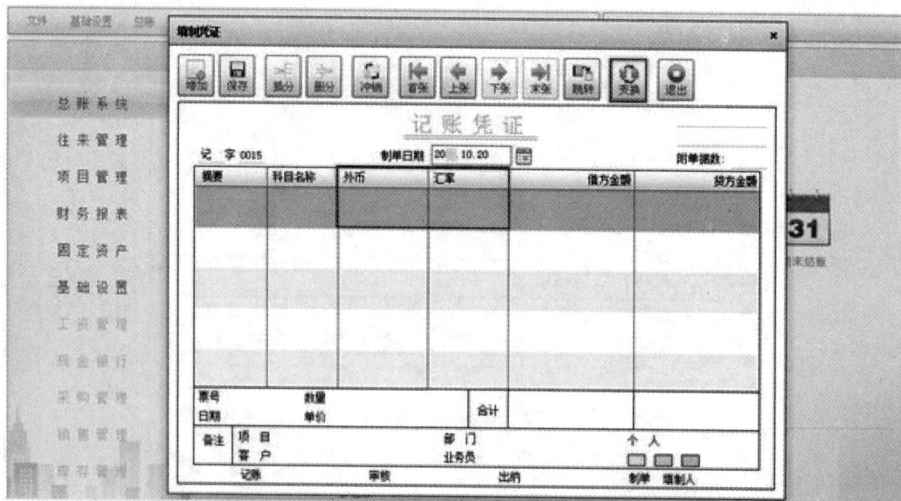

图 8-60　填制涉及外币核算的记账凭证(步骤一)

步骤二:在填制记账凭证时应根据汇入汇款贷记通知书上的外币金额录入到外币栏内,系统会根据之前设置的记账汇率自动换算成记账本位币的金额,然后单击"保存"即可(见图 8-61)。

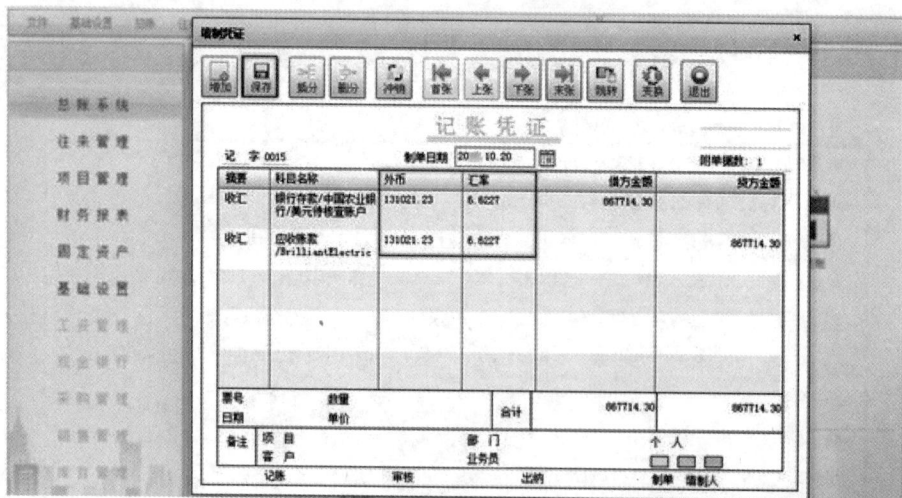

图 8-61　填制涉及外币的记账凭证(步骤二)

温馨提示

实务中,会计人员在填制记账凭证之前,要先把出纳提交的各种原始凭证(如报销单、付款单、收款单、电子缴税回单、银行回单等)等按类别整理好,然后再填制记账凭证。

实务小结

通过以上学习我们知道,在电算化环境下,会计人员进行日常账务处理的工作主要有四类:①填制涉及金额的记账凭证;②填制涉及数量金额的记账凭证;③填制涉及辅助核算的记账凭证;④填制涉及外币核算的记账凭证。本业务小结如图 8-62 所示。

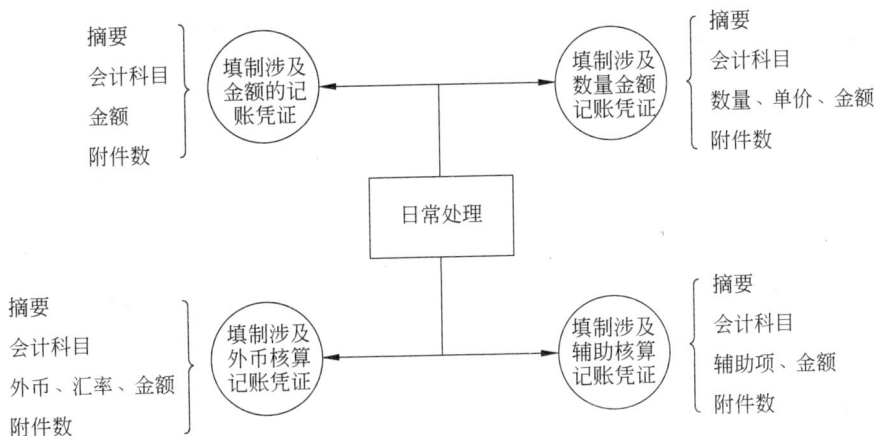

图 8-62 业务小结

业务 21 月末处理

通过前面的学习,我们知道在日常工作的时候会计人员已经把日常账务处理完了,到了月末的时候就要进行月末账务处理了。月末账务处理的主要内容包括凭证审核、记账、损益结转、计提与结转所得税、查账、对账与结账等(见图 8-63)。

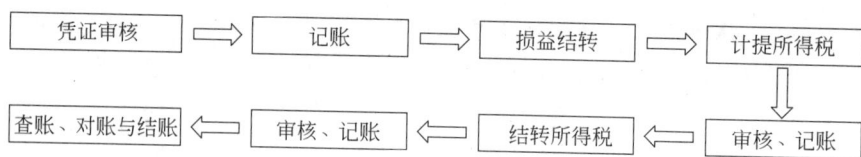

| 凭证审核 | ⟹ | 记账 | ⟹ | 损益结转 | ⟹ | 计提所得税 |

| 查账、对账与结账 | ⟸ | 审核、记账 | ⟸ | 结转所得税 | ⟸ | 审核、记账 |

图 8-63 月末账务处理流程图

一、凭证审核

凭证审核是指审核人按照会计制度,对制单人填制的记账凭证进行检查、核对,主要审核记账凭证是否与原始凭证是否相符,会计分录是否正确等。审核记账凭证的时候,审核人和制单人不能是同一个人,要用审核人的用户名登录电算化系统才能进行审核。凭证审核的具体操作如下。

步骤一:在电算化系统主界面单击"凭证审核"(见图 8-64)。

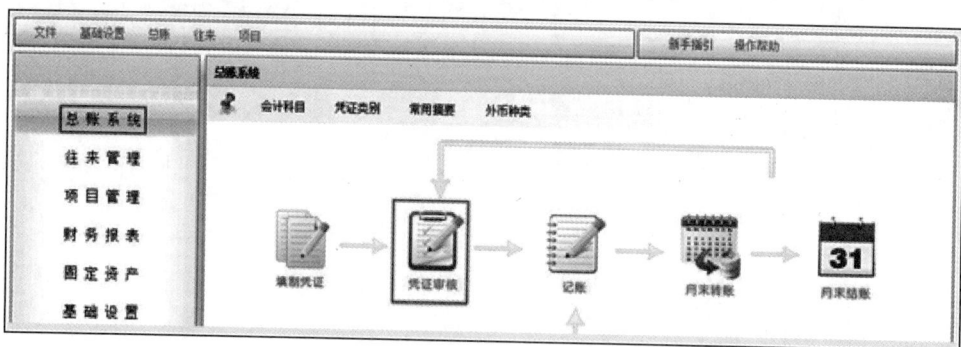

图 8-64 审核记账凭证(步骤一)

步骤二:选择"凭证类别"→选择"未审核凭证"→选择"月份"→单击"确认"(见图 8-65)。

步骤三:选择并双击需要审核的凭证(见图 8-66)。

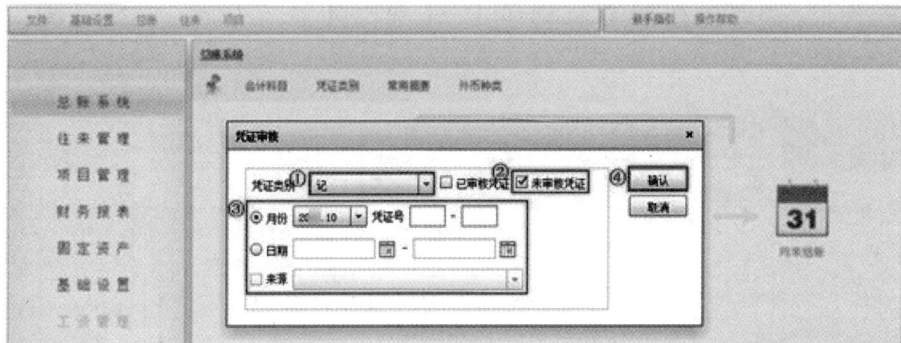

图 8-65　审核记账凭证（步骤二）

图 8-66　审核记账凭证（步骤三）

步骤四：点击"审核"→"确定"（见图 8-67）。

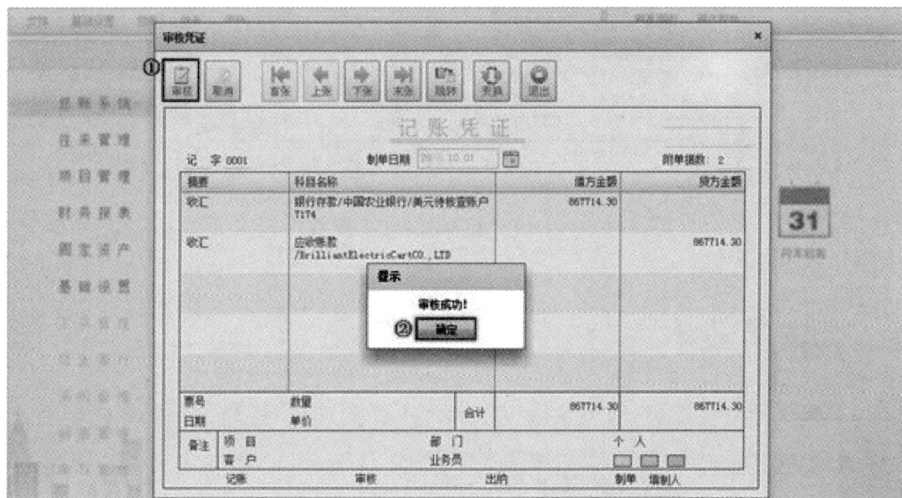

图 8-67　审核记账凭证（步骤四）

步骤五：如果要继续审核则单击"下张"，审核完毕后单击"退出"（见图 8-68）。

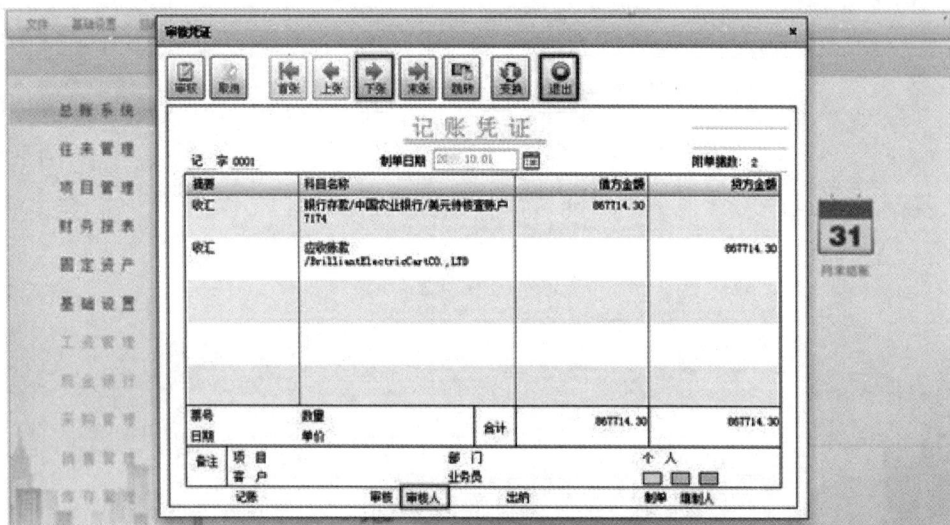

图 8-68　审核记账凭证（步骤五）

步骤六：审核完记账凭证，单击"退出"即可（见图 8-69）。

图 8-69　审核记账凭证（步骤六）

温馨提示

审核记账凭证时，审核人也可以单击"成批审核"按钮，这样就不用一张张去审核了。如发现已经审核的记账凭证有错误，可以单击"取消审核"，退回给填制人修订，等修改完成再进行审核。具体操作见图 8-70。

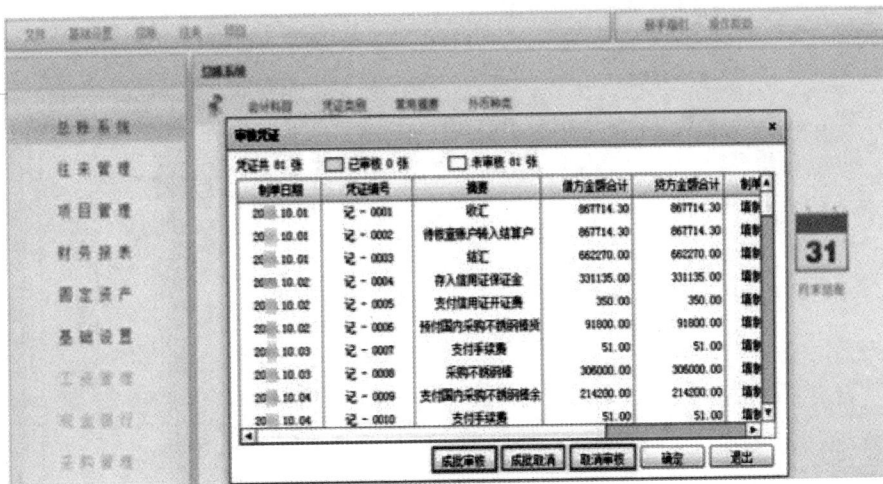

图 8-70　审核发现错误的处理

二、记账

完成记账凭证的审核后,会计人员需进行记账操作。其目的之一是检验本月记载的经济业务中借贷方向是否平衡。会计人员应以制单人身份登录电算化系统才能进行记账操作。记账的具体操作如下。

步骤一:在电算化系统主界面单击"记账"(见图 8-71)。

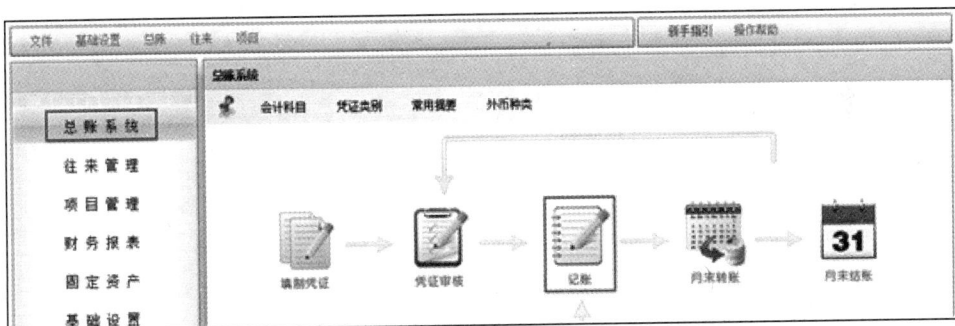

图 8-71　记账(步骤一)

步骤二:选择"未记账的凭证",单击"下一步"(见图 8-72)。

步骤三:单击"下一步"(见图 8-73)。

步骤四:单击"记账"(见图 8-74)。

步骤五:系统自动显示试算平衡表。在试算结果平衡的情况下,单击"确认"(见图 8-75)。

图 8-72 记账(步骤二)

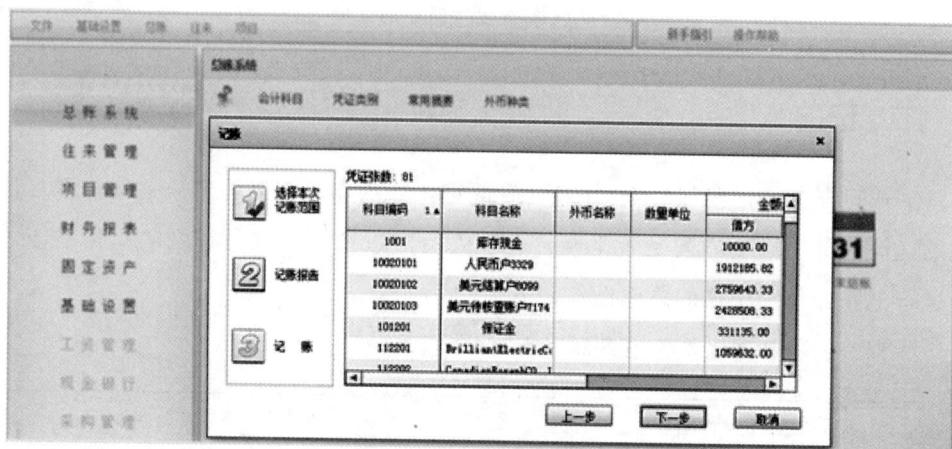

图 8-73 记账(步骤三)

图 8-74 记账(步骤四)

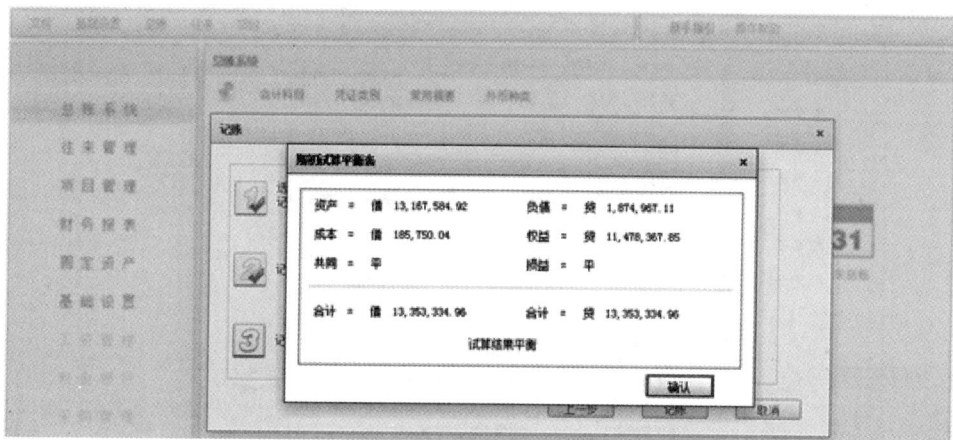

图 8-75　记账(步骤五)

步骤六：记账结束后系统提示"记账成功"，单击"确定"(见图 8-76)。

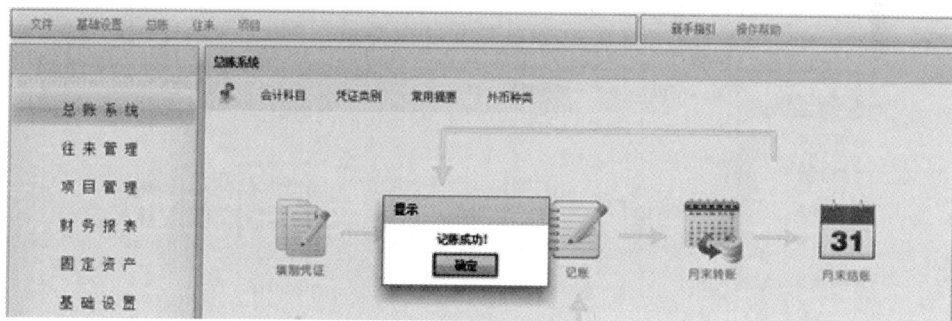

图 8-76　记账(步骤六)

三、损益结转

会计人员记完账以后就可以进行损益结转，损益结转包含汇兑损益结转和期间损益结转。涉及外币核算的企业要结转汇兑损益和期间损益，不涉及外币核算的企业只需结转期间损益。

(一)汇兑损益结转

在结转汇兑损益之前要先查找当月最后一天的实际汇率，以此作为调整汇率录入外币设置中。假设 10 月 31 日美元的实际汇率为 6.5820，汇兑损益结转的具体操作如下。

步骤一：在电算化系统主界面单击"外币种类"→选择"美元"→录入"调整汇率"→单击"保存"(见图 8-77)。

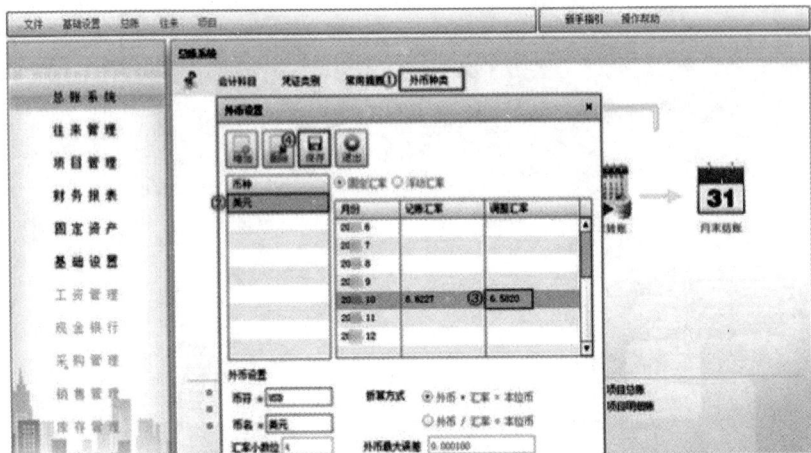

图 8-77　汇兑损益结转(步骤一)

步骤二：在电算化系统主界面单击"月末转账"(见图 8-78)。

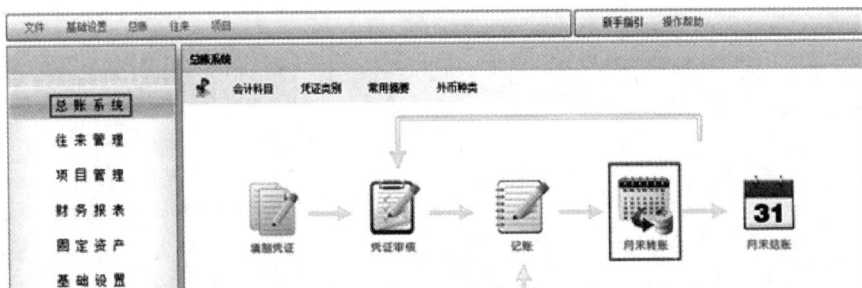

图 8-78　汇兑损益结转(步骤二)

步骤三：选择"汇兑损益结转"→选择"结转月份"→选择"外币币种"→单击"全选"→单击"确定"(见图 8-79)。

图 8-79　汇兑损益结转(步骤三)

步骤四：选择入账科目"660302"，单击"确认"（见图 8-80）。

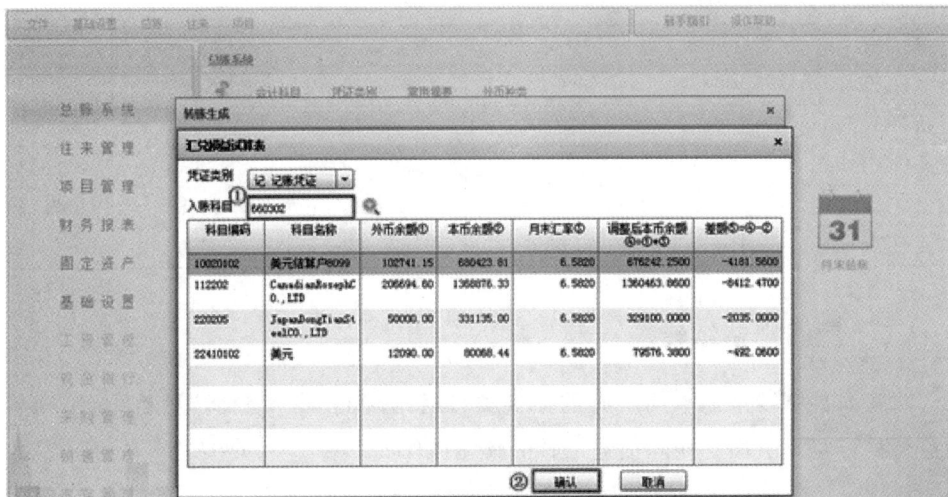

图 8-80　汇兑损益结转（步骤四）

步骤五：系统自动生成记账凭证，单击"保存"即可（见图 8-81）。

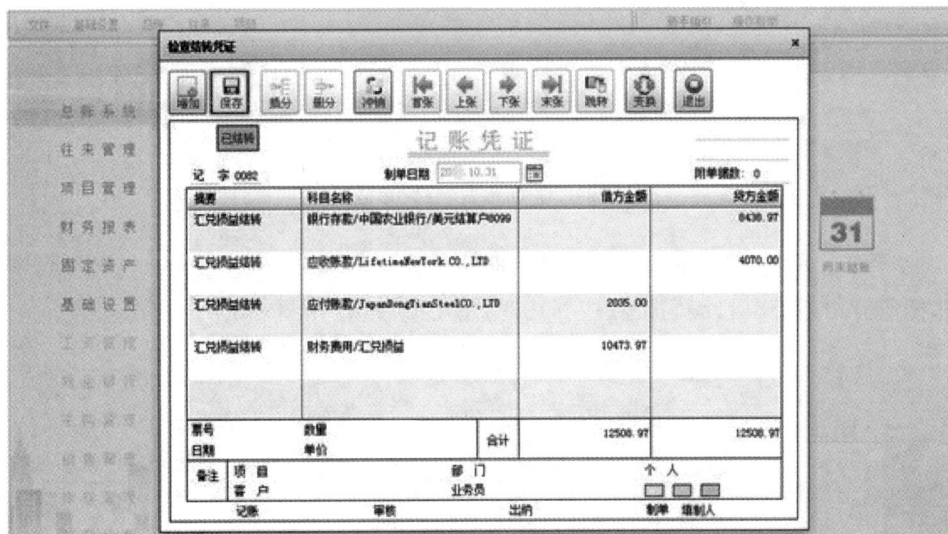

图 8-81　汇兑损益结转（步骤五）

温馨提示

　　实务工作中，因为汇率每天都在变化，所以通常将当月最后一天的实时汇率作为调整汇率。实时汇率可以在百度等相关网站查询（见表 8-3）

表 8-3　实时汇率

汇率数据更新时间:20××-10-08 11:29:06

币　　种	交易单位	中间价	现汇买入价	现钞买入价	卖出价
美元(USD)	100	611.92	610.70	605.80	613.14
港币(HKD)	100	78.92	78.76	78.21	79.08
欧元(EUR)	100	829.89	826.57	800.43	833.21
英镑(GBP)	100	983.78	979.84	948.86	987.72
日元(JPY)	100	6.31	6.29	6.09	6.34

(二)期间损益结转

期间损益结转是把本期所有的损益类科目结转到"本年利润"科目中,结转后,损益类科目应无余额。期间损益结转的具体操作如下。

步骤一:在电算化系统主界面单击"月末转账"(见图 8-82)。

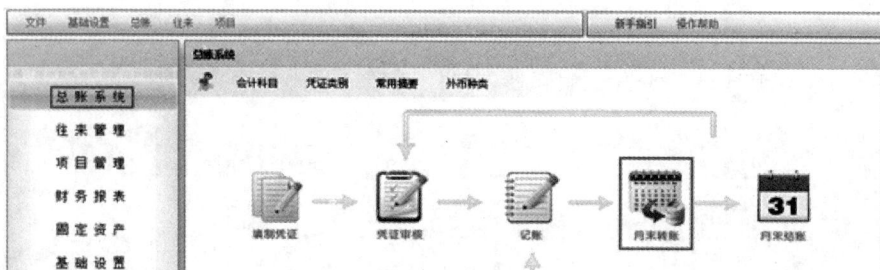

图 8-82　期间损益结转(步骤一)

步骤二:单击"期间损益结转"进行期间损益结转设置,录入"本年利润科目"代码,把所有损益类科目编码设置成"4103",单击"确定"(见图 8-83)。

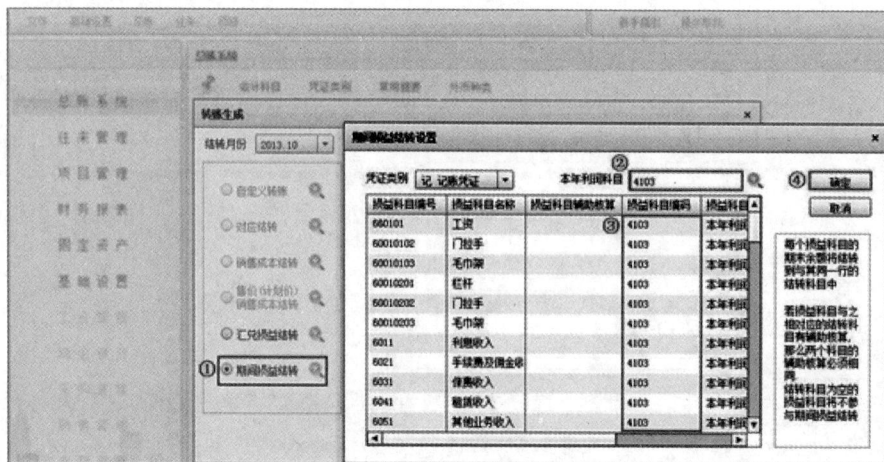

图 8-83　期间损益结转(步骤二)

步骤三：选择"结转月份"，单击"全选"→"确定"（见图 8-84）。

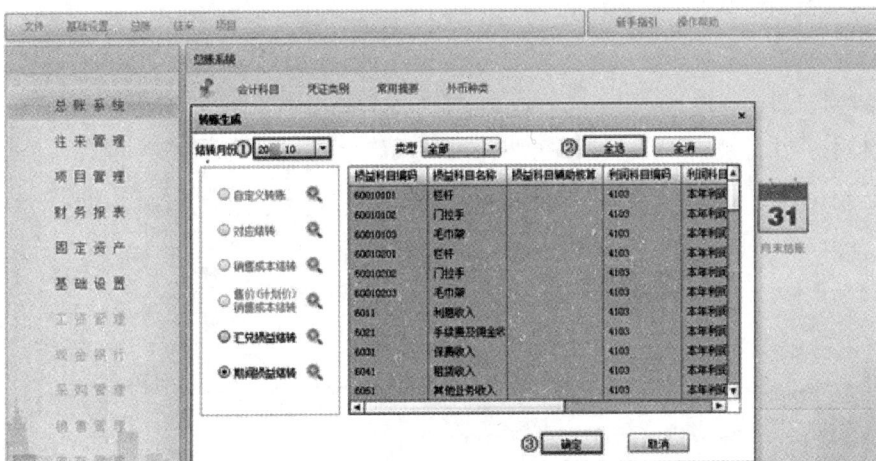

图 8-84 期间损益结转（步骤三）

步骤四：系统自动生成结转损益后的记账凭证，单击"保存"即可（见图 8-85）。

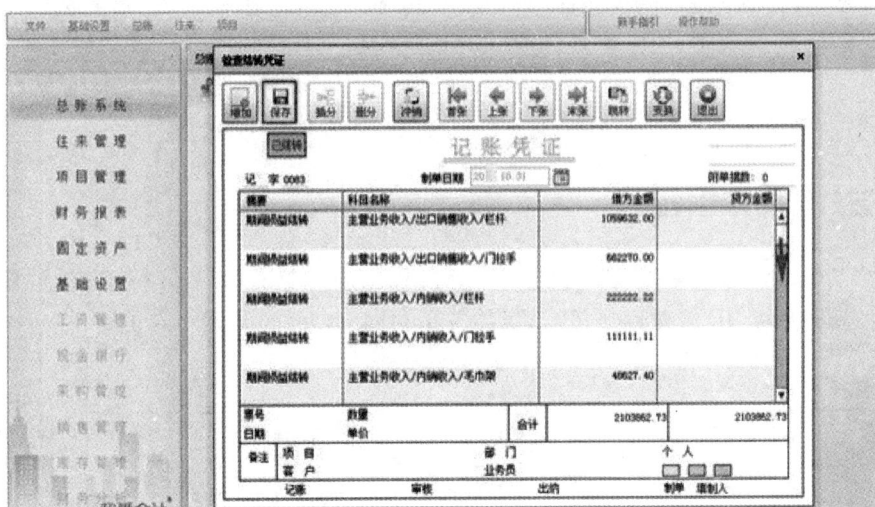

图 8-85 期间损益结转（步骤四）

温馨提示

结转损益时，如有结转汇兑损益生成的记账凭证，要先对该凭证进行审核和记账，然后才能进行期间损益的结转。

计提和结转所得税时，系统自动生成的记账凭证同样要先进行审核和记账。

四、计提所得税

结转完损益后,如果企业有盈利,要按照相应的比例计提企业所得税。通过查看"本年利润"科目当期的贷方减借方的差额确定利润总额,并按照对应的所得税税率计提所得税。计提企业所得税的凭证直接在总账系统的"填制凭证"里面直接填制(见图8-86)。

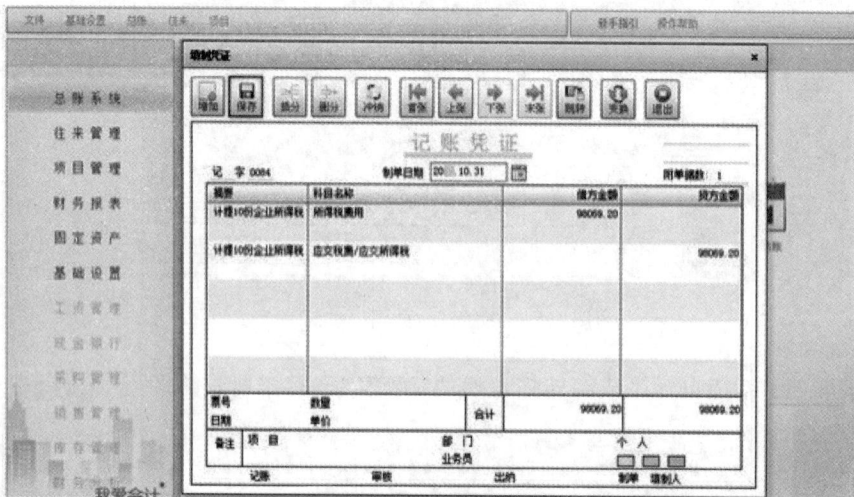

图 8-86　计提所得税

五、结转所得税

填制完计提所得税的记账凭证后,应按照损益结转的步骤进行审核、记账、结转,将"所得税费用"的科目余额结转到"本年利润"科目中(见图8-87)。

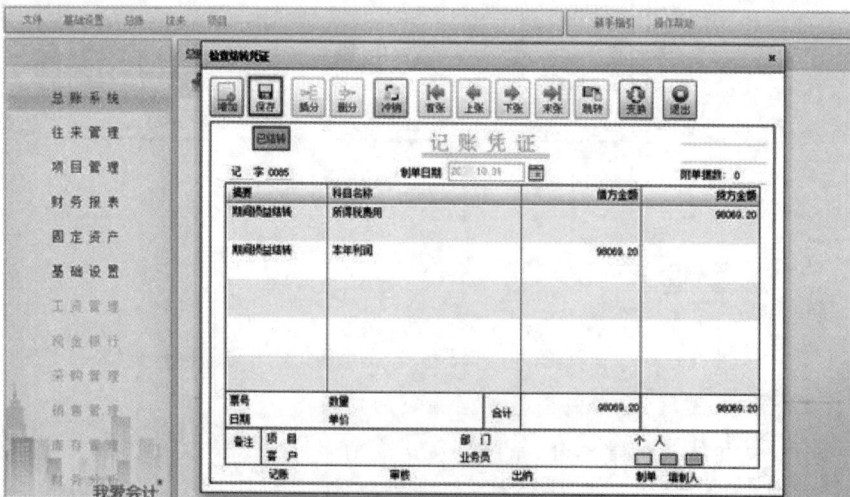

图 8-87　结转所得税

温馨提示

记账后，如果发现记账凭证有问题需要修改，要调用"恢复记账前状态"（见图 8-88）的功能恢复到记账前状态，然后反审核，再进行相应的修改。修改完成后，要重新审核、记账和结转等工作。

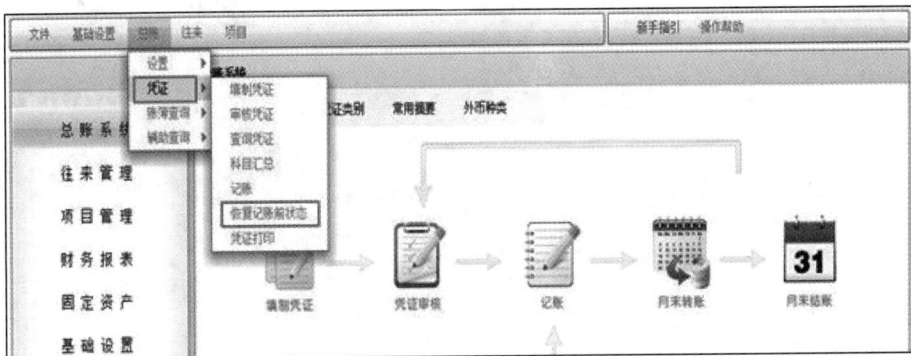

图 8-88　恢复记账前状态

六、查账与对账

实务工作中，会计人员结账之前要经常查账与对账。例如，与供应商和客户核对往来账款要查余额表或者明细账，与出纳核对库存现金要查日记账，与仓库核对库存商品的数量要查数量金额式明细账，等等，这些都可以通过电算化系统进行查询。

下面以与供应商对账为例来讲解如何查账与对账。会计人员收到询证函（见图 8-89）时，需要核对我方记录和对方记录是否准确一致，这时可以通过电算化系统查询相关账簿进行核对。具体操作如下。

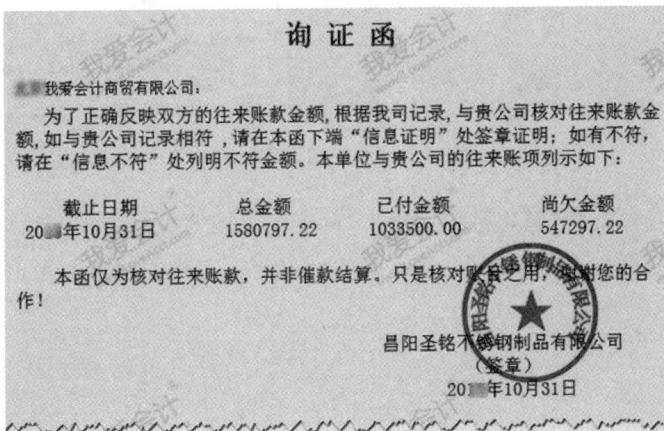

图 8-89　询证函（部分）

步骤一：在电算化系统主界面上单击"明细账"(见图8-90)。

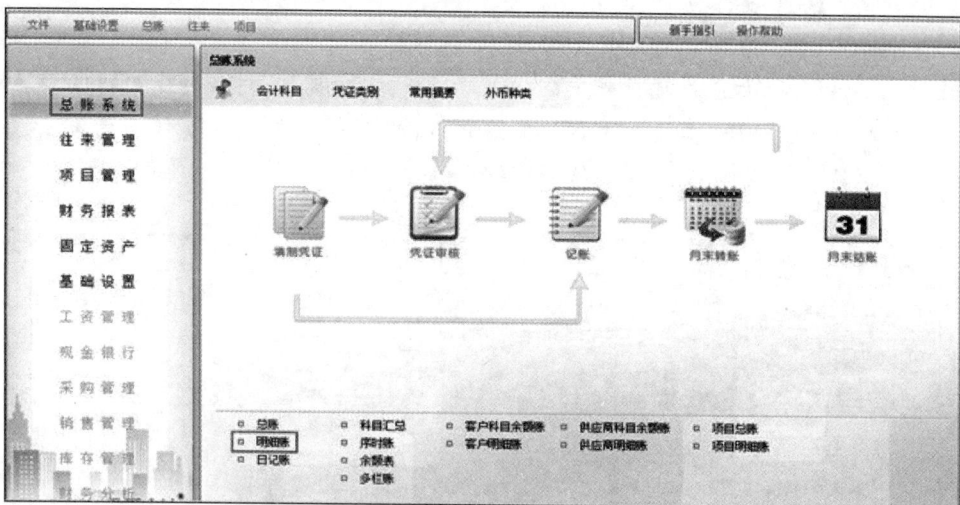

图8-90　查账与对账(步骤一)

步骤二：选择"科目"→找到供应商"昌阳圣铭不锈钢制品有限公司"，单击"确定"(见图8-91)。

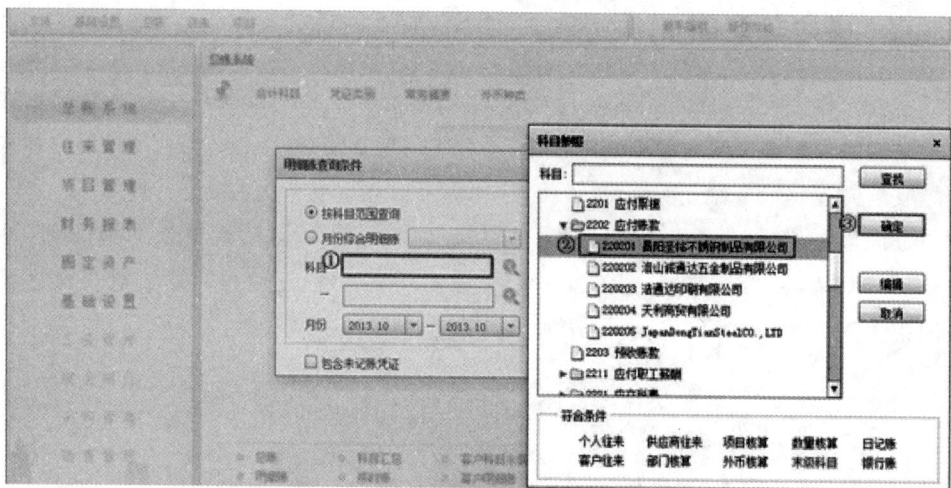

图8-91　查账与对账(步骤二)

步骤三：选择查询"起止月份"，单击"确定"(见图8-92)。

步骤四：根据查询结果，对方询证函的尚欠金额和我方明细账余额数据一致，表示核对无误(见图8-93)。

图 8-92　查账与对账（步骤三）

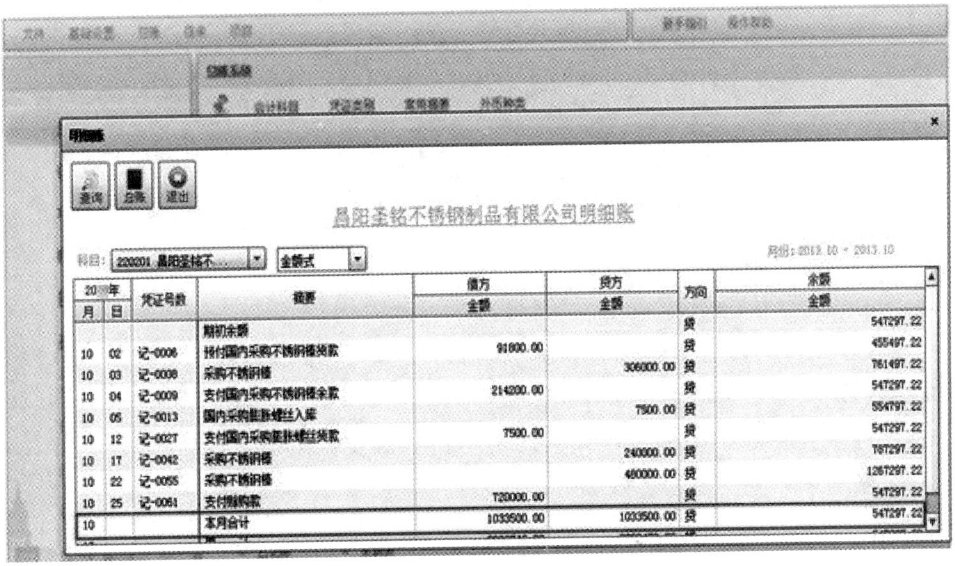

图 8-93　查账与对账（步骤四）

温馨提示

　　实务工作中，可以根据实际的需要选择不同的查询条件进行相应的查询。如果有设置往来辅助核算，还可以通过客户或者供应商的余额账或明细账进行查询（见图 8-94）

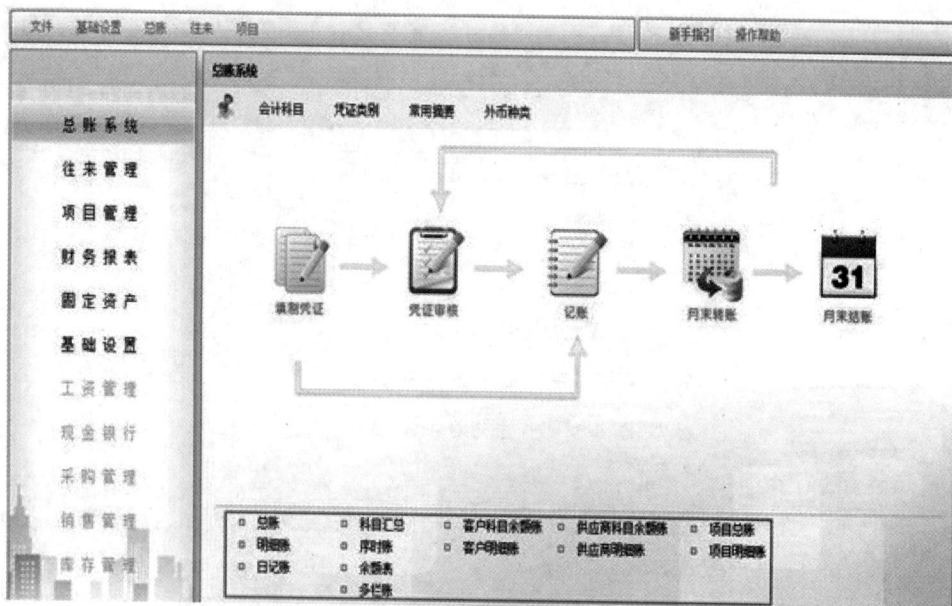

图 8-94　更多查询

实务小结

通过以上学习我们知道,损益结转前,应将本期所有记账凭证进行审核、记账,损益结转后,企业若有盈利还要计提企业所得税,计提完所得税要再进行损益结转。此时,会计人员要对计提和结转的凭证再次进行审核和记账。记账后,还要进行账账、账实核对。本业务小结见图 8-95。

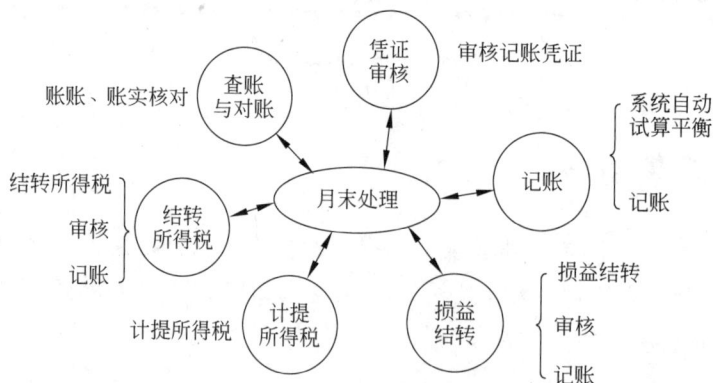

图 8-95　业务小结

业务22 报表生成

在电算化系统中，财务报表是由系统内置的公式自动提取数据、自动生成的。因此，在生成财务报表之前要做好月末账务处理工作，只有把月末账务工作处理好，系统生成的财务报表才能准确。

一、资产负债表

资产负债表是反映企业在某一特定日期财务状况的财务报表。生成资产负债表的具体操作如下。

步骤一：在电算化系统主界面单击“财务报表”→选择“资产负债表”(见图 8-96)。

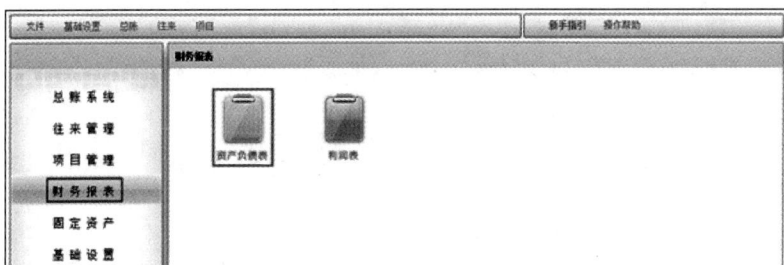

图 8-96 生成资产负债表(步骤一)

步骤二：选择报表日期，通常为每月的最后一天(见图 8-97)。

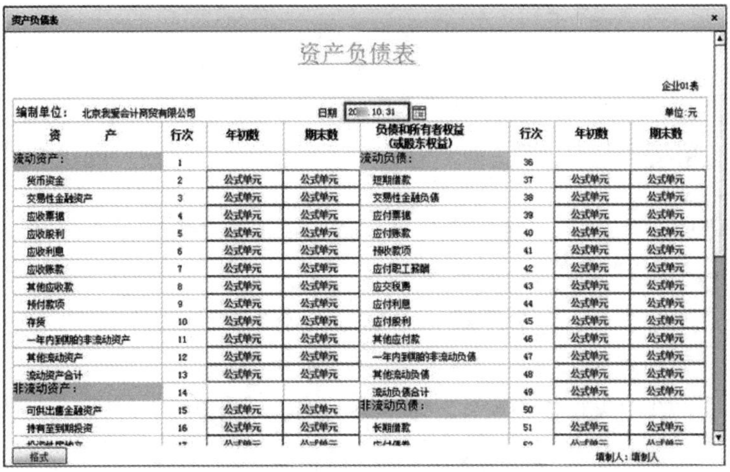

资产负债表

资产负债表

企业01表

编制单位： 北京我爱会计商贸有限公司　　日期 20 10.31　　单位:元

资 产	行次	年初数	期末数	负债和所有者权益(或股东权益)	行次	年初数	期末数
流动资产：	1			流动负债：	36		
货币资金	2	公式单元	公式单元	短期借款	37	公式单元	公式单元
交易性金融资产	3	公式单元	公式单元	交易性金融负债	38	公式单元	公式单元
应收票据	4	公式单元	公式单元	应付票据	39	公式单元	公式单元
应收股利	5	公式单元	公式单元	应付账款	40	公式单元	公式单元
应收利息	6	公式单元	公式单元	预收款项	41	公式单元	公式单元
应收账款	7	公式单元	公式单元	应付职工薪酬	42	公式单元	公式单元
其他应收款	8	公式单元	公式单元	应交税费	43	公式单元	公式单元
预付款项	9	公式单元	公式单元	应付利息	44	公式单元	公式单元
存货	10	公式单元	公式单元	应付股利	45	公式单元	公式单元
一年内到期的非流动资产	11	公式单元	公式单元	其他应付款	46	公式单元	公式单元
其他流动资产	12	公式单元	公式单元	一年内到期的非流动负债	47	公式单元	公式单元
流动资产合计	13	公式单元	公式单元	其他流动负债	48	公式单元	公式单元
非流动资产：	14			流动负债合计	49	公式单元	公式单元
可供出售金融资产	15	公式单元	公式单元	非流动负债：	50		
持有至到期投资	16	公式单元	公式单元	长期借款	51	公式单元	公式单元

格式　　填制人：填制人

图 8-97 生成资产负债表(步骤二)

步骤三：将"资产负债表"切换至"数据"状态下,即可生成资产负债表(见图8-98)。

资产负债表

企业01表

编制单位：我爱会计商贸有限公司　　　20__年10月31日　　　单位：元

资　　产	行次	年初数	期末数	负债和所有者权益 （或股东权益）	行次	年初数	期末数
流动资产：	1			流动负债：	36		
货币资金	2	1695360.46	2743103.68	短期借款	37		
交易性金融资产	3			交易性金融负债	38		
应收票据	4			应付票据	39		
应收股利	5			应付账款	40	2612171.47	1174021.63
应收利息	6			预收款项	41		
应收账款	7	2469752.21	658200.00	应付职工薪酬	42	250100.00	250100.00
其他应收款	8	54174.27	51754.90	应交税费	43	822463.25	257685.71
预付款项	9			应付利息	44		
存货	10	1955621.87	2008404.86	应付股利	45		
一年内到期的非流动资产	11			其他应付款	46	59100.32	20798.00
其他流动资产	12			一年内到期的非流动负债	47		
流动资产合计	13	6174908.81	5461463.44	其他流动负债	48		
非流动资产：	14			流动负债合计	49	3743835.04	1702605.34
可供出售金融资产	15			非流动负债：	50		
持有至到期投资	16			长期借款	51		
投资性房地产	17			应付债券	52		
长期股权投资	18			长期应付款	53		
长期应收款	19			专项应付款	54		
固定资产	20	8886791.86	8886791.86	预计负债	55		
减：累计折旧	21	533545.54	873074.52	递延所得税负债	56		
固定资产净值	22	8353246.32	8013717.34	其他非流动负债	57		
减：固定资产减值准备	23			非流动负债合计	58		
固定资产净额	24	8353246.32	8013717.34	负债合计	59	3743835.04	1702605.34
生产性生物资产	25			所有者权益（或股东权益）：	60		
工程物资	26			实收资本（或股本）	61	10000000.00	10000000.00
在建工程	27			资本公积	62		
固定资产清理	28			减：库存股	63		
无形资产	29			盈余公积	64	78432.01	78432.01
商誉	30			未分配利润	65	705888.08	1694143.43
长期待摊费用	31			所有者权益（或股东权益）合计	66	10784320.09	11772575.44
递延所得税资产	32				67		
其他非流动资产	33				68		
非流动资产合计	34	8353246.32	8013717.34		69		
资产总计	35	14528155.13	13475180.78	负债和所有者权益（或股东权益）总计	70	14528155.13	13475180.78

数据　　　　　　　　　　　　　　　　　　　　　　　　　填制人：填制人

图8-98　生成资产负债表(步骤三)

二、利润表

利润表是反映企业在一定会计期间经营成果的财务报表。生成利润表的具体操作如下。

步骤一：在电算化系统主界面单击"财务报表"→"利润表"(见图8-99)。

步骤二：单击"查询"→录入"年和月"→"确认"(见图8-100)。

步骤三：将利润表切换至"数据"状态下,即可生成利润表(见图8-101)。

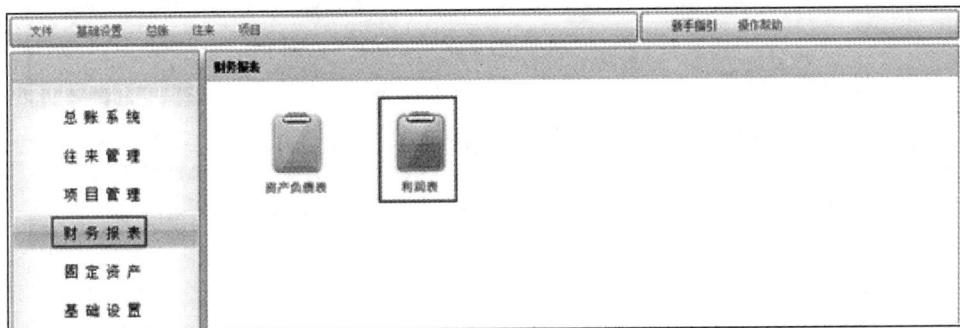

图 8-99　生成利润表（步骤一）

图 8-100　生成利润表（步骤二）

图 8-101　生成利润表(步骤三)

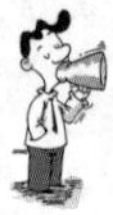

温馨提示

实务工作中,会计人员在生成财务报表之前应做好检查和核对工作。例如,应计提与摊销的业务是否计提与摊销,成本是否核算与结转,损益是否结转。此外还要核对货币资金、实物资产和往来款项是否账账、账实相符等。

最后,会计人员应该把财务报表打印出来,交给财务经理审核,审核无误后盖章留栏保存。

三、结账

月末,会计人员生成财务报表后,应进行最后一项工作——结账。结账时,只需根据系统提示一步步操作即可。

步骤一：在电算化系统主界面单击"月末结账"（见图8-102）。

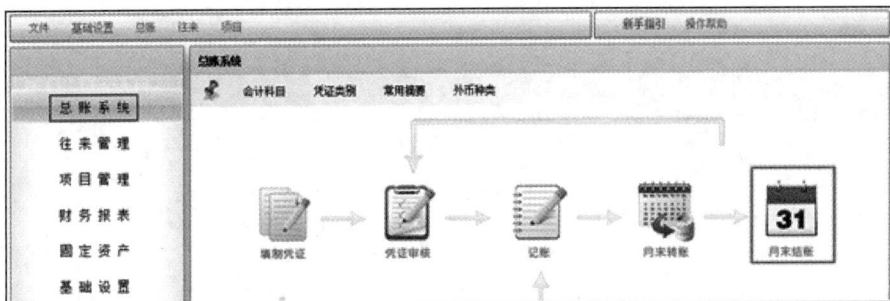

图 8-102 结账（步骤一）

步骤二：单击"下一步"（见图8-103）。

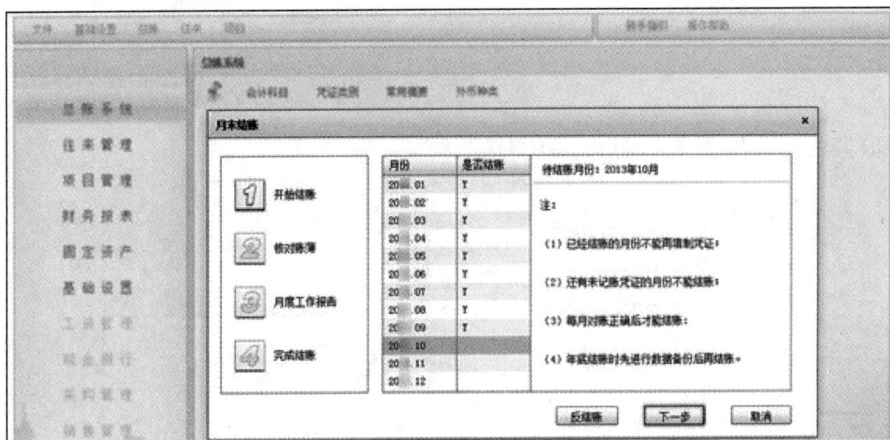

图 8-103 结账（步骤二）

步骤三：单击"对账"（见图8-104）。

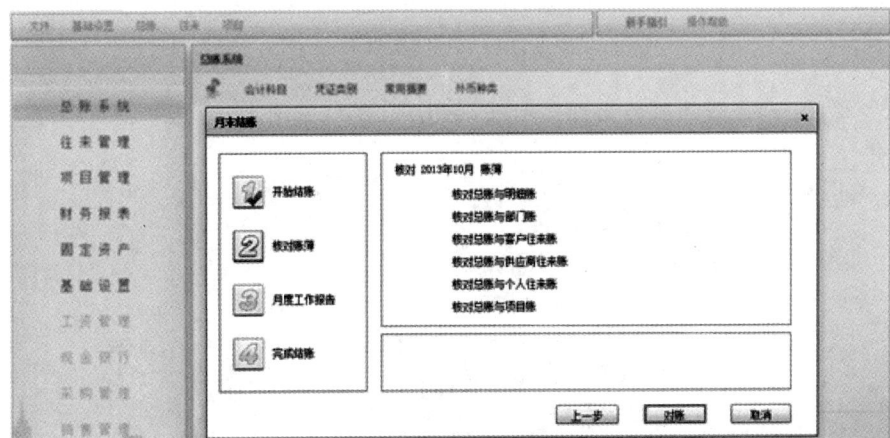

图 8-104 结账（步骤三）

步骤四:单击"下一步"(见图 8-105)。

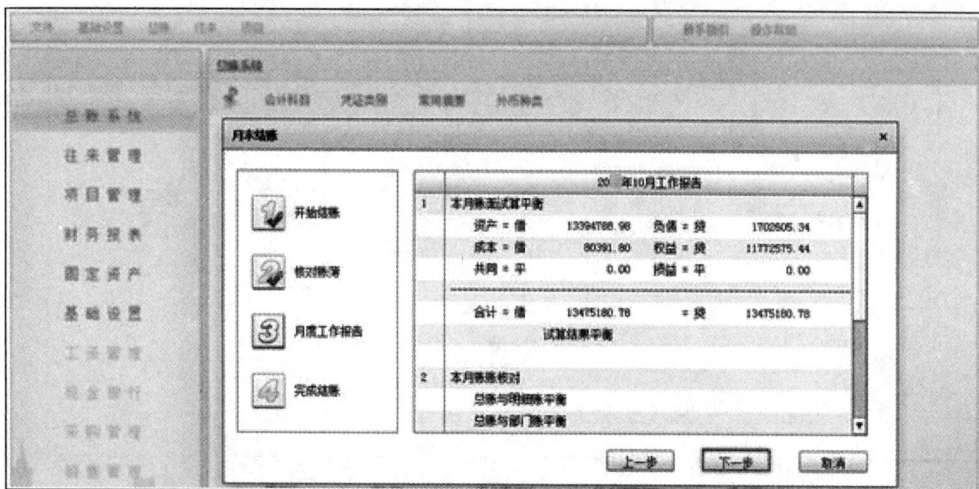

图 8-105   结账(步骤四)

步骤五:单击"结账"(见图 8-106)。

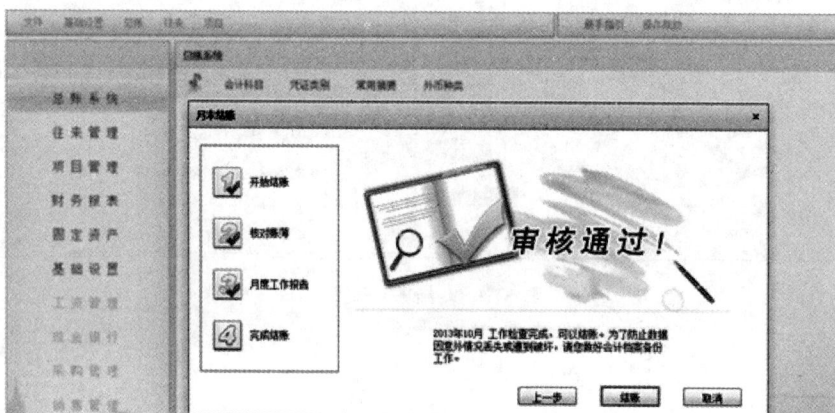

图 8-106   结账(步骤五)

步骤六:结账成功后会出现提示框,单击"确定"(见图 8-107)。

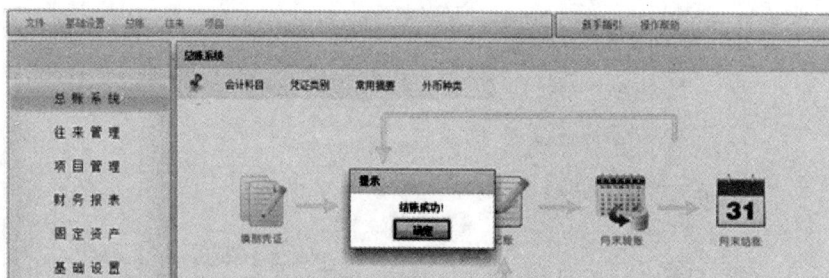

图 8-107   结账(步骤六)

温馨提示

结账前,应检查本期所有经济业务的记账凭证是否准确无误、凭证是否全部记账、损益类科目是否全部结转到"本来利润"科目。若发现漏账、错账,应及时补记、更正。如果不具备结账条件,就不能进行结账。

结账后,不允许对当期的凭证再进行修改,系统将自动切换到下一个会计期间。

实务小结

通过以上学习我们知道,月末会计人员应于月末进行财务报生成操作,系统将自动生成资产负债表和利润表。在确保报表信息无误的情况下,会计人员需做好结账工作。本业务小结见图8-108。

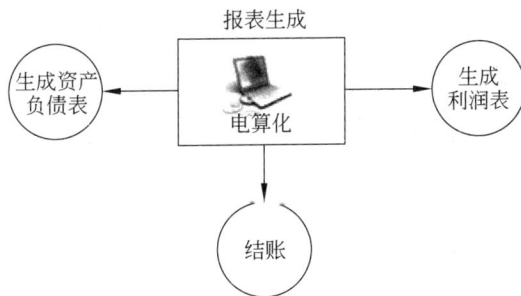

图 8-108 业务小结